構造と主体

政策の可能性と不可能性

清水 習 著

Structure＆Agency

Between Possibilities＆Impossibilities

晃洋書房

謝　辞

本書を書くきっかけとなったのは，2016年度の春より同志社大学政策学部にて教鞭を執らせていただくことになったことから始まる．着任当初からお世話になっている同学部山谷清志先生より，著者の研究の観点から，政策学の本を書いてみてはどうかとご打診され，執筆を開始したのが7月であった．その後，12月に完成原稿と共に，晃洋書房の丸井清泰氏をご紹介いただき，出版のご快諾を得ることで，この度，本書を出版させていただくことになった．まずは，私の様な若輩者に，このような大変貴重な機会をお与え下さった御両名に感謝を申し上げたい．

同様に，本書執筆にあたり，ご助言や特別な配慮を頂戴した政策学部の先生方，特に，月村太郎先生，並びに，川口章先生にも感謝申し上げたい．月村先生には，地域紛争研究会に参加させていただく等，日ごろから多大なる御贔屓を賜っている．また，川口先生には日常業務も含め，大変ご迷惑をおかけしているにも関わらず，本書出版に関して特別なご配慮を頂戴した．このように大変恵まれた環境の中で，研究者としての経歴を開始できたことは，著者にとって，この上ない幸運であると言えよう．

本書の主たる執筆期間である8，9月において，大学は夏季休暇中であったが，朝起きて，執筆をし，その後，息抜きに水泳をしたあと，また執筆するという，修行僧のような日々を過ごし，初稿に近い叩き台を作成した．執筆に際し，特に，ご近所の定食屋『Fresco』や麺屋『さのや』には大変お世話になった．また，教え子である中田有希乃さん，脇村喜生さん，大内康平君，そして，山谷ゼミの大学院修士生立石健太君と博士生鏡圭佑君から，多くの大変有益な意見と指摘をいただいたことにも感謝を述べたい．特に，中田さん，脇村さん，大内君とは，大学近くのカフェ『陽燈館』でコーヒーを飲みながら，立石君と鏡君とは河原町のバー『ノスタルジア』で多くの酒を飲みながら学問について語らったことは，最高の楽しみと息抜きであった．

本書の狙いではあるものの，上述の学生達からは，特に，「イデオロギー」とその理論が難解であったことが共通して指摘された．「イデオロギーと政策」というのは，本書の主要テーマの1つであり，また，著者の研究の主眼でもある．著者の主な研究範囲は「政治経済イデオロギー」であるが，一般向けには，「政治経済哲学」と紹介するようにしている．これは，「イデオロギー」という言葉が，日本では，まったくもって死語に近い扱いをされるようになったためである．実際，これまでに幾度となく，お会いした同業者の方々からは「イデオロギーなんて古臭いものをやっていても，学者として食ってはいけない」という助言を賜ってきた．

しかし，著者が学んだイギリスにおいては，そのイデオロギーに関する議論は，一度は死んだものの，再生し，今まさに，最先端の議題として扱われている．そして，その議論の舞台に，無知な著者を導いてくださった師であるJason Glynos先生をはじめとしたEssex学派の方々，そして，Bob Jessop先生とNgai-Ling Sum先生をはじめとしたランカスター学派の方々には，日本語ではあるものの，言語的壁を超越して感謝の念を表明したい．彼らがいなければ，この本を出版することはおろか，私の研究者としての道も存在しはしなかったであろう．日本においては，「イデオロギー研究」が忌み嫌われる中，内山融先生や武田宏子先生，また，沼尻晃伸先生と柳沢遊先生をはじめとする政治経済学・経済史学会の先生方，さらには，静岡県近代史研究会の研究者の方々が私の研究を認めてくださったことは，本書執筆において大変な糧となったことは，感謝をこめて記しておきたい．

以上，感謝を述べた方々に恥じぬよう，今後の研究に専念していくとともに，10年後，本書の意図したことが明確になるよう，勤めていきたい．

最後に，このような数奇な運命に満ち溢れた人生と名前通りの生き方を許してくれた家族に感謝を述べたい．

2017年1月

京都にて

清水　習

目　　次

第Ⅱ部　政策分析の研究射程を広げて
――日常とネットワークの構築――

第Ⅲ部　政策を大局的に分析する
――２つの大局的アプローチ――

図 目 次

序章
政策分析の限界と可能性

「政策」という言葉は至極曖昧な言葉である．その理由の1つが，政策学の研究範囲の多様さであろう．例えば，経済や福祉，環境等の諸所の社会事象に対して，政策と名の付くものが存在し，それぞれに専門的な知識を基礎として研究することが可能である．それぞれの範囲において，研究者の得意とする研究分野と手法を用いて様々な研究が行われる．この研究射程の広さこそ政策学の強みと言えるが，他方，この多様性によって研究のセクショナリズム，つまり，研究範囲の細分化による個々の研究の断絶が発生する傾向にもある．そして，このセクショナリズムによる研究間の断絶が政策というものの曖昧さを加速させる．このセクショナリズムに対し，本書では，代表的な政策研究手法とそれらの基礎となっている政治学や経済学，社会学的理論や思想を明確にすることで，個々の政策研究における貢献度を明らかにする．最終的に，個々の研究手法を包括的にまとめあげるための「大局的な分析アプローチ」の必要性を提唱することで，政策を包括的に，そして多角的に分析するための理論と方法の可能性を考察する．

本書における問題定義と既存の政策研究との関連性

本書の主眼とする政策とは，いわゆる，「公共政策」という，政府機関が，立案・執行・立法化する政策である．しかし，この政策というものを研究する際，注釈すべきことは，「政策」というものの「意味」である．英語で政策は“Policy”というが，これは日本語においてもカタカナ英語として「ポリシー」という言葉で普及している．例えば，「弊社のポリシーは……」や「それは私のポリシーに反する」という時，それは，ある機関や団体の基本方針，または，個人の信念や信条といったものを意味する．このことから，公共政策を研究の主眼にするということは，「政府や政府機関のモノゴトに対する基本方針」を

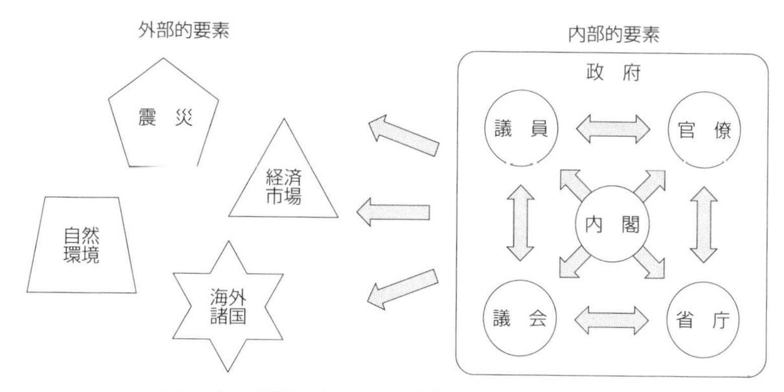

図1　政府機関にとっての外部的要素と内部的要素

理解するということを意味する．しかし，政策を「政府や政府機関のモノゴトに対する基本方針」として定義するとき，政府や政府機関が相手にする「モノゴト」とは何かを明確にする必要がある．

例えば，震災や外交問題などが発生した際，政府はそれに対応することが求められるが，この際，政府が対応しなければならないこととは，その震災や外交問題など，政府に対する事象と，政府内で誰がどのような権限を持って対処するかという事象である．これは，上の図1が表す様に，外部的な要素と内部的な要素との事象に分かれる．そして，このような様々な事象にどのように対処するかというのが，「政府や政府機関のモノゴトに対する基本方針」ということである．

このように，政策を「基本方針」として定義することは目新しいことではない．例えば，政策学における世界的に著名な入門書であるバークランドの *An Introduction to the Policy Process* [Birkland 2010] では，政策の定義の複数性を考慮しつつも，政策とは「政府が公共的な問題に対して何を行うであろうかの声明（A statement by government of what it tends to do about a public problem)」[Birkland 2010: 9] として定義されている．バークランドと本書の決定的な違いは，本書では，政府や政府機関が基本方針を「声明」として明らかにしていずとも，実際に行われた事柄に，政府や政府機関の政策が反映されていると仮定することであろう．この点は，本書の中におけるイデオロギーと政策の関係性にて明らかにしていく．しかし，想定する射程において違いはあれど，バークランドと本書の共通点として，政策を「思想」として認識していることは強調されるべき点である．一般的に，「政策」を「政策手法または手段」と混同される場合が多々存在するが，手法・手段はあくまで手法・手段であり，その手法・手段の源泉は，「政策」という「思想」に依拠する．例として（後章で多々用いる例であるが），中央銀行は，公開市場操作という，証券等を売買することで市場の金の量を調整することがある．経済の専門家や一般書において，この「公開市場操作」は「金融政策の１つ」として主張されることが多々あるが，あくまで，「金融政策の１つの手段」であり，例えば，「金融安定化政策」という基本方針の中で取られる手段である．つまり，言語的利点を利用するならば，「政策思想」と「政策手段」の違いと言え，本書では，前者を「政策」と呼ぶ．

以上の議論は，必要以上に本書の論点を複雑化するように見えるが，そうではない．むしろ，政策を「思想」と捉えることで，政策学を（本書の副題にあるように）その思想の「可能性と不可能性」を考察する学問であると定義することが可能となるからである．「政策の可能性と不可能性」を考察するとは，例えば，日常において，あるモノゴトに対する基本方針を打ち立てたとしても，その基本方針は「現実的」かもしれないし「現実的でない」かもしれない，その「現実的可能性と不可能性」を成り立たせている事象とは何かを考察するということである．より具体的な例で言えば，砂漠の真ん中で，空腹を満たすために「何をどのように料理するか」という料理の基本方針を打ち立てても，食材がなければ現実的に実行不可能な考えとなってしまう．また，仮にいくつかの食材があったとしても，食材の調理方法はいくつも存在する中で，実行に移される方法は１つに限定される．これは，１つの特定の可能性が選択され，他のいくつもの可能性が不可能とされ，排他されることを意味する．これらのことは，政策においても同様のことが言える．いくら政策を打ち立てても，それが可能であるか不可能であるかを政府や政府機関は考察する必要があり，また，その過程において，様々な政策の可能性が取捨選択される．そして，この政策に関する「可能性と不可能性」を分析するための理論と方法（アプローチ）を考察するというのが本書の主要テーマである．

政策に関する「可能性と不可能性」の分析は，当然，既存の研究においても行われてきたことである．例えば，代表的な分析として，立法的な観点から政策過程を分析するというものが挙げられるであろう．つまり，どのように特定の政策が立法化されたかという研究である．このような研究では，実際に政府や政府機関が提示した「政策」を具現化する過程で，立法的な可能性と不可能性が明らかにされているのである．しかし，このような研究の有効性は認める一方，注釈すべきことは，立法に関する研究だけでは，「政策の可能性と不可能性」を理解するには不十分であるということである．例えば，政策の立法過程を明らかにしても，そもそも，その立法化された政策の原案はどこからやってきたのか，また，立法過程自体の源泉とは何であるか，そして，立法的な可能性と不可能性が明らかになっても，他に可能であった政策は，何故，不可能となったのか等の点が不明なままとなる．したがって，政策の「可能性と不可能性」をより広範囲に理解するためには，より様々な分析手法と理論を応用し，多角的に理解する必要がある．つまり，政策研究の多様性の必要性である．

政策研究の多様性について，例えば，著名な政策学者である Makoto Usami〔2015〕等は，日本における既存の政策研究では，上述のような「立法主義（Legalism）」的研究が主流となっていることを指摘している．しかし，他方で，秋吉貴雄・伊藤修一郎・北山俊哉らが著した政策学の入門書『公共政策学の基礎』〔2015〕等では，より広範囲かつ多角的な政策研究の可能性が指摘されている．実際，本書でも紹介するようなゲーム理論や構築主義的アプローチを応用した研究などが，近年，国外問わず，着手され始めているのは事実であろう．したがって，いまだある程度の偏りがみられるにせよ，政策研究の多様化は進んでいるものといえる．しかし，様々な研究アプローチが政策学に応用され始めている中で，研究アプローチの多様性は，冒頭で指摘した政策研究のセクショナリズムを加速させていることも否めない．つまり，各研究者が得意とする研究アプローチのみによって政策分析がなされうるということである．当然，個々の研究の重要性と有用性は認められるべきものの，セクショナリズム的断絶は，最終的に個々の研究が政策学としての大局的な議論にどのように貢献できるかが示されない危険を伴う．つまり，前述の立法主義の限界の様に，政策の「可能性と不可能性」の議論が不十分なまま取り残されるということである．この点が，本書が提示する最大の問題定義であり，これに対し，本書では，「構造と主体」の問題を主軸に，政策研究における代表的な研究アプローチの有用性と限界を比較し，「政策を大局的に分析する」可能性を考察することで，政策の「可能性と不可能性」という議論に新たな視座を提供する．

本書のタイトルでもある「構造と主体」の問題とは，社会科学における最も根源的な問であり，「主体は構造をどの程度変えることができるのか？」という問である．言葉を換えれば，「我々はどの程度世界を変えることが可能なのか，また，不可能なのか？」という問であり，「可能性と不可能性」の議論と表裏一体であるともいえる．したがって，政策が「構造の中で生きる我々主体にとっての基本方針」であるならば，その「可能性と不可能性」を考察することは，政策学，そして，社会科学において大きな意味を持つことであろう．

本書の前提と目的

前述にて，本書の問題定義を明らかにしたが，至極抽象的になってしまったことは否めない．簡潔に記せば，「構造と主体の問題を主軸に，政策の可能性と不可能性を考察するための大局的な分析アプローチを提唱すること」が本書のねらいである．大局的アプローチとは，平たく言えば，大きな，または，広い視野で全体の流れを見渡すということである．つまり，大きな視点で，政策研究に関係する，または，必要となる研究手法や理論を見ていくわけであるが，そのためにも本書の手引きとして，本書の前提と研究目的を明確にしておくことは有益であろう．

── 本書の前提

まず，本書における前提は，多々あるものの，明示しておくべきことは，以下 2 点である．

① 政治学の一端として，政策学をとらえる．
② 経済政策分析を中心に，各研究手法の有用性と限界を考察する．

前述のように，本書では「公共政策」，つまり，政府や政府機関が立案・執行・立法化する政策を主眼とする．そして，このことから，政策を「政府や政府機関のモノゴトに対する基本方針」として定義している．このように，政策を定義するとき，「統治（Governance）」という政治概念が重要になる．統治とは，例えば，**図 1** が示すような，外部的であれ，内部的な事象であれ，それらのモノゴトを政府や政府機関が解決したり，特定の形に治めるということである．これは，具体的に言えば，ある国とある国が争っている際，それを解決するのであれば，外交的な統治がなされるといえる．また，政府におけるある機関とある機関の力関係（パワー・バランス）が曖昧で，利権問題が発生している際，その力関係を明確に規定することで，内部的な統治がなされるのである．

これら外交問題や政府機関同士の利権問題，そして，統治というのは政治学的な問題であるため，これらの解決方法，もしくは，それに対する基本方針がどのように打ち立てられ，執行されるかということに政策学が主眼を置くとするならば，政策学は政治学と共に，そして，政治学の一端として捉えられなければならない．実際，このように，政治学と政策学の関係性を明らかにすることで，政治学の理論や概念，そして，政治学に関する研究アプローチを政策学に多分に応用することが可能となる．

以上の様に，本書では，「政策学を，政治学の一端として捉える」が，あくまで，政策学を主眼とするので，政策という「政府や政府機関の基本方針」が，どのように作られ，提案され，具現化され，執行されるかという政策過程を中心に見ていくこととする．そして，その際，内容があまりにも曖昧模糊で抽象的なものになってしまうことを避けるために，本書では，基本的には，政策の中でも，経済政策に主眼を置くこととする．経済政策に主眼を置く理由としては，経済政策の現代政策学や政治学における影響が挙げられることと，本書で紹介するアプローチの発展が，現代経済に関する議論抜きで説明することが不可能であるからである．経済学は往々にして「誰がいつ，何をどれだけ得るか」という分配の学問であるといわれるが，この考えこそ，まさに，「分配に関する基本方針」であり，経済学と政策学もやはり密接な関係にあるといえよう．

—— 本書の研究目的

本書の研究目的は以下3つに絞ることとする．

① 構造と主体の問題を主軸に，政策研究における代表的な分析手法の理論的な相違点とそれらの有用性と限界を明確にする．
② 現代政治経済における政策過程を分析するうえで必要となる広範囲な研究射程を考察する．
③ 様々な研究手法や広範囲な研究射程を包括的に応用できる分析手法と理論を明確にし，その限界を考察する．

以上の研究目的を遂行するために本書は進められるが，それぞれが「政策を大局的に分析する」ためにどのような意味をもっているか，本書の構成と共に明確にしておくことは有益であろう．

1．構造と主体の問題を主軸に，政策研究における代表的な分析手法の理論的な相違点とそれらの有用性と限界を明確にする．

前述で触れたように，「構造と主体」の問題とは，「人はどの程度世界を変えることができるのか？」という問である．より厳密に言えば，「主体の意思決定と行動は，主体を取り囲む構造によって決定されるのか，それとも，主体の自由意志によってなされるのか？」という問である．政策学において，この問は，「制度主義と合理主義」の対立という研究アプローチ間の対立として捉えることが可能である．

制度主義とは，主に，政策過程に関する制度，そして機関や人々，社会科学では「アクター」と呼ばれるものの関係性を研究の主眼とする研究アプローチである（このアプローチは，上述の「立法主義」と呼応する）．他方，合理主義は，政策過程において，機関やアクターがどのように行動するかという点をその研究の主眼としている．この2つのアプローチの違いは，制度主義が，制度や政治における機関とアクターの配置といったルールの特色を明らかにし，政策がどのように決定や執行されているかという「流れ」を見ることに対して，合理主義では，そのルール内やルール作りに際して，機関やアクターがどのように合理的に行動するかという「動き」を検証している．このように両者の違いをとらえると，制度主義と合理主義の関係性は，「卵が先か，鶏が先か？」というチキン&エッグ・パラドクスという問題へと発展する．つまり，「制度がアクターに政策をつくらせるのか，それとも，アクターの合理性が制度の基本も含めた政策を作り出すのか？」という構造と主体の問そのものへと発展するのである．この「制度主義と合理主義」の対立に対して，例えば，構築主義という研究アプローチは，「思想」の役割を政策過程に主張することで，そのパラドキシカルな対立を解決可能だと主張している．

構築主義者によれば，人々の行動の源泉は「思想」であり，「思想」をもとに人々は「合理的に」行動して，「制度や機関」を作るのである．このように考えることで，政策研究における構造と主体の問題は解決されると構築主義者は主張する．この構築主義の考えは，政策学において有益な視座を提供する．政策を「モノゴトに対する基本方針」として定義するとき，その「基本方針」というものは，まぎれもなく「思想」であるからである．どのように，政府がモノゴトを統治するか，その考え，つまり，政策をもとに，ルールが決定され，そのルール内で政府や政府機関内のアクターは行動するのである．しかし，構築主義の指摘はその有効性がある程度は認められるものの，絶対的な解決を提示できたものではない．特に，構築主義では，政策の「可能性」は指摘されるものの，その限界，つまり，政策の「不可能性」については明確にされていないからである．厳密に言えば，構築主義では，構造と主体の逆の命題「主体はどの程度構造を変えることができないのか？」という点が明確にされていないのである．このように捉えると，構造と主体の問題を主軸とすることで，個々のアプローチの有用性と限界が明らかになるのである．

以上のように，政策研究における構造と主体の問題を主軸にしながら，**第Ⅰ部**では，個々のアプローチの有用性と限界を詳細に考察する．まずは，「構造と主体」の問題を第1章にて明らかにする．続く第2章では，制度主義的アプローチを，第3章では合理主義的アプローチを取り扱う．そして，第4章では，第5章で説明する構築主義の基礎知識として，イデオロギー理論を紹介する．イデオロギーとは，社会的に共有される政治思想等を意味するが，このイデオロギーに関する理論は，政策が「思想的なモノ」である限り，やはり，本書において一貫して取り扱うことになる．そして，第5章では，最終的に，構築主義の限界として，「思想」というモノの役割を強調しすぎることは，「理想主義」という問題に陥ることを指摘する．理想主義とは，政策が「モノゴトに対する基本方針」である場合，その「基本方針」を打ち立てれば，政府やその機関やアクターがその方針通りに行動をし，モノゴトの解決・統治をすることが可能であると主張することを意味する．しかし，現実には，そのようなことは不可能であり，この点において，「可能性と不可能性」の問題となる．これは，構築主義者が主張するような，全てを思想の問題に還元するのではなく，制度主義や合理主義が主張するような制度やアクターの戦略的行動というものがどの程度，政策を立案し，執行する過程の上で影響を及ぼすか，ということを明確にする必要性を意味する．この点は，**第Ⅲ部**の3つのアプローチを包括するための大局的な理論とその研究のアプローチにて詳しく見ていくが，**第Ⅰ部**のまとめとして，第6章では，3つのアプローチを応用した研究の例を見ていくことで，その代表的なアプローチの分析的有用性と限界を明確にすることとする．

2．現代政治経済における政策過程を分析するうえで必要となる広範囲な研究射程を考察する．

第Ⅰ部にて，3つのアプローチを紹介し，それぞれの理論的差異と，分析的有用性や限界を明らかにしたところで，**第Ⅱ部**では，政策研究における分析対象となるアクターの範囲を広げ，その関係性を明らかにすることを行う．これは，**第Ⅲ部**にて明確にする大局的アプローチの下準備ともなりえる．また，分析対象，言葉を換えれば，分析の射程を拡大することは，本書が提唱する「政策を大局的に分析する」という目的にも呼応する．つまり，**第Ⅱ部**では，「大局的な研究視座」の可能性を考察する．

従来の政策研究では，往々にして，政府機関やそれに属するアクターなどの行動や刊行した文章が研究の対象として取り扱われてきた．実際，政府機関やそれに属するアクターなどが政策決定における最終的な法的決定権を有しているものの，政策という「モノゴトの基本方針」を，それらのアクターが全て決めてしまうと想定することは現実的ではない．例えば，日常において，ある国で，テロが発生した際，海外旅行に行くことを避けるようなことが一般的になされるであろう．しかし，その「テロの発生」や「海外旅行が危険である」という考えはどこから来たのかという点を考えると，まず，第1にメディアが想起されるであろう．そして，メディア上では，大学や研究所所属の知識人が出演することで海外情勢やそれに伴う危険性が指摘されるが，このように考えると，ある人が「テロが危険だから海外旅行に行くことを避ける」という基本方針は，これらメディアや知識人の影響も多分にあることが判る．これは，政府や政府機関においても同様である．ある外部的な事象（遠い国の戦争など）が問題になるのは，メディアやその専門家の影響なしには考えられない．そして，政府内部の事象（省庁の仕組みなど）も，それが知識人に解決するべき問題として指摘され，メディアに取り上げられれば，それに対する政策を打ち立てる必要性が出てくる．このことより，政策過程を現実的に分析するには，政策過程に影響を持ちうるアクターや機関の考察が重要となってくるのが明らかであろう．

当然，政策過程に影響を持ちうるアクターや機関はメディアや知識人のみではない．しかし，それらアクターと機関を全て列挙し，政策過程との関係性を明確にすることは，本書では不可能である．また，どのようなアクターや機関が，政策過程に重要な役割を持つかは，政策によっても変わりうる．したがって，本書では，経済政策過程を考えるうえで，知識人とメディアに焦点を絞ることとする．この理由は，「メディア化された政治」や「知識基盤型経済」等の理論に裏打ちされた理由があるが，当然，実際に分析を行う際は，他のアクターや機関が重要になる場合は多分にあり得る．このことから，まず，**第Ⅱ部**のはじめである第7章では，知識人とメディアの政策過程における役割と影響力を明確にする．そして，第8章では，これらの役割をより大局的に指摘したマルクス主義のイデオロギー論を考察する．

マルクス主義者によれば，知識人やメディアというのは，ただ単に，知識や情報を供給しているのではなく，「常識」を創り出すことで，「現実」をも創り出すと指摘される．この「常識」の創出は，政策学においては，重要な考え方である．「基本方針」として打ち出す政策も，やはり，常識として共有された思想の中で可能となるからである．しかし，このようなマルクス主義のイデオロギー論の有用性を明確にする一方で，その限界として，マルクス主義の理論と研究が，常に「階級闘争」という「資本家（持つ者） 対 労働者（持たざる者）」の関係性の中で理解され，それにより，現実の複雑性が軽視されることを指摘する．そして，マルクス主義者が主張する「常識」というものの重要性を考慮しつつも，より多様な形でアクターや機関の関係性を大局的に考察する理論として，第9章ではネットワーク論の発展を見ていくこととする．

3．様々な研究手法や広範囲な研究射程を包括的に応用できる分析手法と理論を明確にし，その限界を考察する．

第Ⅰ部では，代表的な研究アプローチの理論と手法を明らかにし，**第Ⅱ部**では，現代政策過程に影響を及ぼしうる機関やアクターの関係性を理解するためにネットワーク論を紹介するが，**第Ⅲ部**では，これらを大局的にまとめあげるアプローチとして，文化的政治経済アプローチと脱構造主義的アプローチを紹介し，それらの分析的有用性と限界について明らかにする．

まず，第10章で紹介する文化的政治経済（CPE）アプローチであるが，これは，セミオシス論という，どのように思想が伝わるかということを明らかにする理論を用いて，アクターや機関の関係性をネットワーク論的に明確にし，**第Ⅰ部**で紹介した，制度，合理性，思想というモノの要素が複雑に絡み合うことで政策過程等の政治における構造と主体のダイナミクスを生み出すことを明らかにしている．他方で，第11章・12章で紹介する脱構造主義的アプローチ，その中でも談話分析理論では，人々の関係性を談話という統一されたフィールドの中で捉え，その談話内や，談話間闘争の関係性を政治における構造と主体のダイナミクスとして捉えることを提唱している．これらの2つの大局的なアプローチは，理論的に相互依存的な部分も存在するが，最終的に「可能性と不可能性」の問題で相対する．つまり，「人はどの程度，世界を変えられるのか？」という政策の「可能性と不可能性」の問題である．以上のことを明らかにすることで，政策を大局的に分析する可能性と限界，そしてそれらに関する議論を最終的に指摘することとする．

本書の読み方

本書の構成は，前述のように，研究目的1・2・3をもとに，**第Ⅰ部**，**第Ⅱ部**，**第Ⅲ部**構成となっている．一見すると，本書の主要読者が明確ではない可能性がある．**第Ⅰ部**・**第Ⅱ部**までは，大学学部生用の教科書として使用可能であるが，**第Ⅲ部**は大学院生または研究者向けとなりうる．このような体裁をとった理由としては，「大局的な分析アプローチ」の可能性を考察するためにも，「構造と主体」の問題を主軸に，政策研究のアプローチを根底から見直す必要があったことが大きい．**第Ⅲ部**は，本書の要（かなめ）ともいうべき部分であるが，比較的難解であることは否めない（原著の難解さの比ではないが）．学部生であれば，議論の争点が理解され，大学院生であれば，参考文献一覧に記した原著と共に研究への応用がなされ，最終的に，研究者にとって，今後の政治・政策研究の一助となれば幸いである．

第 I 部

政策分析における
チキン＆エッグ・パラドックス

——制度主義・合理主義・構築主義——

第 1 章
構造と主体の問題

「構造と主体」の問題〔Giddens 1984; Hay 1995〕とは，簡潔に言えば，「人と世界の関係性」の問題である．「人はどの程度自分の周りの環境を変化させることができるのか」，反対に「環境は人の意思決定や行動にどの程度かかわっているのか」といった問題がそれにあたる．この問いは，当然，「人は何ができるか」「社会とは何であるか」といった社会科学の根底に常に付きまとう問題である．そして，政策学というものが，「モノゴトに対する基本方針」を決定し，実行に移すことを研究対象とするのであれば，この問題は，やはり政策学にとっても重要な問となる．

例えば，アクターの意思決定過程というものを見たとき，アクターの「趣味趣向」を見るか，それとも，アクターの「育った環境」を見るかで結論は大きく変わりうる．これは，例えば，ある種族Aは麦を主食とし，ある種族Bは米を主食とするとき，両方にどちらを好むか試食をさせた際，実際，Aは麦を，Bは米を好むという結果が出るかもしれない．このことより，それぞれの趣味趣向により，それぞれの種族は主食を選択していると結論付けるかも知れない．しかし，もしAの土地にはそもそも米が育たず，Bの土地には麦が育たなかったため，どちらの種族も主食以外を食したことがなかったという環境的背景が明らかになった場合，「趣味趣向」という結論は論駁されうる．むしろ，「趣味趣向」は環境により決定されるという逆の結論が可能となる．このことから，「アクターには意思があり，行動を起こしているのか，それとも意思とよばれるものは環境により決定され，アクターは行動を起こしているのか」という哲学的な問が重要になることが判る．これが「構造と主体」の問題である．

「構造と主体」の問題は，哲学における「鶏が先か卵が先か」という，いわゆる，チキン&エッグ・パラドックスの1つとして捉えられる．本書では，最終的に，「構造と主体」の問題を，政策学において，制度主義的アプローチと合理主義的アプローチのパラドックスとして捉えるが，その点をより深く理解するためにも，この章ではまず，哲学における「構想と主体」の問題を簡単に振り返ることとする．主体を行動や意思決定の源と考える哲学を「合理主義(Rationalism)」と呼び，これに対し，主体の属する環境が主体の行動や意思決定を可能にするという哲学を「構造主義（Structuralism）」と呼ぶ．まずは，合理主義的な考え方を理解する糸口として，その起源となりうる代表的な哲学的思想「デカルトの二元論（Cartesian Dualism）」と「実存主義（Existentialism）」を振り返り，これらに相対する思想として構造主義（Structuralism）を見ていくこととする．

デカルトの二元論

デカルトの二元論とは，「我思う故に，我あり」と言ったフランスの哲学者レネ・デカルト［Descartes 1896-1910=1949; 1902=1997］の哲学に依拠する．デカルトは，「真理とは何か」という問に対し，数学的帰納法という方法を用いて考察を行った．

数学的帰納法とは，「間違っているとは言えないが，絶対に正しいともいえないものを除外していき，最後に残ったものを真理としてとらえる」という方法である．この数学的帰納法をもとに，デカルトは，はじめに，目の前に広がる現実というものから疑った．つまり，今，この本を開いて読書をしているとしても，その読書をしているという現実が「夢」であるという可能性を絶対的に否定することはできない．痛みを感じることが「夢と現実の境目」だと主張しても，夢の中でも「痛い」と感じることはあり，逆に酩酊状態であれば現実でも「痛み」を感じない．したがって，目の前に広がる現実というのは，いつ「夢から目覚める」ことで否定されるかわからないので，真理とは言えない．しかし，デカルトは，いくら，夢の中といえど「数学の正当性は変わらないのではないか」と考える．夢の中でも，現実でも，1+1が2であるように，数学的論理の真理性は否定できなさそうである．しかし，デカルトはその数学的真理性もやはり疑った．

デカルトによれば，もし悪い悪魔がいて，我々の論理性をごまかしているのであれば，数学的論理性もやはり真理とは言えないと考えたのである．当然，「悪魔」等の考えを持ち出すと，論理展開に飛躍が生じるであろう．しかし，実際，数学の真理性を論理的に解明した学者は現在存在しない．むしろ，数理論の真理性に関しては，1930年代に，数学者ゲーデルによって，数学による数学の真理性の証明の不可能性が数理論的に証明されている．また，数学を使用する社会科学者は，数学の真理性を絶対視するが，数学界においては，諸所基礎的な問題において意見の対立が続いている．このようなことから，「数学の真理性」もまた疑わしいものとなる．それでは，いったい，何が真理といえるのか，デカルトが最終的に出した結論は，「悩んでいる自分という存在は否定できない」ということであった．このことより，デカルトは「我思う故に，我あり」という一文を残したのである．このデカルトの哲学的考察は，後の哲学者らによって「デカルトの二元論」という理論へと昇華された．

デカルトの二元論とは，最終的に数学的帰納法によって残った「我」という存在を「魂」のような「人間の根源」と考え，その器としての「身体」によって「現実」を生きているという考えである．ここでは，「魂」という存在は「身体」や「現実」といった物質世界とは違う次元の存在として分けて考えているので，「二元論」と呼ばれている．そして，この「デカルトの二元論」的考え方をもとに，「人間はどのように生きることができるか」という問に答えたのが同じくフランスの20世紀の哲学者ジャン＝ポール・サルトルであった．

実存主義

サルトル［Sartre 1943=1974; 1946=1996］の哲学は実存主義という考え方で，デカルトの二元論を最も発展させたものと考えられている．サルトルの哲学は当時のキリスト教をもとにした決定論という考え方に対抗して展開されたものである．キリスト教の考えの中では，人間の生き方や人生というものは，その創造主である神が決めた運命に従ったものであるというものであった．しかし，サルトルはこの決定論に対して，デカルトの二元論をもとに，人間の生き方は決定されたものではないと主張した．

例えば，紙やペンなどはその存在が物質的な「本質」によって規定されている．物質的な「本質」に規定された存在であるからこそ，ペンの中にインクを入れ，そのインクを吸収することができる紙に文字を残すことができる．しかし，サルトルは，人間はその「実存」が「本質」に先立つと唱えた．これはつまり，人間の根源は魂のような「実存」であり，肉体という物質的な「本質」

にとらわれた器に入っているだけなので，人間の行動は，「常に，自由である」という主張である．言葉を換えれば，紙やペンなどは物質的な存在でしかないが，人間は「自由意志」によって物質世界を生きることができるということである．それゆえに，仮に，我々を作り出した創造主が存在したとしても，「我々の考えは変わらない」と主張したのである．

実存主義の理論をもとに，サルトルは，更に，アンガージュマン（Engagement）という考えを提唱した．サルトルによれば，人間は常に自由ではあるが，常に，他者の目や環境に束縛されている．しかし，人間は，その自分を束縛する環境から抜け出し，新たな世界との関係性を作っていけるとサルトルは主張したのである．この新たな関係性の創造こそアンガージュマンという行動である．このように，世界を物質界と非物質界とにわけ，さらには，人間の理性と自由というものを主張することで，人間は自分の環境を変化させていけるという考えは，合理主義的思想の礎となり，哲学のみならず，社会科学にも普及していった．つまり，主体と構造において，構造は主体に影響を及ぼすが，人間はその理性と自由を行使し，合理的に行動を起こすことで構造を変えていくことができるということである．

構造主義

サルトルの考えや合理主義的思想は，やがて，モダニズムという哲学的潮流になっていった．モダニズムとは，人間は合理的に世界を変化させていけるので，人間の社会は常に発展しているという考え方である．したがって，人間的理性を行使せず，文明化されていない国や地域を「時代遅れな非合理的社会」もしくは「野蛮な社会」として軽蔑する風潮が生まれていった．この考えに対し，クロード・レヴィ＝ストロース［Levi-Strauss 1962=1976; 1967=1977; 1976=1977］は「野蛮な社会」と言われていた未開の土地における文化性を考察することで，合理性がないと言われていた社会における共存システムを明らかにし，合理主義が唱えるような「主体が構造に先立つ」という考えを否定し，「構造が主体に先立つ」という構造主義的考えを確立した．

レヴィ＝ストロースの構造主義研究における代表的なものとして交叉イトコ婚の構造の考察というものがある［Levi-Strauss 1967=1977］．交叉イトコ婚とは，現在も未開の部族集落の間に残りうる風習だが，ある部族に子供が生まれた際，その子供は別の部族のイトコと結婚しなければならないという風習である．このような部族の掟として結婚が運命づけられている風習は，「野蛮な文化」として，モダニズム的批判を受ける場合がある．しかし，レヴィ＝ストロースによれば，この一見，非合理的に見える掟により，部族内の近親相姦が防がれ，他部族と共存繁栄するということが保持されるシステムが成り立っているのである．したがって，レヴィ＝ストロースは，既存のシステムの中で人は行動する，または，人の行動は決定づけられていると主張する構造主義という考えを合理主義に対して打ち立てたのである．この構造主義の考えは，合理主義と同じく，現代社会科学に多大な影響を及ぼした．特に，統計学等を使用する研究では，一見，自由意思に従い，個々に活動している人間の行動は，環境や所属する社会，もしくは，人間の「性質」によって決定されているということを研究の主眼としているといえるであろう．

構造と主体の問題と政策学

以上が，「構造と主体」の問題の根源となる，合理主義的哲学と構造主義的哲学の基礎的な理論である．前述でも指摘したように，この構造と主体，合理主義と構造主義の関係は，図1－1が示すような，チキン&エッグ・パラドックス（卵が先か，鶏が先か）的であり，未だにその論争は根深く続いている．

しかし，この問題は一見すると非常に哲学的で，政策学には無関係のように見えるが，政策学が社会科学である以上，政策学にも多いに関係がある．

例えば，環境問題で隣国Bと揉めている国Aが存在するとする．具体的に言えば，お互いの国の工場の煙で両国の国民が困っているとしよう．これに対し，国AとBの政治家達が協力して新たな政策を打ち立てることで，環境問題に一緒に立ち向かうということが起きるかもしれない．このように見れば，国家間協力という対外政策は，政治家達の意思で執行されたことになる．しかし，他方で，国Aの周辺に国が存在しなければ，そのような対外政策は必要がなかったであろう．そのような場合，打ち出される環境政策は国内レベルになっていたであろう．また，別の考え方で，国家間同士が必ずしも協力的な政策を打ち出すことも必然ではない．例えば，環境問題を巡って国家間闘争が起きることもありえた．しかし，仮に，両国における友好条約等があらかじめ結ばれていて，お互いに損がある場合は，協力し合うという約束事があらかじめ

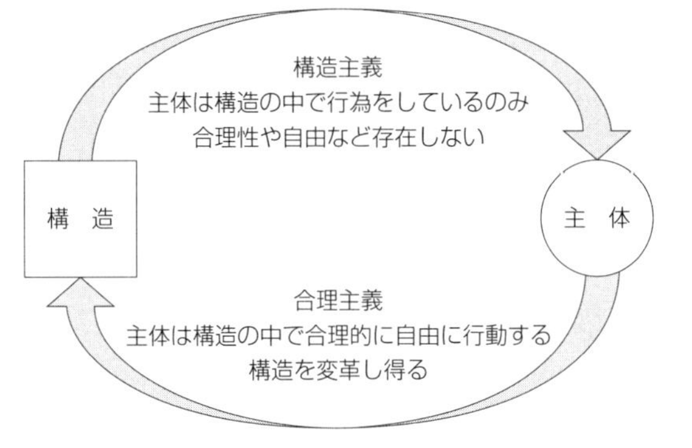

図1－1　構造と主体――チキン＆エッグ・パラドックス――

締結されていたとすれば，政治家達の意思よりも，その約束事の拘束力のほうが重要となりえるであろう．このように考えると，政策の根源は，その国の政策立案者達の合理性か，それとも，その国の環境や国家間の約束事か，というチキン＆エッグ・パラドックスに陥る．したがって，政策分析においても，「構造と主体」の問題が関係してくることが明らかであろう．

しかしながら，政策分析においても「構造と主体」の問題がかかわるとき，問題は，どちらの側に立つべきかという単純なものではない．仮に，アクターの行動がすべて「構造」で決まるのならば，「社会問題に取り組む」という政策学の根源的な姿勢は皮肉的にとらえられなければならない．反対に，「主体」が世界を自由に変えられるのであれば，政策を行う政治の問題はほぼ存在しないということになる．この2つの大局的な考え方は，哲学的に，「決定論（Determinism）」と「理想主義論（Idealism）」という形で批判されることがある．つまり，構造がすべてを決めるのであれば，すでに世界の中に顛末が決まっているので，自由意志というものは否定され，主体の役割は消えてしまう．反対に，主体が自由意志に基づいて世界を好きに変えてしまえると考えるのは，理想主義的な考えに陥るということである．したがって，できるだけ「構造」と「主体」どちらの要素も考慮しつつ研究を行うことが重要となる．そして，これらの要素をうまく結び付けて，政策過程というものを理解できてこそ，本書が提唱する「大局的な政策の分析方法」となりうる．しかし，まず，そのような分析方法を明確にするためにも，次の第2・3章では，構造と合理性それぞれの要素に主眼をおいたアプローチである制度主義的研究アプローチと合理主義的研究アプローチの分析手法や関連する研究と理論を明らかにし，実際の政策研究における構造と主体の基礎的な分析手法と解釈を振り返る必要があるであろう．

第2章
制度主義的アプローチ

「序章」において，政策とは「政府と政府機関のモノゴトに対する基本方針」という様に定義した．この政策を分析するうえで，政府の基本方針というものが「どのように決定，また，執行されるか？」という問を考察することが政策学における主要な研究の1つである．本章では，まず，これら決定から執行過程までを「政策過程」という「流れ」で一般化した「ステージ・モデル」［Easton 1965］を見ていき，その「流れ」を政治的な構造として理解する制度主義的アプローチを見ていくこととする．

ステージ・モデル

ある政策が立案され，それが執行・導入されるまでの流れを理解したものとして，ステージ・モデルという理解の仕方がある［秋吉・伊藤・北山 2015：50-53；森脇 2010：167-168；Birkland 2011: 25-27; Dorey 2005: 4-7］．ステージ・モデルは，その流れに沿って政策に関連するアクターが行動をするという点において，構造主義的解釈であるといえよう．ステージ・モデルの解釈はある程度の種類が存在するが，**図2-1**は一般的なステージ・モデルを図式化したものである．

図2-1が示すように，ステージ・モデルの特徴はステップ・バイ・ステップで政策過程を理解することにある．まず，特定の事象，例えば経済であれば，失業率が高くなるという①「事象」が発生したとする．この事象に対して，②「アジェンダ設定」というものがなされるが，これは，内閣などの政府のトップによる「事象」に対する対応の概略である．例えば，失業率解消のために，政府が公共事業を増やすなどである．そして，③「政策案策定」であるが，どのような公共事業をするかという，特定の解決策の提案である．例えば，高速道路の新設などがそれにあたるであろう．そして，この提案が議会に提出されることで④「決定」され，⑤「実施」される．しかし，多くの選択された行為

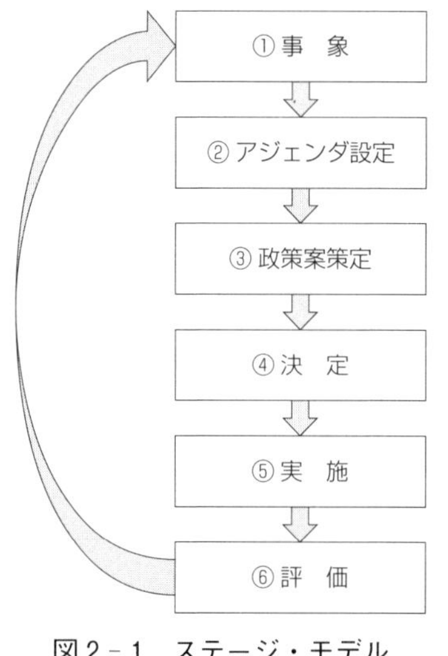

図2－1　ステージ・モデル

がもともと予期していた結果，例えば，失業率を抑える等をもたらすとは限らない．また，仮に，①の問題を解決したとしてもまた新たな事象を政策的執行行為により生み出すかもしれない．そういった意味で，執行した政策の反省として⑥「評価」が行われ，また，解決しなければいけない関連事象が発生していれば①に戻るという流れになる．

ステージ・モデルは多くの政策過程を理解するうえで有効である．実際，後章で見ていくような前述の例においても前提となっている考え方であるといえるであろう．しかし，他方でステージ・モデルはあくまで理想的な政策過程であることも注釈しておく必要がある．例えば，③の「政策案策定」から⑤「実施」の期間において，特定の政策行為が実行されるまでにある程度のタイムラグが現実では起こりえる．それ故に，②「アジェンダ設定」の期間において問題であった，例えば，高い失業率が，⑤の「実施」期間においては，すでに回復傾向を見せている場合がある．それゆえに，⑤の「実施」期間において，①の「事象」に対する行為が行われたとしても，「時すでに遅し」という状況に陥る場合が多々ある．また別の例でいえば，公共政策などにおいて，③の「政策案策定」期間まである政党が与党であったが，④の「決定」に入る直前に政党が変わり，結局，政策の導入が取りやめになるといったケースもありえるであろう．このように，実際の政治的な場を想定した場合，ステージ・モデルはあくまで理想的な政策過程であると考えることができる（この現実的複雑さは後章でより詳しく取り扱うこととする）．とはいうものの，やはり，政策過程を分析するうえで，ステージ・モデルは重要な足掛かりになるのは確かであり，政策学の基本的な分析手法もこのモデルに基づいた考えを発端としているといえる．

制度主義的アプローチ

ステージ・モデルは「政策というものがどのように決定され，執行されていくか」という政策過程の「流れ」を表している．当然，この中で，アクター達は複雑な行動を行うが，この「流れ」というものを実際の政治の制度において，政治的アクター達に特定の行動をとらせる構造として分析しているものとして制度主義的アプローチがあげられる．

制度主義とは，欧米政治経済研究における Institutionalism という研究思想に依拠した研究アプローチである．制度という言葉は，一般的に知られているように「約束事」または「掟」という意味である．しかし，本来，英語でいう Institution とは「約束事」という意味以外にも「機関」や「施設」等も意味する．この Institution という言葉の二面性は制度主義という研究アプローチの特色をよく表している．つまり，機関や施設というのは，ある意味で人々の集まりである．しかし，それは，「ただのグループ」や「家族の集まりである社会」ではなく，特定の「約束事」に縛られ，それぞれの役割が決められたアクター達の集まりであり，それゆえに，特定の「機関」として成立している．このことから，政策学における，制度主義とは，「政府機関における政策過程の制度的構造」と「その構造内におけるアクターの役割」に主眼を置いているといえる．このような研究主眼をもとに，制度主義の研究者らは主に，「どのように政策が作成され，立法化されていくか」という研究課題に大きく貢献している．以下では，この制度主義のアプローチと研究を基礎的な研究概念と共に見ていくこととする．

——統　　治

制度主義的アプローチを基礎として，「政府機関における政策過程の制度的構造」と「その構造内におけるアクターの役割」を分析する際，「統治」という概念が重要になる．「統治」とは，少し厄介な言葉で，後章のアプローチでも見ていくように，どの分析アプローチを採用するかで，意味の差異が存在する〔Rhodes 1996〕．しかし，一般的な意味で，政治における統治とは，国家に属する人々，国民の行動や生活を政治的な力で治めるという意味になる．

例えば，国家権力と統治という概念を理論化した古典として，イギリスの契約論者であるホッブズの『リヴァイアサン』［Hobbes 2003=2014］が挙げられるであろう．「万人の万人に対する闘争（“Every man against every man”）」という有名な言葉が表すように，ホッブズは『リヴァイアサン』にて，「人間の性というのは闘争である」と説いた．ホッブズによれば，この否定的な人間の性は，食料や燃料などの資源の有限性によるもので，その有限な資源を効率よく分配するために絶対的な力を持った政府による統治が必要であると主張した．ホッブズがこのような見解に至ったのは，その当時の時代背景によるものであることが指摘できるであろう．ホッブズがリヴァイアサンを執筆した当時のイギリスは，国王派と市民派が対立する市民革命の真只中であった．この政治的対立は社会的な動乱を呼び，市民の生活が脅かされるという状況にあったことが，ホッブズの思想に影響を与えたものと指摘できる［田中 2014］．このようなことから，ホッブズは，内戦などの動乱を避けるためにも，万人の闘争状態や，人々の諸所の問題を解決できる政府機関を設立し，国を治めるべきだと主張したのである．このホッブズの社会契約論をもとに，政府機関の設立とその機関に政治的権力を付し，それに人々が服従するという契約的構造を統治制度と考えることができるであろう．実際，その契約がどのようなものであるかというのは憲法学をはじめとする法学によって広範囲に研究されている．そして，この統治機関によって「どのように国を治めるか」というのが「政策の中身」である．しかし，「どのように国を治めるか」というのは様々な方向性があり，その違いについては第3章以降「イデオロギー」という概念と共に考察する．この章では，まず，制度主義的アプローチの着眼点を明確にすることとする．

―― ヒエラルキーとパワー・バランス

諸所の問題を解決するために，統治制度として政府機関が確立した際，その解決策，または統治策として政策が打ち立てられる．しかし，政策というのは，あくまで，方向性なので，実際の解決と統治は，「法」，すなわち社会的約束事（社会契約）を作ることで行われる．この政策から立法までを分析する際，重要になるのが，「ヒエラルキー」と「パワー・バランス」である．

ヒエラルキー（Hierarchy）とは，統治する／される部署や特定の機関や構造におけるアクターの関係，平たく言えば，「上下関係」を意味する．また，このヒエラルキーがはっきりと明文化，例えば，規則として制定されている，または，慣習化している状態は制度的ヒエラルキー（Institutional Hierarchy）と呼ばれる．また，この制度的ヒエラルキーは統治する／される部署や特定の機関や構造におけるアクター間のパワー・バランス（力関係）も規定しているといえる．「上下関係」が意味しているように，特定の機関は下位機関に対して，特定の行動をとるように命令・強制することができる．これは，例えば，会社における社長，部長，課長，平社員といった上下関係と力関係と同じである．そして，政策決定の政府機関においては，このヒエラルキーとパワー・バランスは「政策過程の制度的構造」と「その構造内におけるアクターの役割」の２つを意味しているといえるであろう．つまり，政治の場において，政策過程は，制度的に構造化された上下関係と力関係によって役割を配置されたアクターによって行われるという事である．

ヒエラルキーとパワー・バランスは，政策過程と統治において重要な役割を担っている．例えば，この２つの要素が安定している状態では，政策決定から立法までがスムーズにいき，このスムーズな政策過程は安定的な統治をもたらしうる．したがって，統治を成功させるためにも，安定的な制度体制を確立する方法を考察することが，制度主義的アプローチでは可能である．反対に，この２つが不安定である場合，政策は決められないまま，立法もままならず，統治的に失敗するといえるであろう．統治的に失敗した際，例えば，どのように新たな制度体制を採用すべきか，という見直しが制度主義的アプローチでは提案することも可能となる．この制度主義的アプローチの研究視座は，実際の国の政策提言から立法までの例をもとに見ることで明確にできるだろう．

―― 政治システムと制度と機関

例えば，日本では，英国の政治システムをもとにした議院内閣制が取り入れられている．議院内閣制度とは，端的に言えば，国民によって議員が選出され，その議員の所属数が最も多い政党の党首が内閣を組織し，政策を実行していくという制度システムである．この制度システムがどのように機能しているかという大まかな理解の仕方に図２－２が表すような２つの代表的なものが存在する．

１つ目は，ボトム・アップ型である．国民の意思を代表する議員達が議会で諸所の社会問題を議論し，最終的にそこで議論された案をもとに内閣が主導で政府と政府機関を指導し，政策を実行しているという見方である．これは，国民の意思を公的機関がしっかりと代表することを前提とした民主主義的なシス

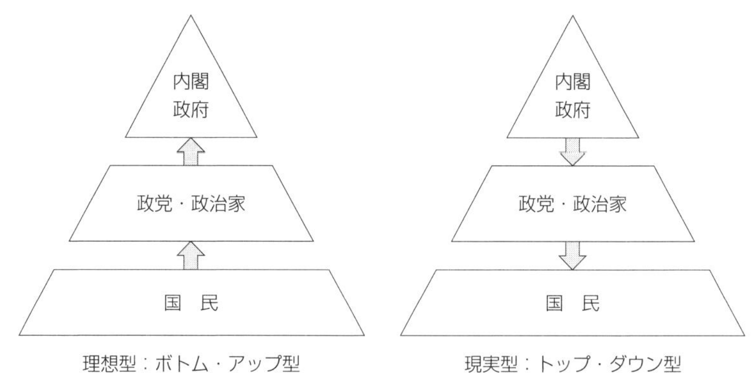

図２－２　ボトム・アップ型とトップ・ダウン型政治システム

テムの理解の仕方である．言い換えれば，議院内閣制度システムは民主主義の実現を期待されたシステムであるともいえる．しかし，実際の政治制度システムは，ボトム・アップ型とは逆に，トップ・ダウン型に見える傾向にある．主な理由としては，選挙後において，国民は選出した政治家に対して解任する権利（罷免権）を持っていないので，公的な政治のヒエラルキーの下部に国民が据えられるからであろう．つまり，内閣が政治のトップに位置し，それぞれの省庁を指揮し，政策立案を打ち立て，議会を通すことで執行し，その執行された政策が国民の生活の基盤となるということである．

このようにみると，ボトム・アップ型は議院内閣制の代表民主主義としての理想像であり，トップ・ダウン型は多くの国における議院内閣制の実態に近いものといえるであろう．しかし，いかに素晴らしい政治家だけが選出されたとしても，現実の複雑さのために完全なるボトム・アップは不可能であると考えられる．同様に，トップ・ダウン型がより現実に近いものに見えたとしても，これは，あくまで簡素化した議院内閣制であり，その中身は，現実においてはより複雑である．本書では，この複雑さを考慮しつつ政策過程というものを見ていくが，まずは，制度主義的な視点からトップ・ダウン的政治システムにおける政策過程に関わる制度について見ていくことが足掛かりとなるであろう．

――政策立案から立法へ

議院内閣制において，内閣は，国をどのように治めたいかという基本方針として政策を打ち立てる．しかし，他方，トップ・ダウン型の政治システムにお

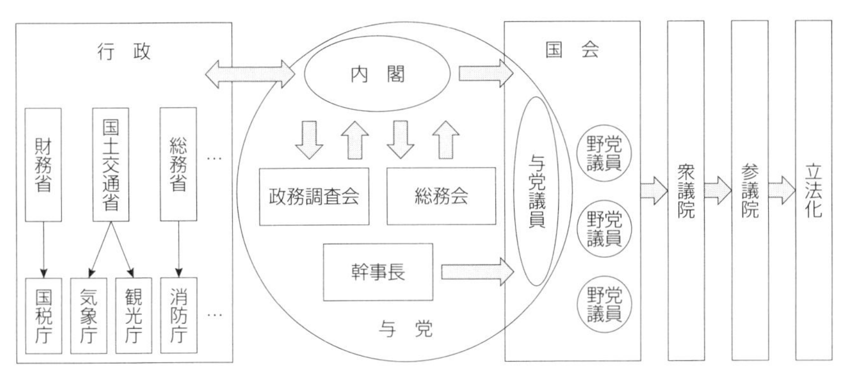

図２－３　制度主義的政策過程

いて，内閣が政策決定の全てを行っていると考えるのは，誤りである．内閣は議会に政策の立法案を提出する権利を有するが，その政策と立法案は，制度主義的観点から言えば，制度的ヒエラルキーによって配された機関とアクター，そして，それらの制度的パワー・バランスの流れの中で立案・決定されていくのである．

図２－３は，政策過程の構造を制度主義的に理解したものを表している．政策立案等は，まず，内閣の母体である与党内で，ある程度の方針が決められる．日本の政治においては，政務調査会という党内委員会が存在するが，その委員会にて，党の基本方針である政策の原案ともいうべきもの，つまり，政策アジェンダが内閣と共に議論される．とくに，政務調査会を取り仕切る政務調査会長は，党内の政策決定における最も重要な役職と考えられる．そして，この政務調査会でまとめられた政策アジェンダはさらに，内閣の行政下部組織である省庁内でどのように法案化するかが検討される．

省庁の数や種類，形態は国によって様々である．例えば，日本では，警察のトップ機関である警察庁を管理する国家公安委員会を含め，12の省（国土交通省など）が存在し，その下部組織として庁（気象庁など）が存在する．そして，内閣は，各省のトップに大臣を配置し，その大臣補佐役として副大臣と大臣政務官が与党内から選出される．これは，イギリスの大臣システムを採用したモノであり，イギリスにおいても，25の省に，内閣から大臣と大臣補佐役が配置される．これらの大臣の役目は，今迄の省や庁における取組，そして，何よりも，打ち立てた政策をどのように具体化するかといったことを確認し，内閣へ提案することである．そして，省庁と大臣の意見をもとに作られた政策案は，また，政務調査会等を通して与党内で審議され，最終的に総務会という党の最高執行機関にて党議決定として了承されることで，内閣から国会へ法案として提出され，国会で賛同を得ることができれば，新たな法として執行される．

しかし，立法に関して，議院内閣制度を採用している多くの国，少なくとも日本とイギリスでは，議会で過半数の賛成を得なければならない．したがって，この内閣から議会への流れについては，野党と内閣，そして，与党内と内閣におけるパワー・バランスが重要になる．例えば，与党の議席数が過半数ギリギリである場合や，連立与党等の場合は，議会に法案を提出する前に，政策に対しての意見統一をすることが重要になる．この意見統一のために，「幹事」，もしくは，「幹事長」という役職の議員が意見の統一にはげむのが日英両国において慣例である．この役職発祥の地であるイギリスでは，幹事長を特に「院内幹事長（Government Chief Whip）」と呼ぶが，英語名に「鞭を打つ」という意味の "Whip" という単語が入っているのは，まさに，議員に「鞭を打つ」が如く意見の統制を行うという意味からきている［Coxall, Robins and Leach 2003］．こうして，統制された議員の票によって，議案が可決された後は，参議院へと送られ，投票がなされる．そして，参議院にて可決された際は，政策は新法として実行される．しかし，仮に，参議院にて否決された場合は，衆議院にて2/3以上の議席数を得れば，新法として執行される．

このように，内閣，与党，そして，議会の役割を考慮し，政策を立法化していくことを政策過程の制度的流れとして理解できるであろう［村川 2000］．まず，当の政策方針が，内閣と政務調査会により決められ，次に，省庁と内閣にて具体化する方法がねられる．そして，この具体案は，最終的に総務会で党議決定されれば，議会に新法立案として提案することができる．そして，議会においては，衆議院・参議院を通過すれば，政策は立法という形で実行されるのである．

この流れにおいて，一見すると，内閣に対し，与党の政務調査会や総務会は，内閣と同等かそれ以上の力をもつように見える．実際，与党は，内閣の母体であり，与党なしに内閣は成立し得ない．しかし，とはいうものの，やはり，政務調査会長や総務会長，そして，幹事長（合わせて党三役と呼ぶ）は，内閣にできるだけ同調するよう働きかける者が選ばれる傾向にある．これは，母体である与党としても，担ぐ神輿である内閣がしっかりと機能するようにする必要が

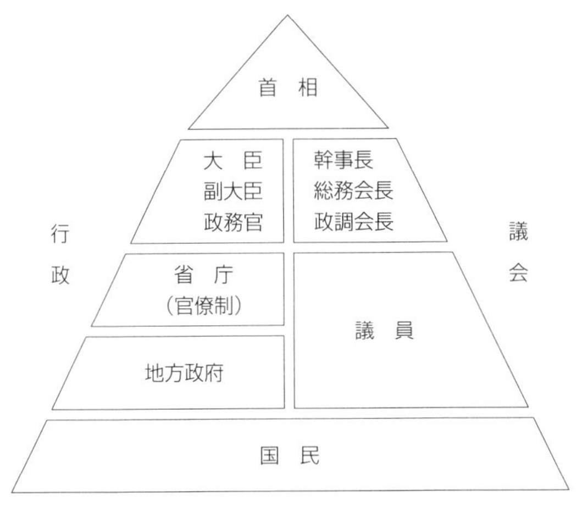

図2－4　議院内閣制におけるアクターのヒエラルキーとパワー・バランス

あるからであり，この点において，与党と内閣のパワー・バランスははっきりされているといえよう．このことより，制度主義的には，これら各機関とアクターのパワー・バランスは図2－4のように，ヒエラルキー的にはっきりとした流れの中で，政策が決定・執行されるとみることができる．

つまり，行政（省庁や地方政府の総称）においては，首相を中心として，大臣とその補佐から省庁，地方政府の制度的ヒエラルキーが確立され，議会においては，与党に焦点を置くならば，首相と党三役そして，その下部アクターとして与党議員が配列される．そして，これらアクターによって統治されるのが，国民という位置づけである．

政策における制度ヒエラルキーとパワー・バランスの実情

政策過程とそれにかかわる政治システムの構造と流れを，制度主義的に，ヒエラルキーとパワー・バランスに焦点をおいて明確にしたところで，前述に言及した，「現実の複雑」さに触れておく必要がある．以下では，政策過程における現実の複雑さの代表的な事例として，「政治家と官僚のパワー・バランス」，そして，経済政策における「曖昧な制度体制」を見ていくこととする．

――政治家と官僚のパワー・バランス

議院内閣制における政策過程の制度的問題として，よく指摘されるものに，「政治家と官僚のパワー・バランス」が存在する．内閣や議会における議員は，年期付きの役職であり，また毎回の選挙に必ずしも当選することは決まっていない．また，社会問題についてどのようにしたいかという方向性を政策として打ち立てていたとしても，それをいかに法として立法（具現化）するかという知識を大概の場合，議員は持ち合わせていない．そのため，政策から立法までの議会の補助機関として各事案を取り扱う省庁があり，その中で立法に関する調査や事務的手続き等，諸所の実務的な行いをするアクターとして官僚が存在する．

官僚と政治家との関係は，ブラック・ボックス［Birkland 2011: 26-28］と揶揄されるように，実際にどのようなやり取りが行われているかは，不透明である．しかし，この不透明なブラック・ボックスの解明こそ，実際に政策がどのようにして特定の法として確立されたかを理解するうえで重要になる．この点は，往々にして，行政学という学問区分で研究されるが，制度主義的観点から政策学との大きな接点が存在する．

まず，官僚の政策過程における役割として重要となるのが，「官僚の中立性」という問題である［山口 2007］．前述のように，官僚は，原則的に，内閣に就任した与党が提案する政策に沿って，立案の補助をする機関である．つまり，どのような政党が政権についても，官僚は，常にその政党議員の補佐であり，官僚の意見を押し付けるようにしないといった意味で，中立であるということである．このような，官僚の中立性が確実に守られている国はほぼ存在しないであろうが，比較的に遵守される傾向にある国としてイギリスが挙げられる．イギリスの行政システムにおいて，与党議員の3分の1近くが実際に各省に特定のポストとして配属されるため，各自の得意分野にて官僚の補佐を得ながら立案制作をすることで，内閣の政策実現に尽力するシステムが確立されている．したがって，イギリスにおいては官僚の中立性が比較的に遵守された制度体制の確立が指摘できるであろう．

反対に，日本では，与党から各省庁に派遣されるのは，大臣と副大臣，政務官といった限られたポストと人数である．これにより，特に政策過程の法案作成などにおいては官僚中心で行われる傾向になる．また，このように日本の官僚制において，非中立性が指摘される大きな理由として，与党からの派遣人数のほかに，実務的な理由が挙げられる．内閣や議員が年々変わる中，官僚そして官僚が所属する省庁が取り扱わなければならない問題，他省庁や利益団体との関係性は歴史的に構築されたものであり，硬直的である．つまり，歴史的堆積によってできた各省庁の諸事情とそれに対する対処は，政治家よりも長年省庁に仕えた官僚のほうがよく理解しているということである．さらに，新たな内閣の新たな政策がいかに革新的な政策であったとしても，それが現実的かつ効率的に立法化できるとは限らない．ざっくばらんに言えば，官僚にすれば議員の多くは，立法的な面，または，政策具現化において，素人に近い存在であるともいえる．このような理由から，官僚の中立性というのは，官僚からすれば遵守するに値しないモノとなる．また，このことより，日本の政治システムにおいては，省庁やそれに所属する官僚は，制度ヒエラルキー的パワー・バランスにおいては内閣や議会の下位に位置するにも関わらず，実際の政策過程，特に立法の面においてはパワー・バランスが反転するというようなことが起きうるといえるであろう．このことは，議院内閣制があくまで選挙に基づいた民主主義を政策の基盤とするならば，日本の官僚制に関する統治は失敗しているといえるかもしれない．つまり，民意を反映するはずの内閣が力をもつのではなく，民意で選ばれたわけではない各省庁の官僚が各部署の利害関係を基盤として政策を立法化，もしくは，政策の具現化に大きな影響をもたらしているからである．実際，日本の多くの行政学者らは，この官僚中心の政策過程と各省庁が省益を守るためだけに活動する省庁セクショナリズムを日本の行政における一番の問題ととらえ，行政改革を訴えている．

―― 曖昧な制度体制

政策過程における，実際の政治の複雑さの影響を考慮するうえで，官僚の影響以外にも，曖昧な制度体制が政策過程に大きな影響を及ぼす場合がある．例えば，現代の多くの先進国における経済政策とその政策過程にその曖昧さを見ることができる．

近現代の多くの先進国における経済政策では，その政策の一部を決定する政府機関が政府以外にも存在している．日本やイギリスにおいて，各政党はそれぞれの経済政策を主張し，内閣は財務省（大蔵省）や金融庁などを通して与党の政策に着手している．しかし，他方，日本とイギリスにおいては，税金を使って公共サービスを充実したり，税金を徴収して所得分配を行うなどの財政政策や経済活動の規制を行う規制政策は政府が行うが，いわゆる金融政策というものは中央銀行が行うことになっている．

中央銀行は制度ヒエラルキー的には，政府の下位に位置する機関であり，日本では財務省，イギリスでは大蔵省の管轄下に置かれている．しかし，一方，日英両国において，中央銀行の政策と執行に関しては法律的に政府からの独立が保証されている．これは，イギリスにおいては1997年，日本においては1998年に執行された中央銀行独立法によって定められた制度によるものである．この独立は，特に中央銀行が行う金融政策において，政治的影響からの独立性を高めるものであった．

多くの国において，中央銀行の金融政策は，以下３つの代表的な手段にて執行される：

① 基準割引率および基準貸付利率の変更（公定歩合操作）(Base Rate Change)――中央銀行が金を銀行に貸し出すときの利子率（イギリスでは「ベース・レート」と呼ばれる）の変更．
② 公開市場操作（Market Operation）――中央銀行が金融市場に流通している国債や債券を買い入れる（買いオペ）もしくは，保持している国債や債券を売る（売りオペ）ことで，市場の通貨量を変化させる．
③ 預金準備率操作（Reserve Requirements）――金融機関に預けられた預金の一定額を中央銀行に保管させる．

しかし，これら３つの手段はあくまで中央銀行の金融政策における手段である．多くの国の独立した中央銀行における金融政策とは，「経済の安定化」が共通項として挙げられるであろう．そして，この「経済の安定化」という政策を目指すために，手段の執行において「独立性」が強調されているのである．

政治的影響からの独立の理由は，例えば，①の公定歩合操作にて公定歩合を引き下げ，銀行が中央銀行からお金を借りやすくし，さらに，②の公開市場操作にて買いオペをしたときに，市場に出回るお金は大量に増加する．この増加したお金は，銀行が一般人や企業に貸し付けることで，一般人は購買力が増加し，企業は設備投資や新規事業開拓がしやすくなる．しかし，これはあくまで銀行から借りたお金なので，実質的な購買力や企業の資本が増えるわけではない．ところが，一旦，額面上のお金が増えることで市場は熱気を帯び，バブルへと変化することがある．しかし，バブルは実質的な経済能力の上昇を意味しないので，やがて破裂し，終焉を迎える．バブルの終焉に待っているものは，多額の借金であり，それが債務不履行となって銀行にお金がもどらないと，経済は不況になる．このように，金融政策の手段は執行の仕方次第で，経済の不安定化をもたらすということもありえる．そして，このような結果は，政治的な影響下に起きやすいという考えから，金融政策の独立という考えが制度化されていった．つまり，ある政党が選挙で勝つために，または，ある内閣が支持率を伸ばすために意図的にバブルを引き起こしたり，経済を不安定にさせる恐れがあるので，政府機関から金融政策は独立されたという事である．

中央銀行の独立性は理論上，好ましい制度であるように見えるが，実際のところ多くの問題を抱えている．第1に，経済政策にかかわる統治の問題である．中央銀行が独立しているがゆえに，内閣は経済政策の整合性を欠く恐れがある．つまり，経済政策における，政府と中央銀行のパワー・バランスの問題である．実際，第6章で明らかにするように，昨今の欧州金融危機において，大英銀行と関係所管である金融サービス機構（日本の金融庁）そして大蔵省の金融政策手段の実施について，大きくもめることとなり，経済政策における統治の失敗という点で当時のブラウン政権は強く批判された．このことから，最終的に大蔵省の大英銀行監督責任は引き締められることとなった．

第2の問題として，中央銀行の独立性という制度の限界がある．いくら，法律上，その独立が保証されている中央銀行であっても，政府の影響を受けないという事は不可能に近いという事である．実際，中央銀行の総裁は内閣によって指名され，政府によって承認される．例えば，第二次安倍政権にみられるように，前日銀総裁の白川方明は，安倍政権が提案していた金融政策には否定的であったが，白川が早期辞任すると，安倍政権の経済政策に賛同する黒田東彦が新たな総裁として着任し，安倍政権の提案する「三本の矢」の要となる「第一の矢：異次元の金融政策」を敢行した［伊藤 2014］．

このように，制度主義的アプローチにて経済政策を考察することで，その政策過程の制度的曖昧さが明らかになる．制度的ヒエラルキーにおいて政府は上位に位置するも，金融政策に関しては，日本銀行の独立性が法的に守られているという曖昧な制度体系によって経済政策過程が成り立っていることが判る．しかし，とはいうものの，やはり，政府の優位性は比較的強く，その優位性をうまく利用することで，経済政策がなされているといえる．しかし，常時この関係がうまくいくわけではなく，例えば，経済危機などにおいては，これら経済政策過程の曖昧さが，政策決定・執行過程においてアダとなる場合があるが，この点は，後章にてまた詳しく取り扱うこととする．

制度主義的アプローチの発展と限界

制度主義的アプローチは，政策学の初期の段階から，どのように政策が立法化され具現化されるか，また，実施されるか，というプロセスを明らかにしてきた．特に，「構造と主体」の観点でいえば，政策過程の流れと構造を主体間のヒエラルキーやパワー・バランスに焦点を当てることで，明らかにしているといえる．昨今，制度主義的アプローチは，新制度論の展開に伴い，その研究射程がさらに広くなってきている［March and Olsen 1984］．

旧来の制度論は比較的に「立法主義的（Legalism）」な研究に陥りがちであった［Usami 2015］．つまり，どのように政策が立法化されるかという法手続きのみに焦点が絞られがちであったということである．しかし，この立法主義に対して，「立法化」や「明文化」されていない，ある意味で曖昧に制度化されているルールを考察することで，より広範囲に「制度」を捉え直すという考えのもと，「歴史的制度論」「合理主義的制度論」「社会学的制度論」という3つの制度論が新たな研究的視座を示し始めた［Hall and Taylor 1996］．

歴史的制度論は，「経路依存性（Path Dependency）」という概念をもとに，ある制度が存在するのは，歴史的な要因の堆積によるものであると主張し，制度の歴史的派生の考察を行っている．例えば，前述の日本における官僚制の例がこれにあたるであろう．合理主義的制度論は次章で説明するゲーム理論などの経済学的手法を用いて，関連アクターの相互作用によって誕生する関係を制度として考察している．例えば，これは，与党と野党の対立における戦略的な相互作用とその中で現れるルールのようなものを制度として理解するうえで有効といえる．そして，社会学的制度論では日英の官僚の中立性の違いに見られるような，国や地域等によって異なる文化的側面を制度としてとらえる研究をしている．この章では，この新制度論の諸所の要素も少なからず踏まえたうえで，「統治」と「制度ヒエラルキー」そして「パワー・バランス」といった概念をもとに制度主義的アプローチを明らかにした．

本章で明確にしたように，制度主義的アプローチは，政策を立法化などで具現化し，実行していく際，その過程に関わる諸所の制度とそれにより構築されるアクターの関係性というものを政策過程の構造として理解している点で評価できる．ステージ・モデルが示すように，政策過程というものには，基本的な構造と流れに沿って行われるが，その流れの実態を各国の政治システムに照らし合わせることで政策過程の実態を明確化させている．しかし，他方で，「政策過程の現実の複雑さ」で見てきたように，政策過程における制度やアクターの関係性というものは，制度主義的アプローチが想定するほどに完全に整備されたものではない．現実の制度やヒエラルキーそしてアクター間のパワー・バランスというものは，至極曖昧で慣習的なモノにより決定されている場合が多分にありえる．このような慣習的なモノも，ある種の制度として制度主義的アプローチによって解釈することも可能ではあるものの，その曖昧な制度や構造の中におけるアクターの動態というものは，明確に定義された制度内での行動とは違い，より自由度があると考えられる．つまり，明確に定義された制度的フィールドにおいて，アクターの行動は構造的に制限されるが，曖昧に定義されたフィールドではアクターは自由に行動することが可能となる．この点において，制度主義的アプローチでは自由に行動するアクターのダイナミクスを理解することにおいて限界が生じるのである．

例えば，首相と内閣は与党三役やその機関と連携して政策アジェンダとその立法化に尽力するが，その際のやり取りは，やはり，ある程度自由がある中で行われる．言葉を換えれば，政策アジェンダの策定方法までを規定する制度というものは存在しないということである．仮に，そのような規定が完全に存在するのであれば，それは政策形成というものが決定論的に決まってしまうことを意味する．したがって，ある程度の構造的制約は存在するものの，政策決定などの政策過程におけるアクターの自由度は存在するということである．このような，政策決定におけるアクターの自由度は，特に国家間の対外政策などにおいては顕著であろう．国家間条約というものが制度的に存在したとしても，条約を破棄する行為を制限する国家間の制度というものは存在しえないのである．仮に，そのようなものが存在したとしても，それはやはり，アクターの自由意志によって破棄されえるであろう．この点において，政策過程におけるアクターの自由意志に基づく行動のダイナミクスというものを見ていく必要がある．

第3章 合理主義的アプローチ

前章では，どのように政策が立法などによって具現化され・執行されるかの構造と流れを，制度主義的アプローチをもとに明らかにした．また，制度主義的アプローチは，政策過程における構造的な要素を明らかにするうえで重要であり，制度化された構造の中でアクターが政策を，立法などを通して，実行していくことが理解できるといえる．しかし，前章の最後で指摘したように，このような構造主義的な解釈ではアクターの自由意志による行動の考察というものが不可能になる．また，ある行為がなされたのは，そのような構造があったから，という決定論的な解釈にも陥りかねない．このことより，決められた構造の中であったとしても，アクターは様々な可能な行動の中から，ベストと思われる行動をどのようにとっていくかという，アクターの合理性や戦略性といった要素を踏まえ，より複雑な様相をとらえる必要がある．この必要性に対し，本章では，アクターの「合理性」や「戦略性」を考慮した研究アプローチである合理主義の考え方をゲーム理論という研究手法に焦点をあてることで，政策過程を主体サイドから考察していくこととする．

合理主義とゲーム理論

合理主義的アプローチを説明するうえで重要になるのが，現代経済学の発展である．実際，制度主義的アプローチも制度主義経済学や進化経済学等，制度や機関がどのようにアクターの行動に影響を与えるかという経済学的研究の影響を多分に受けているが，合理主義的アプローチはむしろ，現代経済学，特にミクロ経済学的考えが基礎になっているといっても過言ではない．

―― 合理的なアクター

現代経済学の根幹をなす概念に「合理性」という考えがある．これは，人々は，自分の趣味趣向，英語でいうところのInterest(s)をよく理解しているということを意味する．（英語でいうところのInterest(s)という単語は，「趣味趣向」以外にも「利害」「利益」「関心」という意味があり，この考え方は，後に紹介する研究アプローチにも重要な概念となる．したがって，他の意味もまとめて表す時にはインタレストというカタカナ表記を使い，「趣味趣向」等の特定の意味を表す際には，その特定の意味をそのまま使うこととする.）そしてこの趣味趣向が自明であるので，それをもととした選好の順序付け（Preference Order）も自明である，と経済学では想定する［Mankiw 1998=2000］．これは，例えば，リンゴとバナナがあった場合，バナナのほうがリンゴよりも好ましいという順序付けが自明であるということである．そして，この自明の趣味趣向と選好の順序をもとに，人々は行動し，最も望ましい行動を起こすという様に考えるのが，現代経済学における合理主義的考え方である．この合理的なアクターに関する考えをもとに，ゲーム理論では，人々の行動が相互影響的環境下にあるとき，どのような行動をとるか，ということを数理論的に表すことを目的としている．

ゲーム理論は，数学者フォン・ノイマンと経済学者オスカー・モルゲンシュタインの共著である『ゲームの理論と経済行動』［1944=2014］によって提唱され，その後，数学者ジョン・ナッシュ［Nash 1951］によって大きく発展した理論である．ナッシュの半生は，ラッセル・クロウが主演を演じた『ビューティフル・マインド』［Howard 2001=2002］という映画によく表されているが，映画の中で，ナッシュがゲーム理論を発展させるきっかけとなったのが，友人たちとの飲み屋でのナンパである．同じ飲み屋に居合わせた女子グループをナンパする際に男友達と協力すべきかどうか，という問いがもとになったのである．映画の描写の真偽は定かではないが，この「他のアクターと戦略的に『協力する』または『協力しない』ことで，どのような結果を導き出すことができるか」，そして，「選好の順序付けに基づいた最適な結果を得ることができるか」ということがゲーム理論の分析対象である［Elster 2007］．これは，社会科学的な言葉でいえば，「意思決定過程」を分析するということであり，政策学においても，どのような政策を打ち立て，その政策目標を達成するには，どのような行動をとるのが最適であるか，という点を考察するうえで有効となる．ゲーム理論には，状況により，いくつかのゲームの種類分けがされているが，以下では，その中でも一番代表的な「囚人のジレンマ」のゲームを見ていくこととする．

――囚人のジレンマ

ある日，アクターＡが相方Ｂと銀行強盗をしたとし，銀行から1000万円，強奪できたとする．しかし，結局，逃走中にそのお金を紛失してしまい，特に何も獲ぬまま，銀行強盗だけをした結果となった．ただ幸運なことに，その日は警察に捕まることも，特にその２人が銀行強盗をしたという確実な証拠も残さずに逃げることができた．ところが，その数日後，その２人は，車上荒らしをしていたところを警察に取り押さえられ，捕まえた警察は「どうやら，この２人が先日の銀行強盗の犯人ではないか？」と疑いをかける．ただ，強盗に関する確実な証拠はない，いわゆる「刑事のカン」である．そこで，警察は最後の手段として，強盗２人を別々の部屋へと招きいれ，司法取引を持ちかけ，「今，銀行強盗したことを白状すれば，『車上荒らし』の件も含めて無罪放免としよう．ただし，白状しなかった方には，15年間牢屋に入ってもらう．もちろん，どちらとも黙秘すれば，２人とも車上荒らしの罪で，１年牢屋に入ってもらうし，２人とも同時に白状したら，２人仲良く10年の禁固刑となる．大丈夫．お前の相方は，白状しないさ…….」と囁いた．今，１分間考える時間を与えられたとして，この２人の強盗はどのような結果を導き出すであろうか．

この事例は，「囚人のジレンマ」と呼ばれるものである．アメリカの心理学者らによって，実証実験もされている有名な事例である［高橋 2008］．「ジレンマ」という言葉は，「二者択一的選択における葛藤」という意味である．つまり，選択肢は２つあるが，どちらも，あまり好ましくない結果になる状況下にあるという事である．例えば，Ａが強盗を白状したとする．その際，Ｂが黙っていれば，Ａは無罪放免となるが，Ｂは15年投獄され，Ａのことを一生恨むかもしれない．また，Ｂも白状したとき，２人とも10年間投獄されてしまう．逆に，Ａが黙秘し，Ｂが白状した際は，Ａは15年間投獄され，２人とも黙秘をしたとしても，１年間の投獄生活である．したがって，「白状する・黙秘する」どちらの選択肢も好ましくなく，まさにＡもＢも，ジレンマをかかえることになる．しかし，ここで重要なのは，Ａがどうしたいかという「ゴール」を設定して，「相手がどのように行動するか」という戦略的思考のもとに，ＡとＢは行動しなければならない．この戦略的試行錯誤を理解する上で，ゲーム理論は非常に有効である．

――囚人のジレンマとゲーム理論

ゲーム理論的な解釈で，前述の囚人のジレンマは以下のように表すことが可能である．まず，両者とも同じ行動をとった場合，つまり，両者とも黙秘，もしくは，白状した場合を見てみると以下のようになる．

A(縦) B(横)	黙　秘	白　状
黙　秘	①(−1，−1)	
白　状		②(−10，−10)

上記のボックスは，マトリックスと呼ばれるが，縦のボックス（黙秘・白状）を「Aの行動」，横のボックス（黙秘・白状）を「Bの行動」とする．また，数字は，投獄年数（−1=1年）を表す．上記のマトリックスで判るように，両者が同じ行動をとるとしたとき，「①黙秘する」という行動は圧倒的に「②白状する」という行動より好ましいことがわかるであろう．このことから，2人にとって最も好ましい行動は，黙秘するという選択に結論付けられそうである．しかし，実際の状況はそんなに単純ではない．警察が持ち掛けた司法取引を考えると，AとBの相方に，「黙秘をしない」という行動が魅力的に見える．この「魅力的な要素」というのは，「インセンティブ（Incentive）」または「誘因」と呼ばれるが，インセンティブが発生するとどうなるかは下のマトリックスがよく表している．

A(縦) B(横)	黙　秘	白　状
黙　秘	①(−1，−1)	③(−15，0)
白　状	④(0，−15)	②(−10，−10)

最初のマトリックスと違い，今度は，お互いが別の行動をした場合を表している．③は「Aが黙秘したにも関わらず，Bが白状した場合」，④は「Aが白状したにも関わらず，Bが黙秘した場合」である．どちらも片方が裏切り，片方が裏切られるということなのであるが，この裏切るきっかけとなったのは，「無罪放免（投獄0年）」という司法取引である．専門的には，この「人を裏切って，もしくは，人の努力にタダ乗りして得をする」という行為をフリー・ライダー（Free Rider）と呼ぶ．全ての事例にフリー・ライダーの可能性があるわけではないが，囚人のジレンマにおいては，両者に，この無罪放免できるフリー・ライダーのインセンティブがある．このため，両方が「白状する」という

最悪の結果を招くことになるのである．つまり，Aが，①の結果になるのが，全体的には良いので，黙秘を選んだとしても，Bに裏切られるリスクがあり，自分だけ逃れようと白状しても，②の結果になるリスクがあるということである．意図する結果に対して，それ相応のリスクが伴うということである．

ここで，ゲーム理論がどのように政策過程分析を理解するうえで有益であるかを述べる前に，「囚人のジレンマ」をもとに，ゲーム理論の簡単なまとめをしておくことは有益であろう．囚人のジレンマにおける登場人物は強盗2人，ここでは，強盗Aと強盗B，そして，警察である．このゲームの中で，警察にとってのゴールは「強盗団を『銀行強盗』として捕まえること」である．もし，強盗が2人とも沈黙してしまった場合は，「強盗団は『車上荒らし』としてのみ捕まえる」ことになってしまう．したがって，強盗団の行為が警察の享受できる結果に影響を与えるのである．この行為の相互影響は強盗団においてはさらに深刻である．仮に，強盗2人のゴールが「できるだけ刑歴を少なく」するのがそれぞれの目標だとする．もし，2人とも，自分の刑歴のみを気にしていたら，両方とも白状するという結果になってしまうのである．また，仮に，協力することを欲し，2番目に軽い刑である車上荒らしの罪に甘んじようとしても，相方がそれにフリー・ライドすることもあり得る．したがって，強盗団の享受できる結果も，また，お互いの行為に依存しているのである．このように，ゲーム理論的解釈の方法は，相互影響下にあるアクターの戦略的な行動を理解するうえで，有効といえる．

ゲーム理論の政策学における応用

現代社会科学において，ゲーム理論は多岐にわたり応用されている研究手法の1つである．政策学においても合理主義的アプローチとして，政策過程において「どのように行為者が合理的に行動することで，政策が作成されるか」というような研究に広く応用されている．以下では，まず，2つの代表的な例を見てみることとする．

―― 環境問題政策とゲーム理論

1つ目は，環境問題にかかわる政策である．昨今の国際的なニュースの1つに地球温暖化がある．車の排気ガスや工場の廃棄ガスが温室効果ガスとして大気圏上のオゾン層を破壊することで，地球が温められてしまい，地球の砂漠化が進み，南極大陸の氷が解け，海面が上昇することで，海面上の都市や海面に近い都市が消滅してしまうかもしれないという問題である．当然，地球の空はつながっているので，この問題を解決するには，各国が協力し，温室効果ガスを削減していかなければならない．この国際協力のため，数年に一度，それぞれの国の首脳陣や環境省の役人が会議を開き，それぞれの国の目標を設定した議定書という文章にサインをしたりしている．日本でも，1997年に地球温暖化防止会議が京都で開かれ，50カ国以上の国々が京都議定書にサインした．しかし，いくら国家間の約束といえども，個人の約束と同じで，それを実施するのは簡単なことではない．特に，工場などにおける排出ガスの削減は経済的にも大きな制限を強いることになりかねないからである．しかし，この条約はできるだけ多くの国が同時に参加しなければあまり効果を得ることができない．この国家間の温暖化に対する各国の対応に関して，ゲーム理論を活用することが可能である．

例えば，2つの隣国を想像する．仮に，一方をA国，片方をB国とする．また，仮に，領国とも，ガスの排出を一斉に規制し，空気中のガス量を10%減らすための費用を1億円（−1）とする．反対に，どちらも，規制しなかった場合における排出規制コストは0円とする（これは，この時点における経済コストである．当然，実際は，温暖化を放置しておけば，その負の影響は次第に大きくなるであろう）．したがって，この状況は以下のマトリックスで表すことができる（A: 縦列 B: 横列）．この場合，規制費用面では「規制しない」というインセンティブのほうが両国において働きそうである．

A(縦) B(横)	規制する	規制しない
規制する	①(−1, −1)	
規制しない		②(0, 0)

しかし，仮に，A国の国民の地球温暖化に対する理解度が高いとした時，A国は規制に乗り出すかもしれないが，反対に，B国が規制をしないままであるとどうなるか．この場合，A国が空気中のガス量10%を削減するためには，両国で規制するときの費用よりもさらに費用が発生する．これは，「地球の空はつながっている」という，環境構造的理由である．A国が自国の空気のみを清浄化しようとしても，隣国が協力しない限りは，B国のガスはA国にあ

る程度侵入してきてしまうのである．したがって，A国のみが規制に乗り出すことで，B国は無費用で，フリー・ライダー的に少なからずその穏健を受け，A国の費用がかさんでしまうという状況が発生する．これは，仮に，A国のみ規制をした際の費用を2億円（−2）としたら，下のマトリックスの③のような状況になりえるということである．

A(縦) B(横)	規制する	規制しない
規制する	①(−1, −1)	③(−2, 0)
規制しない	④(0, −2)	②(0, 0)

上記のマトリックスから，フリー・ライダーの可能性がある以上，地球温暖化に関する理解が高い国であっても，規制に乗りだすのは困難になることがわかる．実際，温暖化ガス最大排出国の中国とアメリカは京都議定書にはサインをしなかった．その後，2016年のパリ協定では，アメリカ・中国を含む190カ国近くの国が，協定の採択や前向きな批准を表明しはじめてはいるものの，いまだ，協定における約束は各国の裁量面が大きいのが課題として残っている．この点で，いまだ上記のマトリックスのような状態が続いているといえるであろう．しかし，近い将来，上記のマトリックス②の「規制しない・規制しない」が許されない状況に陥った場合はどうであろうか．今の時点での規制をしない経済コストは（0，0）かもしれない．しかし，当然，地球の破壊がかなり進んだ状態では，すでに取り返しのつかない事態に陥るかもしれない．さらには，もし，①の「規制する・規制する」というオプションに，地球を温暖化から防止する有効な術がない場合は，上記のマトリックスはまた別の状態になる．この点で，各国が国際環境問題に対する政策姿勢として，どのようなゲームのマトリックスを描いているか，という点は重要になるであろう．この状況の認知の違いというのは，また後章で見ていくこととする．

—— テロ対策とゲーム理論

次は，ゲーム理論の発展的な応用である．環境問題と同じように，国際的時事として，テロ攻撃の問題がある［Sandler and Arce 2003］．テロリズムとその政治性については，複雑であり，簡単に議論できるものではないが，テロ対策の議論，つまり，テロに対する国防的な政策においては，ゲーム理論がとても有益な考察を可能にしてくれる．

例えば，最もシンプルな形で，テロ攻撃とその対策については以下のようなマトリックスを考察することが可能である．下のマトリックスのＡとＢはテロリストがテロ攻撃を仕掛ける場所を表している．横枠はテロリストが攻撃を企てている場所で，縦枠は警察の攻撃場所の予想を表している．

警察（縦）テロリスト（横）	A	B
A	①(1，－1)	②(－1，1)
B	③(－1，1)	④(1，－1)

上のマトリックスにおいて，①と④というのは，テロリストの攻撃場所と警察の予想が一致している場所なので，警察がその抑止に成功（+1）し，テロリストはその企てに失敗（－1）したことを表している．反対に，②と③はそれぞれの場所が違うので，警察の抑止失敗（－1）を表し，テロリストの企て成功（+1）を表している．このように，ゲーム理論的にテロ攻撃とその抑止の関係を表すことは可能であるといえる．

しかし，もちろん，現実はそう単純ではない．上の図から安易に「警察は的確な予想を立てるべきだ」っという結論を導いてしまいがちだが，仮に予想を立てることが可能であったとしても，事態はより複雑である．つまり，警察が攻撃の情報を事前に得ることが可能であったとしても，それで容易に攻撃を抑止できるというわけではない．その１つの理由に，「時間」が関係する．

今まで紹介してきたようなゲーム理論的なマトリックスは，４つの可能性が同時並列的に起きているようなことを想定している．つまり，ジャンケンのように，相手も自分も同時に行動を起こすという想定があるということである．これに対し，ゲーム理論の学者たちは，「ゲーム・ツリー」という考察の仕方を図３－１の様に提唱している．

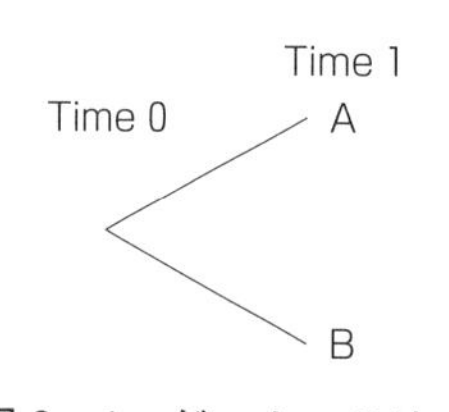

図３－１　ゲーム・ツリー Time0～ Time1

この状態は，例えば，Time0 において，警察がテロ攻撃の情報を察知したものと仮定する．そして，警察は，Time1 において，Ａか B が襲撃場所であるということまで，情報を得ているとする．そして，図３－２である．

図３－２は，前述の単純なマトリックスと同じで，Time1 における警察の予測が Time2 において，「一致したか」または「一致してないか」を表して

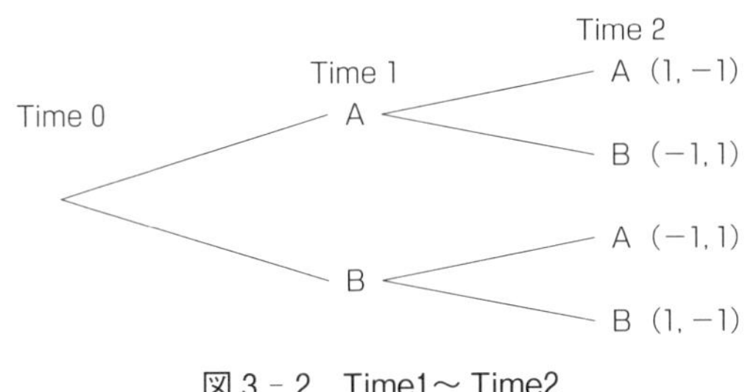

図3－2　Time1～Time2

いる．つまり，Time1 において警察の予測が A であり，Time2 における実際のテロリストが現れた場所が A であるならば，テロ攻撃を抑止できたとして（1，－1）という結果になる．

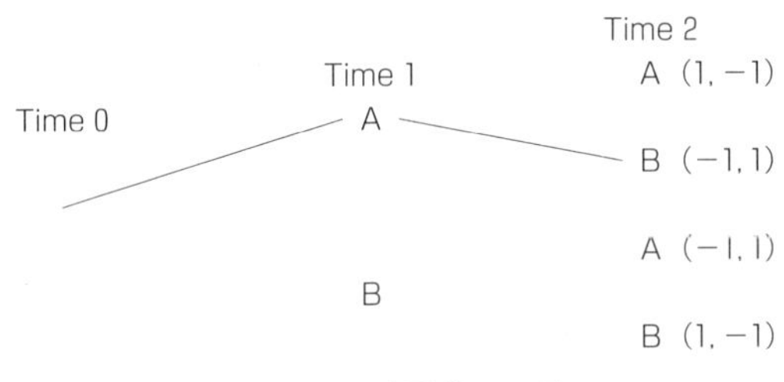

図3－3　時間的不一致

次に図3－3だが，この図では，1つのケース，つまり，Time1 において警察の予測が A であったが，Time2 における実際のテロリストが現れた場所が B であったことを表している．しかし，この時間軸を用いた図によって，Time1 で何が起こったか，という考察が可能になる．例えば，Time1 において警察の予想が A であり，実際，テロリストも Time1 では，A を攻撃する予定だったとする．そうであった場合，Time2 における結果は A なので，結果は（1，－1）となる．しかし，仮に，テロリストが，Time1 において，「警察が A を警戒する」ことをテロリストがあらかじめ知ることができた場合，テロリストにとって，襲撃場所を B にするのは，当然のこととなる．また，情報を仮に得なかったとしても，テロ攻撃に必要な武器類は持ち運びが容易であるのに対し，警察の警備強化は簡単に変更できるものではない．したがって，Time1 において，テロリストがもともと Time2 で行う予定であった行動を Time1 にて変更することが可能であるといえる．このようなジャンケンでいえば，「後出し」のような権利は「第二行為者優位」(Second Mover Advantage) と呼ばれる．したがって，もし，テロリストが事前に警察の行動を知ることができた場合，テロリストは攻撃場所をAからBにTime1とTime2の期間においてすることが可能となるのである．

また，第二行為者優位など，タイミングが政策の効率性に影響を与えることを，「時間的不整合」もしくは「時間的不一致 (Time Inconsistency)」と呼ぶ．これは，どのような政策の実行にも付き纏う問題である．例えば，地震が起きたときの被災地救援策において，被災者が必要とする救援物資は，時間によって変化する．したがって，政策が対象とする事象は，動的な社会現象や人であるため，ある意味で，この時間的不整合の問題はどのような政策にも関連する問題といえるであろう．これは，テロ対策の例でも同じである．したがって，このような第二行為者優位と時間的不一致の観点から，テロ対策の実践的な政策というのは困難を極めることがわかる．

以上の2つが，政策決定におけるゲーム理論の応用といえるであろう．以上の例をもとに，今度は，その応用が顕著にみられる経済政策過程におけるゲーム理論の応用というものを見ていくこととする．

ゲーム理論と経済政策

前述のように，ゲーム理論は数学者ジョン・ナッシュによって提案されたものの，その応用と発展は特に経済学において顕著にみられた．例えば，上記の国家間協定の問題や第二行為者優位性等は経済学において広範囲に研究されている内容である．これら経済学的応用をもとに，現代経済政策過程においては，「どのように国家機関や他のアクター（経済・金融に携わる官僚や経済関連の機関や団体等）が相互影響下の環境において行動するか」ということを分析することが可能となる．この点において，実際の経済政策の例に当てはめ，ゲーム理論的な観点における経済政策過程と統治の考え方を考察していくこととする．

―― ゲーム理論的統治とヘテラーキー

制度主義的アプローチでは，政策過程における重要なアクターは，制度的ヒエラルキーによってパワー・バランスがある程度決められている政府機関やその中の政治家や役人であった．当然，これらアクターの行動を，ゲーム理論を使用して理解することもできるが，ゲーム理論を使用することで，分析の対象とするアクターはヒエラルキー的な拘束に縛られていないアクターをも，その射程に取り組むことが可能となる．ヒエラルキーに拘束されてはいないが，政策等の政治的意思決定に大きな影響を及ぼすアクターとの関係性はヘテラーキーと呼ばれる．ヒエラルキーが縦の関係性を表すものとするなら，ヘテラーキーは横の関係性を表すものといえる．ヘテラーキーの代表的な例として，前述の他の国家や市場におけるアクター，メディアや専門家等が挙げられるであろう．メディアや専門家との関係性は後章で見ていくとして，ここでは，市場のアクターと国家機関との関係性を見ていくこととする．

市場のアクター，例えば，銀行や金融機関などは政府が設置した法に従わなければならないという点で，国家制度的ヒエラルキーに属しているといえる．しかし，いくら，制度的なヒエラルキーによってその行動が規定されているとしても，基本的な業務に関しての自由は，法律によって保障されている．つまり，詐欺行為やインサイダー取引などは禁止されているとしても，どのように証券を発行したり，金融商品を売り買いするか，また，他者と合併したりするかは，ある程度，自由に行うことができるということである．しかし，この自由行為によって，経済が危機的状況に陥ってしまう場合，政府機関は，銀行や金融機関に特定の行為をするよう働きかけることがある．そして，このヘテラーキーな関係のアクターも含め，関係アクターの行動を政策通りに政府機関が制御できている，または思惑通りの結果に導けている場合，合理主義的には政府機関の統治が成功していると考えることができるであろう．しかし，反対に，ヘテラーキーな関係のアクターも含めた関係アクターの行動が政策通りにいかなかったり，逆に望ましくない措置を政府がせざる負えなかった場合，合理主義的には政府機関の統治は失敗していると考えられる．この統治の失敗の例を，以下では，ゲーム理論を用いて実際の例で見ていくこととする．

―― 経済危機下の国家介入政策にまつわるゲーム

2007年8月，欧州では，金融圧迫という，銀行間が信用を失い，取引をしなくなるという事態が発生した．これは，特に，2000年あたりから売り出されたサブプライム・ローンという低所得者用ローンの相次ぐ債務不履行により，それを売り買いしていた銀行の信用がなくなるということが発端であった．やがて，この銀行間貸し渋り状態，金融圧迫は，金融危機として認知されるようになり，この状態が一年近く続いた2008年９月，150年以上続いた当時世界最大級のアメリカ投資銀行リーマン・ブラザーズが倒産した．このリーマン・ブラザーズ倒産により，欧米で発生していた金融危機は，世界規模のものへと発展することとなった．これがいわゆる，リーマン・ショックである．

リーマン・ブラザーズ倒産の余波が懸念される中，政府はできるだけ他の銀行，少なくとも大きな預金銀行には潰れず，正常な状態に戻ってほしいと考えていた．当時，リーマン・ブラザーズ等の投資銀行は，国家救済を行うべきではないという考えがあったが，その余波によって預金銀行がつぶれるのは政治的に大きな問題があった．投資銀行が金持ちのお金でギャンブルをするのとは違い，預金銀行は一般人が日々生活する分のお金を貯めておく銀行である．当然，政治的には，金持ちの支持者も大事ではあるが，全ての金持ちが投資銀行を利用しているわけではない．反対に，選挙における主要な一般支持層で預金銀行を利用していない人間はいないであろう．こうした理由で，アメリカとイギリスの政府は自国の預金銀行がつぶれないように，必要な資金的バックアップをする必要があると考えた．また，国家規模の救済をすることで，いまだ余裕のある大手銀行もこの救済策に便乗して通常営業（他銀行への貸し出し）を再開すると期待していたのである．しかし，この考えに対し，政府による救済政策懐疑派は，銀行間の信頼は銀行同士が立て直すべきであり，さもなければ，政府の救済政策は失敗すると主張していた．この主張はゲーム理論的に考察可能である．まず，金融圧迫における銀行間貸し借りのゲームから見ていくことは有効であろう．

銀行は通常，銀行間での貸し借りを行っている．例えば，ある者が銀行に100万円の預金をしたとする．銀行は，その金を，誰かに貸すことで利子や手数料を得るというビジネスをしている．当然，ほとんどの国が銀行法のもと，預金準備率制度というものを設定しているので，預かっている金すべてを貸し出すことはできない．ここでは，便宜上，30％（30万）の準備金を銀行が保持しているとして，70万円を一年間貸し出したことにする．ところが，当の預金者はすぐに50万円おろしたとする．そうすると，銀行は今70万円を貸し出して30万円しか保持していないので，20万円が足りない．この20万円を他の銀行から借りてくるのである（当然，銀行業はもっと複雑なので，話はこんなに単純ではないが，便宜上ということで話を進める）．この銀行間貸し借りの行動と金融圧迫時の行動はゲーム理論的に解釈できる．

縦枠と横枠は2つの違う銀行を表している．経済状況が何も問題ない状況下では，お互いがお互いを優良銀行とみなし，貸し借りを行うことでスムーズな銀行業が営まれる．したがって，①が表しているように，お互いに得がある状態である．しかし，片方が実は，劣悪銀行で，貸した金が返ってこない場合は，②と③が表すように，貸した優良銀行が損をし，借りた劣悪銀行が得をすることになる．現実には，金を返さないで済むことはないので，このような場合，劣悪銀行は最終的に倒産になる場合が多いことから，「得をする」とはいいがたいが，ここで重要なことは，劣悪銀行が一時的に得をしようと倒産しようと，貸した優良銀行は損をするということである．したがって，一度お互いがお互いを劣悪銀行であると推測する疑心暗鬼に陥ると，④のような最悪な結果，つまり，金融圧迫の状況に陥ることとなる．

A(縦) B(横)	優良銀行	劣悪銀行
優良銀行	①(1, 1)	②(−1, 1)
劣悪銀行	③(1, −1)	④(−1, −1)

したがって，金融圧迫などお互いが疑心暗鬼になっている状況は，まさに④のような状況だといえる．そこで，この状況を政府や中央銀行等が理解している場合，どうにかして，④の状態を①の状態に戻したいと考える．これは，金融市場正常化政策と考えられるであろう．そして，この政策を実現する手段として行うのが，劣悪銀行だと思われている銀行に中央銀行がお金の貸し出しや，政府主導による資本の注入ということを行う．こうすることで，劣悪銀行の経営状態にテコ入れし，銀行同士の信頼を回復するということである．しかし，この政府介入策に対して，前述の懐疑派が存在する．例えば，政府がテコ入れをするかしないか，優良銀行たちが劣悪銀行たちに貸し借りを再開するかしないかは以下のように表される．

政府(縦) 銀行(横)	取引を再開する	取引を再開しない
救済を行う	①(−1, −1)	②(−2, 0)
救済を行わない	③(0, −2)	④(−3, −3)

はじめに①の状態は，政府も優良銀行もリーマン・ショックの余波を止めるために動いたということで，それぞれ同じコストを支払ったとする．この場合は，政府も優良銀行も貸し借りをするので，「リスク（−1）を背負った」と言

い換えることができるかもしれない．これは，両方とも何もせず，リーマン・ショックの余波が最終的に，より大規模な経済危機になってしまう④のリスクよりも好ましい結果である．これに対し，②と③は片方のみ行動を行った場合である．この際，行動した側が余波を抑止するための費用全てを払い，リスクを負うことになる．しかし，この状況において，介入懐疑派は「いくら，政府が①を求めても，結局②の結果になる」と考えるのである．その理由の１つが，優良銀行が持つ第二行為者優位性である．

リーマン・ブラザーズが倒産したことで，多くの介入派が，政府が先導して，介入を行うべきだと考えた．しかし，政府が介入することで，例えば，優良銀行は，政府が追加救済を行うまで通常の取引を見送るというインセンティブにかられるのである．この状況は，優良銀行からすれば，政府の行動が**図３－４**のような行動をしているように見えるからである．

つまり，政府が先導して救済を Time1 において行ったにもかかわらず，優良銀行が取引を再開しない場合は，「政府が全てのリスクを背負う」というオプション（Time2 の２段目（−2，0））のみが残るだけなのである．したがって，政府が救済策を行うはいいが，結局，その後，取引が通常通り再開するかは，銀行のみぞ知るという時間的不一致により，政府の政策による目論見は失敗しうるということである．したがって，ゲーム理論的に考えると，政府が先導する金融市場正常化政策の国家的救済は，銀行家達の合理的な行動によって失敗する可能性が十分にあることが理解できる．

合理主義的アプローチに基づいて国家救済策の失敗を主張する懐疑派はさらに，前述のような銀行家の合理的行動は，政策の失敗のみならず，最終的にモラル・ハザードを引き起こすと主張した．モラル・ハザードとは，その言葉の

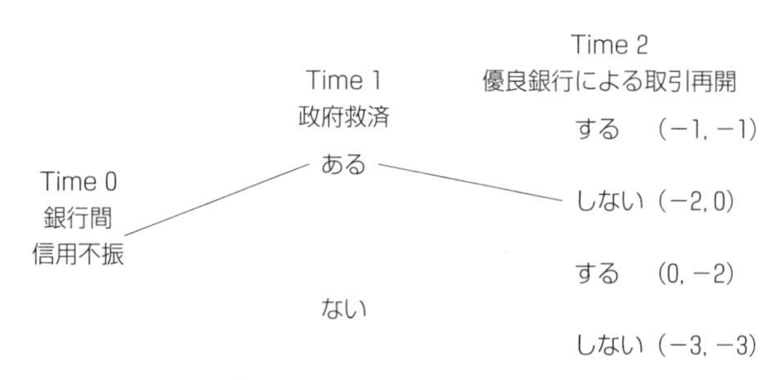

図３－４　信用不振における政府と銀行の行動

意味は，政治的な場面においては多岐にわたるためその多様性については，後章で説明するが，代表的な定義が2つ存在する．

1つは，ある結果C1を求めて行った行動が全く正反対の結果C2を生んでしまうということである．この場合のモラル・ハザードの定義はC1≠C2ということである．例えば，火災保険等のモラル・ハザードがこれにあたる．火災保険に加入することで，火の始末に対する不注意のインセンティブが高くなり，火事が起きやすくなるのである．2つ目の定義は2人のアクター間の情報の差異（Information Asymmetry）により，片方が片方をだますインセンティブが存在するというモラル・ハザードである．有名な例に，ジョージ・アカロフ［Akerlof 1970］のレモンの市場が挙げられる．ここでのレモンとは「劣悪な中古車」を意味し，買い手は売り手との情報の差異により，レモンをつかまされやすいということである．もう少し詳しく述べると，ある日，買い手Aが中古車販売店に訪問した際，見た目が新品同様の中古車を見つけたとする．店主Bは，「これはお買い得で，傷1つなく，今，購入すれば，更に10%値引きする」と売り文句でセールしてきた．そこで，即決の値引きに負けたAは車を購入し，次の日，納車すると，エンジンがうまくかからない，といった結末になった場合，Aはレモンをつかまされたことになる．当然，現実では，厳しい法規制により，エンジンの不具合があるレモンを購入することは少ないであろう．しかし，売り文句をもう一度見てみると，確かに「エンジンの具合」については述べられていない．こういった，売り手と買い手の情報の差異がある場合，売ることが目的である売り手に買い手を騙すというインセンティブが働くというのが，この場合のモラル・ハザードである．この2つのモラル・ハザードの可能性は，金融危機下における国家救済政策にも起こりうるのである．

まず，1つ目のモラル・ハザードに関連して言えば，金融危機に際して，政府が介入することで，銀行は「潰れそうなときはいつでも政府が助けてくれる」という火災保険の時と同じような結果に陥ってしまうということである．これにより，銀行は，リスクが高くても高い利益がえられる行為に走るようになり，また危機を繰り返す（C1≠C2）ことになりえるのである．2つ目のモラル・ハザードとは，レモンの市場と同じものである．例えば，政府の救済策の一環に，銀行の証券（借金の文証の様なモノ）を買い上げるというものがあるが，銀行が政府に売りつける証券が返済のあてのあるものかどうかは，政府よりも銀行が知っているという状況下において，国家は，返済されるあてのない証券，つまり，レモンをつかまされる可能性があるということである．このことから，前述のゲーム理論的解釈において，リーマン・ショックの余波を食い止める費用を政府が全て担わなければならなくなるリスクを指摘したが，そのリスクと共に，政府はレモンを買い取るリスクまで背負うことになるということである．

以上の事から，結局，政府の救済策が次のバブルとその危機を呼ぶ恐れが出てきてしまい，金融市場安定化政策，また広い意味での経済安定化政策は失敗する可能性があるといえる．また，危機的状況に陥った際，銀行業に特定の行動を促すことができず，結局，政府がそのツケを払うということは，この時期の経済政策による政府のヘテラーキー的市場のアクターの統治は失敗したということができるであろう．

合理主義的アプローチの有用性と限界

前述のように，合理主義的アプローチとしてゲーム理論的分析をすることで，アクターが相互影響下における状況においてどのように意思決定を下し，行動を起こすかということが明確になる．実際，この章で紹介したものも含め，ゲーム理論は様々な政策過程を理解するうえで，より高度な数学を使用し，分析が行われている．また，ゲーム理論的な考えにおいて経済政策の部分で見たように，何故，特定の政策そして統治が失敗したのかということも理解できるであろう．

―― 合理主義的アプローチの有用性

一見，合理主義的アプローチは政策過程を理解するうえで全てに対応できるように見える．例えば，政策アジェンダを作る際の政治アクターの行動は，ゲーム理論的に理解することができるであろう．実際の例でいえば，与党と野党の政策過程におけるアクター間のダイナミクスである．前章では，基本的に与党を中心とした政策過程の流れと統治の形を制度主義的アプローチにて明確にしたが，実際の政策過程における野党の行動は与党にとって非常に重要視されるべきものである．

例えば，党三役の様に公式な役柄として制定されてはいないが，日本の政党において重要な組織の1つに国会対策委員会，通称，国対と呼ばれる組織が存在する［村川 2000; 82-86］．国対（または類似の組織）は各党に存在し，国会で議論される前の政策立案について各党の意見調査と調整を行う．この時の意見調整というのが，例えば，ある政策をスムーズに国会において通すために，他の政策については，ある程度，野党の意見を聞き入れた譲歩を行うといったものである．これは，政策可決というゲームにおける政党というアクター達の合理的な行動を意味しうるであろう．国対は，日本特有の政治文化の1つと考えられ，平たく言えば，「根回し」であるが，政策立案の案件が多ければ多いほど，このように国会の前にある程度のコンセンサスをとっておくことで，政策立案から立法までの過程がスムーズにいくとも考えられている．このように，実際の政策アクター達のダイナミクスを理解できる点で，合理主義的アプローチの有用性は確かなものであるといえるであろう．

―― 制度主義　対　合理主義

政治におけるアクターの行動のダイナミクスを理解できる有用性を指摘したうえで，さらに，合理主義的アプローチの観点から言えば，アクターの行動を規定する制度という構造も，また，アクターが合理的に行動した結果生まれた構造として捉えることも可能となる．しかし，そのように合理主義的解釈に傾倒することは，やはり，第1章にて指摘したように理想主義的な考えに陥ってしまう．つまり，政策過程というものは，アクターの合理的行動によっていかようにも変化するし，どのような政策も合理的であれば作ることが可能であるということである．

しかし，合理主義的アプローチの有用性と理想主義の危険性を指摘しつつも，実際の分析において，理想主義的な主張を展開する合理主義的分析は稀である．反対に，制度主義的アプローチに関しても，決定論的な主張を展開する分析は稀である．一般的に，どちらかに力点を置きつつも，合理主義であれば，制度的または外部構造的拘束の中でのアクターの行動を明らかにしたり，制度主義であれば，アクターの行動の自由度を拘束させる要因として制度を明らかにする傾向にある．したがって，政策過程におけるチキン＆エッグ・パラドックスはこのようなアプローチの間では，図3－5のような関係性理解することで，特に問題視される傾向にはなかった．

しかし，合理主義的アプローチも制度主義的アプローチも，それぞれの要素を取り入れつつ，主体か構造のどちらかに基本的力点を置くことで，一般的な研究が行われてきたが，そもそも，想定する主体の合理性というものは，合理

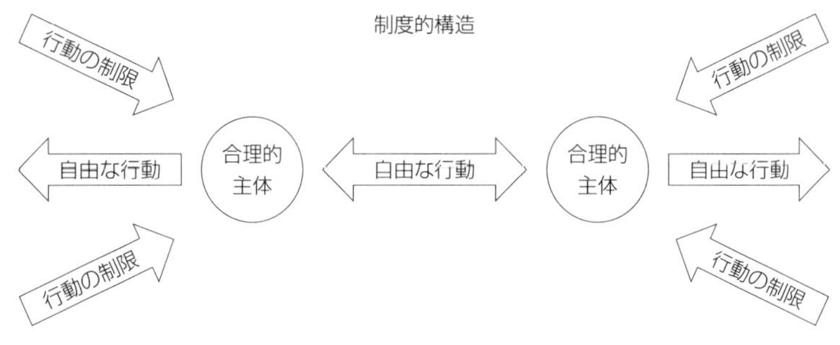

図３－５　制度的構造と合理的主体

主義と制度主義において異なる．この差異は図３－６のように表すことが出来るが，第１章や第３章にて指摘したように，合理主義的アプローチの主体はあくまで先験的合理性である．反対に，制度主義的アプローチは，制度と環境的構造に即して行動する主体である．この主体の行動と合理性の理解の相違において，両者にパラドックスが存在する．しかし，このパラドックスに関して，構築主義的アプローチを提唱する研究者らは，特に，合理主義的アプローチの先験的合理性を否定することで新たな視座を展開している．

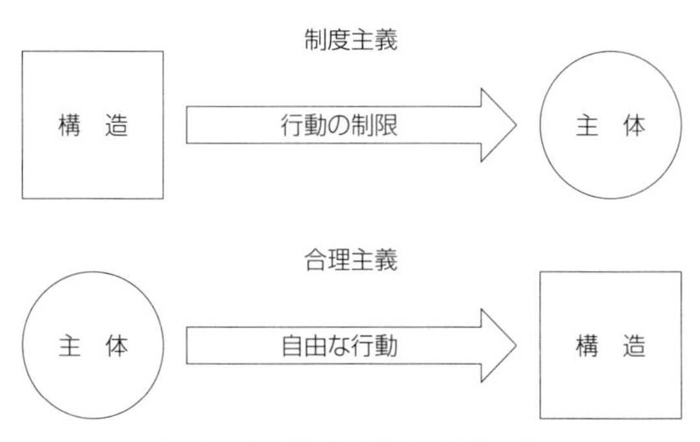

図３－６　制度主義と合理主義

先験的合理性の否定とは，例えば，合理主義的アプローチによれば，ある国とある国が対外政策として有効条約などを結ぶときに，それを合理的な戦略思考の結果だと判断するかもしれない．他方，ある国とある国が条約を結ばないとしても，それもまた，合理的な戦略思考の結果となる．しかし，異なる結果を生む合理性というものがどこから来たのかという点は不明である．むしろ，その合理性はもともと人間に備わっているという考え方が如実に表れる．これを経験に先だったものとして「先験的合理性」と呼ぶが，事実，第3章の冒頭で明示したように，現代経済学では個々のアクターはそれぞれのインタレストと選好の順序をよく理解していると想定される．しかし，現実において，そのインタレストが確実にわかっている場合というのはそれほど多くはない．むしろ，インタレストが確実である場合というのは，特定の信念のようなものを持っているときが多いといえる．例えば，文化的，もしくは，宗教的，そして社会的な信念といったものである．例えば，ある国の国民が，ある食べ物は食べないという趣向を持っているとき，これは個人レベルであれば，合理的な判断でそうしたかもしれないが，社会レベルでその食べ物を禁じている場合は，その社会で共有されている思想がその趣向と考えというものを作り出しているといえる．したがって，合理性というものは，先験的というよりも，経験や学習により得た後天的なモノと考えられる．こうした意味で，構築主義的アプローチでは，アクターのインタレストそして合理性というものは思想によって構築されると提唱する．そして，この思想を中心とすることで，チキン&エッグ・パラドックスの解を思想に求めている．しかし，この構築主義を理解するには，まず，イデオロギー，つまり，政治・社会で共有されている思想を考察する必要がある．したがって，次章では，イデオロギーという概念とその古典的な分析手法を明確にし，その後，第5章では構築主義的アプローチを明らかにしていくこととする．

第4章
政策とイデオロギー分析

イデオロギーという概念は，政策研究を含めた政治研究の中で，最も厄介な概念の1つである．それは，「イデオロギー」という言葉を聞いたことがあるにも関わらず，それが一体何であるのか，至極掴みづらい概念であるからであろう．しかし，政策や政治を研究するうえで，この「イデオロギー」という概念は避けることが不可能なものである．その理由は，本書で，政策というものを「政府や政府機関のモノゴトに対する基本方針」として定義しているように，「基本方針」というものは，あくまで「思想」であるからである．「政策」という言葉で，その「手段」や「決定過程」等がその研究の主眼となる傾向にあるものの，その「政策」の中身という根源的な部分は，やはり，政策に体現される「思想」を理解して初めて理解可能となる．そして，この「思想」というものを考える際，政策学は，イデオロギー研究の射程となる．このことを理解するためにも，まず，本章では，古典的なイデオロギー分析から見ていくこととする．

社会的集団思想としてのイデオロギー

イデオロギー（Ideology）とは，極簡潔な定義をするならば，「特定の社会集団に共有されている思想」を意味する．実際，その言葉の語源「Idea-ology」が意味するように，「思想（Idea）―学（Ology）」，つまり，「思想研究」という意味で取られる場合もある．しかし，現代社会において「イデオロギー」とはあまり良い意味でとらえられることがないように，その言葉の使用は古くから，他者の意見や思想を「夢想」として非難することに用いられる傾向にある．例えば，ナポレオンが当時の政治家達を「まったく現実を見ていない夢想家（Ideologue）」という意味で罵倒する際に使用したり，マルクスもまた当時の経済学者たちを同様に批判する際にイデオロギーという言葉を使用した．しかし，日常において未だに「イデオロギー」という言葉が否定的に使われる一方，現代社会科学者はその言葉の使用に非常に慎重になっているといえる．その理由の1つに，いわゆる「マンハイミアン・パラドックス」というものが挙げられる〔Freeden 2003〕.

――マンハイミアン・パラドックスと相対的イデオロギー理解

マンハイミアン・パラドックスの名前の由来は，マルクス主義者でありながらイデオロギーをより相対的にとらえたカール・マンハイム〔1936=1971〕の研究に依拠する．マルクス主義の，そしてマルクス自身のイデオロギー研究は少し複雑であり，後章にてより詳しく説明するが，マンハイム以前のマルクス主義のイデオロギー理解は，「絶対的な理解」，つまり世界の解釈は1つだけとする見解が強かったといえる．これは例えば，ある研究者Aが，「あなたの研究はまったく現実を見ていない研究だ」ということで研究者Bの研究に対してイデオロギー批判をしたとする．ところが，この批判の前提というのは，研究者Aの世界の見方は「絶対的に正しい」という主張が前提となっている．これに対し，マンハイムが提唱したのがイデオロギーの「相対的な理解」である．つまり，世界の見方はいくつか存在し，それぞれの世界の見方で，世界に関わっている，というものである．例えば，代表的な政治イデオロギーに自由主義と社会主義というものが挙げられる．この政治イデオロギーの基礎となる理論というのは様々な政治哲学者らの考えが混ぜ合わさったものではあるが，代表的な政治哲学者にジョン・ロックとジャン＝ジャック・ルソーを挙げることができる．

ジョン・ロック〔Lock 1823=2007〕は，ヨーロッパにおける古典的な自由主義（Classical Liberalism）の基礎を作った政治哲学者である．彼の考えによれば，人は生まれながらに「人として生きるための権利（人権）」を得て，生まれてきた生き物である．ここでいう人権とは，例えば，自由に生きていく権利や生存権というものが挙げられる．ロックによれば，この権利は神から与えられたものであり，何人もそれを侵害する権利を持たない．しかし，生存権を考えるうえで，出来るだけ多くの人間が生きていくためには，共同生活というものもまた必要なものとなり，やがて，国家が生まれた．国家や共同生活の中で，個人の自由というのはある程度制限されるものの，その制限というものは，やはり，根源的な，神から与えられた権利を侵害しない最小限のものであるべきだとロックは主張したのである．そして，この根源的な人権というものを守りながら人々は生きていくべきであり，国家もそれを保障すべきであるという考え方が，古典的な自由主義という政治イデオロギーの根幹をなしている．

ジャン＝ジャック・ルソー［Rousseau 1915=2015; 1964=2008］は，ヨーロッパにおける社会主義（Socialism），共産主義（Communism），または，共和主義（Republicanism）の基礎を提唱した思想家といわれている．ルソーによれば，人間の根幹をなしているものは，「良心」や「友愛」等，他者に共感するという能力であり，人々はお互いを理解しているからこそ，共同生活や国家を形成していったのである．したがって，国家の中では人々は平等に扱われ，愛国心をもって生きる人こそ本当の人であるとルソーは主張する．このルソーの考えは，ロックの自由主義と比較する際，個人よりも社会を重んじていることが判る．実際，ルソーの自由論は，社会規定を前提としたものである．ルソーによれば，人は生まれてから常に社会や他者との関係性の中に縛られた存在であり，その関係性の中で自由に生きていくことこそ，真の自由の体現となるのである．言い換えれば，社会や国家は根源的な自由を保障するものではなく，個々の生存を保障してくれる社会や国家が欲することをできるようになる人間が真の自由を手にするのである．このルソーの国家や社会性の中での自由と平等の概念は，ヨーロッパにおける社会主義や共産主義，共和主義などの政治イデオロギーの根幹をなしているといえる．

このように，どのように「世界の成り立ち」や「人間の本質」を理解するかによって，「政治や社会がどのようにあるべきか」という主張が異なってくるのである．したがって，「どの思想が間違っているか，正しいか？」ではなく，「違い」を「違い」として見ることこそ，マンハイムが示した「相対的」なイデオロギー理解なのである．実際，下記で詳しく見ていくように，「イデオロギーが間違っていようといまい」とイデオロギーは，政治・統治形態そして政策に大きな影響を与えている．それ故に，一般的に，「イデオロギー」という言葉が，ネガティブな意味で使用されていても，現代社会科学研究においては，「イデオロギー」のもつ意味というものは非常に重要視されるのである．しかし，それでもやはり，「思想が社会生活に影響力を与える」というのも，また，世界の見方の１つであり，マンハイム的な「相対的なイデオロギー理解」そのものが，ネガティブな意味でのイデオロギー，つまり，誤った世界の見方である可能性は否めない．これが，マンハイミアン・パラドックスの根幹ではあるものの，本書では，相対的なイデオロギー理解の正当性を認めながら，話を進めていくこととする．

イデオロギーの分類学的理解

マンハイムの相対的イデオロギー理解（イデオロギーの多様性）を明確にしたところで，代表的なイデオロギー分析手法の１つ，分類学的なイデオロギー分析というものを見ていくこととする．分類学的なイデオロギー分析とは，イデオロギーというものが思想の集合体であるとするならば，特定の思想への理解の違いを見ることでイデオロギーの種類分けを行い，その分類をもとに政策などの基盤となっているイデオロギーを明らかにする分析手法である．例えば，前述した様に，どのように「人の本質」「自由」と「平等」また「政府・政治の在り方」が捉えられているかということに着目し，イデオロギーが類別できるということである．ここでは，特に，「自由」と「平等」といった概念に焦点を置くが，まず，これらの概念にも多様性があり，その概念的差異を明らかにしてから，それらをもとに，イデオロギーの分類を試みることとする．

――自　由

「自由」という概念も，イデオロギーと同じくらい厄介な概念である．講義中に教員が「自由時間」を設定した際，「自習」をする学生や「隣の人と議論」をする学生，「教員に質問」をする学生がいるかもしれない．他方，「寝る」「帰宅する」などの行動も「自由な時間の使い方」としては可能である．しかし，講義における時間の自由な使い方において，「自習」と「帰宅」という行動には明らかに差異が存在する．そして，この行動の差異を理解するには，「自由」という言葉の意味の多様性，または，概念的多様性を考察する必要がある．

例えば，イギリスの政治学者アィザィア・バーリン［Berlin 1969=1979］は「自由」という概念に関して２つの考え方が存在すると説いている．１つ目は消極的自由（Negative Liberty），２つ目は積極的自由（Positive Liberty）である．消極的自由とは，ロックの言うような「根源的な自由」を指す．したがって，前述の例でいえば，「寝る」「帰宅する」ということすらも自由行動の一環として認める自由である．つまり，何ものにも干渉されない自由ということである．

反対に，積極的自由というのは，ルソーのいうような，「社会の中での自由」を意味する．つまり，「自習」や「議論」，「質問」などは，授業という社会的制限の中でなされる行動であり，その制限によって規定された自由ということである．また，この規定では，「寝る」「帰宅する」は自由行動としては許されえない．言い換えれば，「自由なので，絵を描く」ということと「自由に絵を描く」ということの違いといえるであろう．つまり，前者は，スポーツや食事，勉強等，他に色々なことができる中で「絵を描く」ということを選んでいるが，後者は，「絵を描く」という枠組のなかで自由な行動を行っているということである．前者において，当事者は「何をするか」ということは「自由に選ぶ」ことができるが，後者において，当事者は「何をするか」は選べないが，「何を描くか」は選ぶことが可能である．この違いが自由に関する「概念の差異」の一例である．

――平　　等

次に，「平等」について見ていく．例えば，今，2人の人が食料を平等に分けようとしている．そして，平等に分ける方法の1つとして，均等に2つに分けるということができる．しかし，その食料は2人のうちの1人が手に入れたものである場合，均等に分配することは不平等になる可能性がある．また，2人で食料を手に入れた場合にも，2人の体格等が違う場合，均等分配は必ずしも，平等とはいえないかもしれない．この「平等」の定義も，「自由」と同じく，大別して2つに分類することができる．

1つ目は，「水平的平等（Horizontal Equality）」である．これは，「人は皆同じなのだから，全員出来るだけ質的にも量的にも同じものを得るようにするのが，平等である」という考え方である．水平的平等の代表例に「結果の平等（Equality of Outcome）」というものがある．これは，「人はそれぞれ，生まれに違いはあったとしても，最終的に得るものは同じになるべきだ」という考えである．この水平的平等に対するのが「垂直的平等（Vertical Equality）」である．代表的なものとしては，「機会の平等（Equality of Opportunity）」というものがある．これは，「人はそれぞれ生まれた時の能力に違いがあるのだから，それを認めることで，それぞれの能力が平等に発揮できる状況の達成こそ平等である」という考えである．したがって，結果の平等とは異なり，結果が異なっても問題はないという考えである．これらの違いは，例えば，スポーツを例にすることでより簡潔に理解できるであろう．例えば，100m走をする際に，スタートラインを同じにして走らせ，順位を決めるのが「機会の平等」である．反対に，スタートラインにおいてそれぞれの能力に合わせてハンデを付け，全員が同着でゴールするようにするのが「結果の平等」ということになる．この違いが平等に関する「概念の差異」の一例である．

――イデオロギーの分類

前述で述べた「自由」と「平等」の概念の差異は他にも様々な種類があり，必要に応じて説明をしていくが，今のところは前述の差異を念頭に，イデオロギーの種類を分類してみることとする．**図4－1**において，横軸は自由の概念，縦軸は平等の概念を表している．この図をもとに，はじめに，自由主義と共産主義を見ていくこととする．

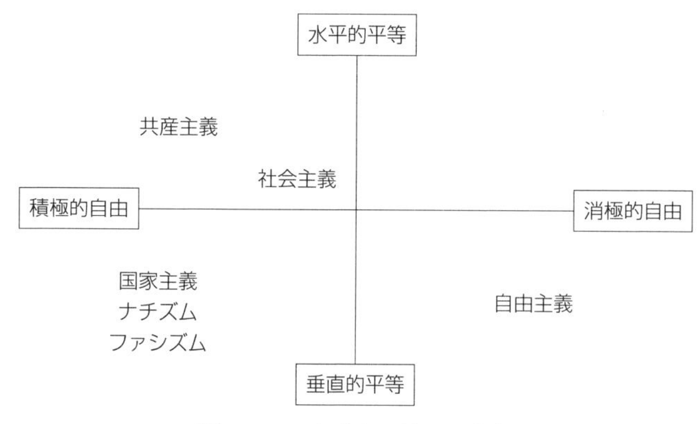

図4－1　イデオロギーの分類

自由主義は消極的自由と垂直的平等のセットによる政治思想であると定義できるであろう．ロックが主張するように，人は生まれながらに自由に生きる権利を有しているので，それを何人も侵害する権利を有してはいない．したがって，自分の持ちうる能力を生かし，思い描いた通りに生きていく，その「自由に生きる」ことを保障するための見守り役として国家は存在すべきだという思想である（消極的自由）．そして，思い描いた通りの人生を個々人は生きているので，その結果は同一のものにはならない．この意味で，自由主義にとって，平等とは水平的な結果の平等ではなく，垂直的な機会の平等となる（垂直的平等）．

共産主義では，反対に，ルソーが主張するように，社会や国家の起源は人間の「良心」のようなもので成り立っているので，社会の中での人々はすべて平等に扱われる（水平的平等）．そして，この社会集団の中の「団結力」，国家でいうなれば，「愛国心」のようなものをもって行動できる人間こそ真の自由人であると考えるのである（積極的自由）．したがって，自分は集団の一部であり，個を捨て，チームという全体に貢献する者になることを求められる．そのため，自由主義とは違い，国家の役割というものに重きを置いているといえる．

その他の代表的なイデオロギーとして，例えば，社会主義は，共産主義の国家の役割を縮小したものととらえることができるであろう．自由主義ほど放任ではないが，共産主義ほど束縛をしない政府のあり方を説いているといえる．この違いについては，すぐ下の冷戦下におけるイデオロギー闘争と関連させて見ていくこととする．また左下の，国家主義・ナチズム・ファシズムは第二次世界大戦中の日本・ドイツ・イタリアにて採用されていたイデオロギーである．これらのイデオロギーは，基本的には，自国民の自由と平等を主張するものであり，協定関係にない他国や他国籍の人間の自由と平等は原則認めないというイデオロギーである．この極端なイデオロギーに対して，第二次世界大戦では，**図4－2**が表すように，アメリカ・ソビエト・イギリスは，一時的にイデオロギーの差を乗り越えて，日本・ドイツ・イタリアのイデオロギー同盟と対立した．

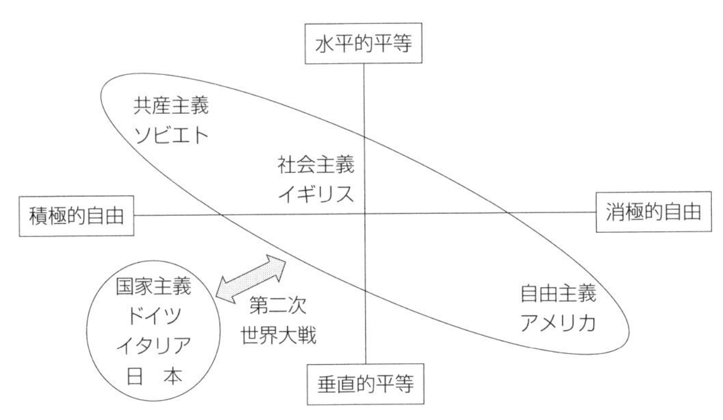

図4－2　第二次世界大戦下におけるイデオロギー闘争

このように，「人の本質」「自由」と「平等」また「政府・政治の在り方」をどのように理解しているかということに着目することで，政治イデオロギーの違いを分類・理解することができるといえる.

分類学的イデオロギー分析と政策学における応用

上記のイデオロギーの分類を用いて，より具体的に，どのように政策分析等が可能であるか見ていくこととする．以下では，代表的な例として，冷戦下におけるアメリカとソビエトの政策的対立をイデオロギーの対立に置き換えて考えたものと，国内政策におけるイデオロギー分析を見ていくこととする.

―― イデオロギー対立としての冷戦

冷戦とは，第二次世界大戦後に勃発したアメリカとソビエトの覇権を争う水面下の戦いであり，1980年代まで静かな闘争状態が続いた．覇権というのは，ここでは「世界を牽引していく権利」という様に捉えることとする．したがって，冷戦とは，「第二次世界大戦後に，アメリカとソビエト，どちらの国が世界のリーダーとなるべきか？」ということを争っていた戦いであると考えられる．ここで，もしかしたら，「両方が共にリーダーの役割を担うのがよいのではないか？」という考えがゲーム理論的に挙がるかも知れないが，それが不可能である理由が各国のイデオロギーの違いにある［Mueller 2004/2005].

図４-３の右下にあるように，アメリカは自由主義イデオロギーをもとに，経済政策において市場の自由を推し進めていた．つまり，個々人の能力の差を認め（消極的自由)，結果よりも機会の平等（垂直的平等）を経済政策の根本に据えていたということである．言葉を換えれば，人種を問わず，それぞれが自由に，それぞれの目指したいものを目指し，結果を追求するということである．この経済政策の中では，政府はできるだけ干渉せずに，不正などを取り締まったり，利益追求時に起きうる紛争仲裁の役割をするのが役割であると考えられた．反対に，ソビエトでは，共産主義をもとにした計画経済が行われていた．これは，共同意識をもとに，個々人が政府から与えられた仕事を自由にこなし（積極的自由)，収穫物は政府を通して平等に分配する（水平的平等）といったものであった．つまり，２つの経済政策の違いは，「何で食べていくか，何を食べるか」を個人が決めるか，政府が決めるかという根源的な人の生き方に対する見解の違いにあったといえる．そして，この経済政策の違いは，国際レベルにおいては，「自由主義経済が世界的に展開することで，能力のある人や国がよ

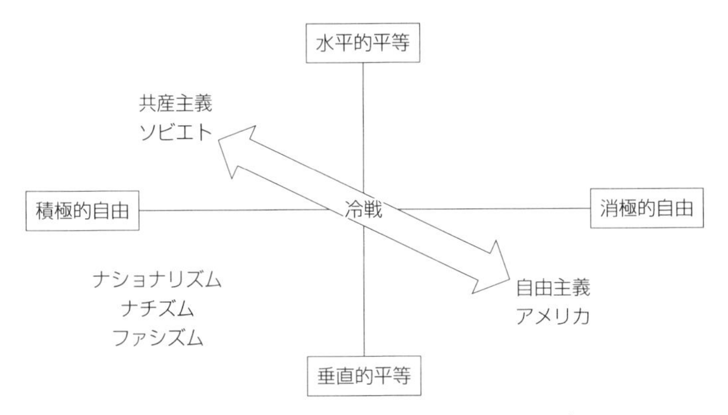

図4－3　冷戦下におけるイデオロギー闘争

り大きな市場に自由に参加できる」と訴えるアメリカと，「共産主義経済が世界的に展開することで，より多くの人と国が平等に資源を共有しあえる」と訴えるソビエトとの対立となり，最終的に，冷戦という国際紛争に発展していったのである．このように，政策の根幹をなすイデオロギーを理解することで，国際的な紛争と政策の関係性というものが理解できることが判る．

―― 国内政策におけるイデオロギー分析

次に，国際的な政策にまつわる話から，国内における政策のイデオロギー分析の一例を見ていくこととする．政策にまつわるイデオロギー問題は，前述の国家間規模に限った話ではない．例えば，国家における福祉制度においては，どのように，そして，どのような社会福祉を目指し，運営するか，ということが争点となることがある．その一例として，日本の社会保障制度を見ることは有益であろう．

日本では，2016年現在，国民が病院にかかった際，請求される金額は，国民保健の適用により3割負担となる．つまり，1万円の手術費用がかかった際に払う金額は，3000円となり，7000円は政府が肩代わりすることで，後に病院に支払われることとなる．そして，政府が肩代わりする7000円は政府の運営資金から賄われるが，その運営資金とは，我々の税金が主要財源となっている．したがって，7000円は消えたわけでも増えたわけでもなく，税金によって，つまり，日本国民に負担させることによって，支払われることになる．この社会保障制度は，社会主義の政策がもとになっているといえる．つまり，社会の中で，税金などによってある程度の自由は失われるが，出来るだけ皆が平等に医療などの福祉を受けられるようにする制度である．これは，3割負担ということが表しているように，全額というわけではない．したがって，完全な水平的平等を意味しているわけではない．また，病気にかかったら，絶対に病院に通わなければならないなどということもないので，積極的自由という意味においても弱いといえる．したがって，日本の社会保障制度は社会主義的政策がもとになっているといえるであろう．

しかし，社会主義的政策をもとにした社会保障制度に対して，自由主義を主張する者は，例えば，「病院によくかかる者かからない者」の差異を考慮していないことや，「飲酒や喫煙が原因のガン治療」等の例を挙げ，保険制度の自由化を訴えることがある．「飲酒や喫煙が原因のガン治療」に関していうならば，「飲酒・喫煙をするのは自由なので」その結果である「ガン」という結果においてどう対処するかも自由であるということである．したがって，その対処にかかる費用はその行為者が全額負担すべきであると訴えることで，**図4－4**が表すような政策に関するイデオロギー闘争が勃発する．自由主義者の異議に対して，社会主義者は「先天的な病気」の例を挙げるかもしれない．この反論に対し，自由主義者は「先天的な能力があれば，必要な費用を稼ぐことができる」(垂直的平等) と訴えることがありえるであろう．

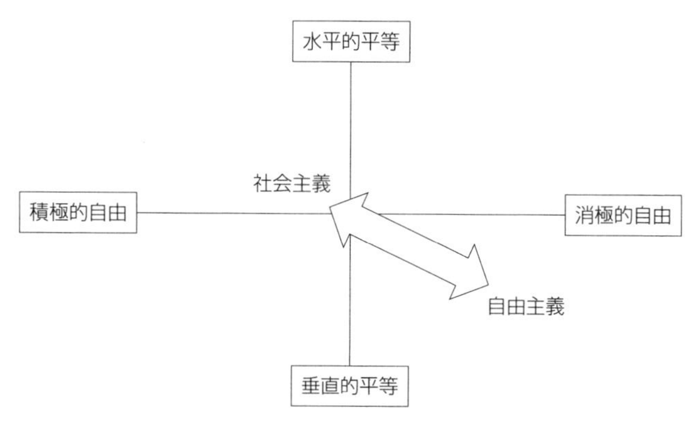

図4－4　社会保障におけるイデオロギー闘争

このように，国家政策においても，どのように「自由」や「平等」，「人の本質」と「政府・政治の在り方」が考えられるか，イデオロギーとしてどのように違うかによって政策議論が生まれることがよく理解できるであろう．

分類学的イデオロギー分析の有益性と限界

前述のようにイデオロギー分析をすることで，政策の「中身」である思想的な部分が理解できる．これは，何故，特定の政策をもとに国家が特定の行為をしたかという点を理解するうえで非常に有益といえる．また，政策決定において，イデオロギーを明確にすることで，国家政策の統治の方向性が明確化されることも意味しえる．例えば，選挙において，ある政党がどのような社会や経済を目指すかということを政策として提言する際に，提案する法律などにどのような意図があるか，そしてそれに整合性が存在するか，という事が明確にできるという事である．このことより，例えば，そのイデオロギーに即した政策が実際に行われているかどうかという点を考察することも可能であろう．

しかし，イデオロギー分析の重要性は明らかである一方，分類学的なイデオロギー分析には多くの限界がある．その1つが，イデオロギーという思想の塊が，時代の変化や状況によって大きく変化しうるという事を理解しづらいということである．実際，前述で示したような分類学的なイデオロギー分析では，この変化に対応しきれない場合がある．この限界の原因としては，分類学的なイデオロギー分析の理論的前提が指摘できる．それは，分類学的なイデオロギー分析では，イデオロギーの種類というものがイデア論的なメタレベルで存在しているように想定される傾向にあるということである．これは平たく言えば，イデオロギーの種類というものが，人間が存在する前から存在し，各イデオロギーには絶対的な定義と違いが存在するという想定である．しかし，イデオロギーはあくまで，思想の集合体であり，思想は人間が生み出し，使用するものである．人間，アクターが作り出す思想とその応用は，時代や環境によって変化しえる．つまり，国家政策等が特定のイデオロギーを体現しているというよりも，国家政策や国家の行動により，表れるイメージ（表象される現象）がイデオロギーであるという事である．このような観点から，イデオロギーというものの移り変わりを理解する必要がある．しかし，他方，このイデオロギーの時代性や地域性による移り変わり，厳密に言えば，イデオロギーの編成と多様性を捉えるということは，社会主義や自由主義というラベリングを否定するものではない．あくまで，思想の集合体の傾向や差異はあったとしても，その中身は，時代や環境によって変化しうるという事である．そして，この思想やイデオロギーの編成という点を構築主義的アプローチは，「思想」というモノに着目しながら分析アプローチを展開している．次章では，この構築主義的アプローチをもとに，思想に関する政策分析を明らかにしていくこととする．

第5章 構築主義的アプローチ

前章では，分類学的なイデオロギー分析とその応用を明らかにした．イデオロギー分析を行うことで，政策の根本的な中身の部分が理解できることも指摘した．しかし，他方で，分類学的なイデオロギー分析では，時代性や地域性等を考慮したイデオロギーの編成や多様性を理解できないことも指摘した．この分析の限界を踏まえ，本章では，政策における思想の役割を，より理論的に明確化し，イデオロギーの編成と多様性について様々な分析方法を提示している構築主義的アプローチとその応用を明らかにしていくこととする．

構築主義的アプローチ

1970～80年代において，新たなイデオロギー分析アプローチとして，構築主義的アプローチと脱構造主義的アプローチというものが台頭した．後章で見ていくように，脱構造主義的アプローチというのは，談話分析という分析手法を提示している．他方で，構築主義とは脱構造主義の影響が多分にあるものの，一般的に「思想」の役割を社会科学研究において強調している研究全般を表したものといえる．政策学においては，特に，経済政策の分野で大きく発展したアプローチといえる．その理由の1つに，構築主義が合理主義的アプローチにおける「先験的合理性」と「先験的インタレスト」を批判することで台頭したためである．

―― 構築主義的合理主義批判

「先験的合理性」と「先験的インタレスト」の問題とは，「合理性とインタレストと呼ばれるものがどこからきたのか？」という問に依拠する．第3章で見たように，現代経済学においては，これらは，生まれたときから，人間に備わっている能力として扱われているが，構築主義的アプローチは，この先験的合理性と先験的インタレストを否定する．そして，合理性やインタレストというのは，アクターが「思想」を学習したり，「考え」を知ること・持つことによってはじめて明らかになるものであると指摘したのである．この構築主義的な考え方は経済人類学者であるカール・ポラニー［Polanyi 1944-2009］とそのポラニーの理論を発展させたマーク・ブライス［Blyth 2002］によって確立された．

ポラニーの思想とインタレストの関係性の指摘は，その時代に優勢であったマルクス主義の階級決定論的インタレストの考え方に対抗したものであった．マルクス主義の理論については後章で詳しく見ていくとして，階級決定論的インタレストの考え方とは，簡単に言えば，社長や地主等の資本家階級とそのもとで働く労働者階級は，階級によって経済インタレストが決定づけられているという考え方である．しかし，ポラニーは，このマルクス主義的解釈に対して，インタレストは階級によって決まるのではなく，思想によって明確になるのだということを歴史研究にて明らかにした．例えば，18世紀の産業革命時の市場自由化拡大に際し，労働者やビジネスマンが自由市場の拡大を訴え，農家や製造業者が保護主義的な立場をとったのは，自由市場拡大という現象が発展していくことで，自分達にどのような影響があるかということを理解したことにあるとポラニーは指摘する．したがって，先験的または階級決定論的なインタレスト等存在せず，それはどのように状況を理解するかにより決定されるとポラニーは結論付けたのである．

ポラニーの思想とインタレストの関係性の指摘は，その当時革新的なものであった．しかし，他方，それでは，その「考え」という合理性はどこから来るのか，という点は不明であった．これに対し，ブライスは，経済思想を合理性の源として主張する．ブライスによれば，このインタレストをアクターに付与する思想とは，その当時に存在する経済学や経済に関する一般的な理解の仕方が応用され，その応用をもとに，経済事象が理解されることで，アクターはインタレストを持ち，行動を行うと説いた．特に，ブライスは，この経済思想の役割を経済危機において強調している．

ブライスによれば，経済危機とは，現状の経済システムが崩壊し，既存のインタレストを喪失する瞬間である．そして，アクターは，危機により，一時的なパニックに陥っているので，そのパニック状態の中で経済思想を足掛かりに，経済状況を理解し，新たなインタレストを構築することで，経済危機を治め，新たな経済システムを創出していくのである．この点において，ポラニーは，思想のインタレストを構築する役割のみを主張していたが，ブライスは，新たな思想により，新たなインタレストを持つことで新たな社会システムも構築していくことも強調した．この「思想の社会構築的役割」を強調することで，ブライスは，いかにして，各時代における経済思想が危機において新たな経済政策をもとに，新たな経済制度を構築していったかという流れを歴史的に考察している．例えば，ブライス［2013=2015］は，昨今の2007年の金融危機後の欧州政治経済において，危機以前のバブルに対する反省が，緊縮財政政策というものを可能にし，新たな政治経済体制を構築したと指摘している．つまり，2007年以前，空前の投資バブルにより，一般人のみならず，財政においても福祉や国家事業への使い込みがなされていたが，その使い込みのツケを払うために，福祉や国家事業への投資を縮小する緊縮財政政策が採用され，それの緊縮財政をもととした新たな政治経済体制が欧州に確立され始めていると主張している．

ブライスの理論は，構築主義的アプローチの中で代表的なものとして考えられるが，経済思想がどのように，アクターの行動に影響を及ぼすかという点は，他の構築主義者によってもより詳細に研究する手法が提示されている．以下では，構築主義の政策学における有用性を更に明らかにするため，構築主義的分析手法の代表的なものである「問題化分析」と「遂行可能性」という分析概念を明らかにしつつ，その後，構築主義的アプローチにおける統治の考え方も明確にする．

――問題化分析

「問題化（Problematisation）」とは，フランスの批判哲学者ミシェル・フーコーの理論がもとになった概念である．フーコーは20世紀を代表する哲学者であるが，プライベートでは同性愛者ということで，若いころに迫害を受けていた過去を持つ．現在もその風潮は残っているが，当時の同性愛者は「精神疾患」，平たく言えば，「精神異常」の一環であるとして病気の様に問題視され迫害されていた．しかし，同性愛者であったフーコーからしてみれば，性別に関する自己同一性などは，先天的なモノであり，先天的に存在するモノを否定的に問題視すること自体が間違っているのではないかと捉え，その社会的「知の構造と統治」に着目することで新たな理論を提示することとなった．

例えば，フーコー［Foucault 1966=1970］は「精神疾患」というものは「臨床心理学」が「病」として認定することによって「対処しなければならない対象になる」という批判的な理論を構築していった．つまり，事象それ自体は存在するにもかかわらず，それを問題視する行為をすることで，その存在が否定されると考えたのである．フーコーの批判理論を応用し，社会科学において，フーコー学派と呼ばれる構築主義者達は，「問題化」という概念を提唱している．また，「問題化」という概念をもとに，「問題化分析」という「特定の事象を問題化することで，特定の行動が推奨され，特定の行為がとられる」という一連の流れを分析する手法を提示している［Bacchi 2009］．この問題化分析は，政策学においては，政策立案過程等を理解するうえで，非常に重要な分析手法になりえる．ある事象を問題化するからこそ，政策というものが提言されるというように，政策過程を批判的に考察することが可能になるといえるであろう．実際，この問題化分析を一般的な例から実際の経済政策に還元して考えてみることとする．

例えば，今，あるサラリーマンAが車を購入することを検討しているとする．しかし，今の給料では毎月の返済（ローン）が難しいと考えたとき，Aは昇進など給料を上げることを考えるとする．しかし，他方，Aの妻であるBは今の給料に問題はないと考え，むしろAの毎月の無駄遣いを指摘する．この例において，問題化は以下の様にまとめられる．

アクター	A	B
事　象	車を購入する	車を購入する
問　題	低賃金	Aの無駄遣い
行　動	昇進する	節約する

前述のマトリックスが表しているように，AとBにとっての直面する事象は同じであるが，「問題」の仕方が違うため，推奨される「行動」が変わってくるのが判るであろう．このような一般的な家庭で見られるような議論は，経済政策においても，多く見られる．例えば，バブル崩壊後の経済政策として，「緊縮財政政策」をとるか，それとも，「経済成長政策」をとるかという様な議論である．一例として，2010年ころから勃発したヨーロッパ財政危機が挙げられるであろう．

財政危機とは，国の負債がその収益であるGDPに対して非常に高い数値を表しているということである．この問題に対し，ヨーロッパ中央銀行をはじめとする多くの国で，前述の車のローンの様な議論が勃発した．まず，緊縮財政推進派は，バブル期に国と国民がお金を使いすぎたため，公的資金の節制をするべきであると主張した．これに対して，経済成長推進派は，財政危機は国の負債に対して「経済成長」が追い付いていないのが問題であり，経済成長を刺激し活発化するために，公的資金をさらに投入して公共事業等を増やすべきだと主張したのである．この問題化の違いにおける政策論争は下の図のように表すことができ，1つの事象（財政危機）をどのように理解するかで，推奨される政策が変わることが理解できるであろう．

アクター	緊縮財政推進派	経済成長推進派
事　象	財政危機	財政危機
問　題	バブル期の使い過ぎ	経済成長の鈍化
行　動	緊縮財政政策	経済成長政策

しかし，問題化分析の醍醐味はここからさらに批判的に既存の問題化を考察することにある．例えば，上記の例でいえば，ある家の「返済」，つまり「借金」についての議論と国家財政の「負債」を同様な形で議論することができるが，国家負債と家計の借金の対応は常に同じではない．例えば，家計の借金は個人が作り出したものであり，その返済方法はその債務人の行動で解決されるが，国家においては，放任政策，つまり，「特に何もしない」という行為も可能である．家計の財源は，その家計をやりくりするアクターが捻出するが，政府の財源は政府のみが財源確保のアクターではない．財源確保のため，政府は税金の導入などを行うが，その導入した税の払い手は市場のアクター，つまり，国民である．したがって，この市場に対して，政府が緊縮財政や経済成長などの特別な処置をとる必要がそもそも効率的かどうかという点は議論の余地がある．実際，第3章で見たように，政府が経済政策によって市場に影響を及ぼすことでモラル・ハザードの危険性が常に付きまとう．したがって，「国家財政の問題を家計の問題のように問題化し，特定の政策が提案された」ということ自体も問題化し考察することが可能となる．このように，どのように事象が問題化されたか，という事を徹底的に考察することで，どのように特定の政策が議論され，行動に移されたか，という事を批判的に分析できることが問題化分析によって明らかになるであろう．

――遂　行　性

問題化分析にて，モノゴトの見方というものが，どのように政策決定を含む意思決定に影響を及ぼすか明らかにしたところで，経済思想がどのようにアクターの行動に影響を与えるかという点をより深く考察する必要がある．その考察においては，遂行性（Performativity）［Callon 2006］という概念が有効である．

遂行性とは，ブライスが言う様に，アクターが思想を取りいれることにより，「どの様な行為をし，どのように社会的構築をしていくか」という「思想の行為の手引き」をもとに，実際，それを達成・具現化していくということを意味する．平たく言えば，どのような思想を応用して，政策が立案・執行され，それが社会にどのような影響を与えたかということである．例えば，ブライスらが主張するように，現在，多くの経済政策や経済活動が，近代経済学の思想をもとに行われている．その最たる例として金融活動が挙げられるであろう．例えば，第3章で紹介した昨今の金融危機は，2007年から始まった住宅投資バブルの崩壊を発端としている．そして，この住宅投資バブルはサブプライム・ローンという金融活動がもととなっているが，このサブプライム・ローンとその関連商品が誕生し，当時の金融業界で一躍ヒット商品となったのには現代経済学的思想が関係している．

現代経済学では合理主義的思想を根底に据えていることを第3章で指摘した．この合理主義的思想のため，市場のアクターは自分の趣味趣向と選好の順序付けも理解しているということであった．しかし，この合理主義的思想においては，アクターの先験的合理性とインタレストのみではなく，数学的論理性もまた想定している．これにより，経済を数学的に理解することが正しいという考えがその研究手法の大前提となっている．これは，一見すると問題がないように見えるが，この数学的論理の応用の限界を指摘したものにアレー・パラドックスというものがある．

便宜上，数式を簡単にするが，例えば，2つの宝くじがあり，宝くじAは，100%の確率で1万円を手にできるものとし，宝くじBは，1%の確率で100万円が当たり，99%の確率で0円になるとして，どちらを人々は好むかという実験を行う．結果は，圧倒的に宝くじAを欲する者が多数であるが，しかし，数学的論理で考えると，この2つのくじに違いはない．計算をすれば，両方とも，1万円（1万×100%，100万×1%＋0×99%＝1万）である．もちろん，この実験から，人々のリスクに対する選好の順序付けは理解できるが，数学的論理では非合理な結果となる．しかし，この数学的論理のほうが正しいという考え方で現代経済学とそれに関連する金融学等の理論の大部分は成り立っている．そして，この考え方が，金融に関する制度に適用され，金融商品に応用されることで生まれたのがサブプライム・ローンである．

サブプライム・ローンとは，日本語で「劣悪ローン」と訳されるように，低所得者向けの住宅ローンである．銀行にとって，お金を貸す相手が低所得者であるということは，ローンの返済不履行の可能性が高いので，利子率を高めに設定することが常である．便宜上，10％とする．これは，銀行側からすれば，ハイ・リスク・ハイ・リターンの取引といえる．反対に，安定した中流階級以上に貸し出す住宅ローンはプライム・ローン，つまり「優良ローン」は，返済される見込みが高いので，利子率は低めに設定される．仮に，4％とする．これは，ロー・リスク・ロー・リターンである．更に，今，銀行はこの2つの異なる種類のローンを取り扱っているとする．この2つの取引を目前に銀行が行ったのが，証券化という金融取引である．

証券化とは銀行が貸し付けた借金にたいする取り立ての権利を転売するということである．しかし，サブプライム・ローンにおいてなされた証券化はただの転売ではなかった．それは，2つの異なるリスクとリターンのローンをミックスし，「混合証券」という新たな金融商品を作り出すことで売り出されたのである．混合証券を作るとは，単純な計算をすれば，劣悪ローンと優良ローンを足して2で割るということである．つまり，「(4＋10)÷2」をしたことにより，利子率7％の金融証券ができたことになる．この商品は，ハイ・リスクとロー・リスクが混ざっているのでミドル・リスクな商品として数学的論理ではとらえられる．そして，ミドル・リスクかつ7％のリターンというのは，ミドル・リターンである．つまり，ミドル・リスク・ミドル・リターンの金融商品が誕生したのである．直感的には，アレー・パラドックスの様に疑問が残る商品であるが，問題は，数学的論理を採用している現代経済学的にはこの商品になにも問題はない，ということである．実際，この混合証券は合法とみなされることで，世界的な投資家や銀行家に飛ぶように売れた．また，銀行としても，この商品はいわゆるオイシイ商売であったといえる．まず，証券を発行・売買をする際の手数料が入ったということ，また，なによりも，証券化することで，リスクを他者にローンと共に転売することができたのである．したがって，サブプライム・ローンを含む混合証券は飛ぶように売れ，サブプライム・ローンのリスクは世界中に分散することとなった．しかし，最終的に，サブプライム・ローンの返済者が債務不履行となったとき，世界中の関連証券が時限爆弾のように紙切れとなっていくことで，金融バブルは最終的に金融危機として終わりを迎えることとなった．

サブプライム・ローンの証券化の例は，遂行性をよく表している例といえる．つまり，数学的論理や現代経済学における合理主義的思想等の特定の思想がある意味で「真実」として認識され，それに基づいて，アクター達が証券の売買やそれにまつわる法や制度の整備などの特定の行為をすることで経済社会活動がなされ，世界規模の金融経済市場が構築されていったということである．この「遂行性」という分析概念は，政策学にも重要である．前述の問題化の様に，どのような思想が受け入れられているかで政策が決定・執行されるからである．そして，この遂行性をより大局的に捉えれば，特定の思想に基づいた政策によって，特定の思想に基づいた統治というものも可能になってくる．実際，この思想と統治という点は，フーコーによって「統治性」という概念で理論が提示されている．

構築主義的統治論

思想の役割を強調し，統治論や統治に似た社会・政治理論を展開した考えは多々あるといえるが，なかでも特に有名なものとして，前述で紹介したミシェル・フーコー［2004=2008］の統治論を挙げることができる．

フーコーにとっての統治とは，政府機関による国民の精神性の統一を行うことで，特定の行動を促し，その統一された精神性により，作られた日常生活を再生産させるという政治的プロジェクトを意味した．つまり，フーコーによれば，統治の始まりとは，「良い」「悪い」という道徳的規範や，「正しい」「間違っている」という正当性の基準，フーコーの言葉でいえば，「真理の体制（régime de la vértié: regime of truth）」を国民に普及させるということであった．そして，真理の体制がしっかりと教育された国民は，その基準と判断をもとに，行動を起こすようになり，その行動は日々日常として繰り返される（再生産される）ということになる．したがって，国民の精神性を思想により統一し，特定の日常を構築することが，フーコーにとっての統治を意味したのである．

前述のように，フーコーの統治論は，彼自身の同性愛者であった経験がその理論発展の重要な要素の1つになったといえるであろう．フーコーは，「性」というもの，または，「異常」というものが，社会的に政治的に，あるいは，学問的に作られた概念であると主張し，その精神性構築の理論を明確にしたのである．その精神性構築の理論の大局的なものとして，彼は，『生政治の誕生』[Foucault 2004=2008] という大学の講義にて統治性（Govern-mentality; Govern 統治する，Mentality 精神性）という造語を用いて独自の統治論を提示したのである．

展開した統治論をもとに，フーコーは彼の時代における，新自由主義的統治を実証例として考察している．フーコーによれば，新自由主義とは，市場の競争性を「真理の体制」の中心に置いた統治性である．前章で見たように，古典的な自由主義とは，消極的自由と垂直的平等をもとに，人間個人個人の能力と生き方の違いを認めるものであった．この自由主義のイデオロギーは，ポラニーが指摘しているように，特に18世紀からの農業から商業へと産業が転換していく時代に，潮流を極めることとなった．特に，自由に経済活動を行うという意味で，商業の拡大を推し進める政治アクター達により，自由主義的な政策がなされ，市場における政府の役割は大きく制限されることとなった．しかし，ロックなどの古典的な自由主義の提唱者たちは，最小限の政府の役割を認めていたものの，その時代の自由主義はやがて自由放任主義（レッセフェール：laissez-faire）的な政策へと発展していった．結果，市場は無政府状態となり，最終的に，大きく膨れ上がった独占企業が市場における権力を握ることとなり，政府の代わりに中央集権的な力を得ることになったのである．この古典的自由主義の失敗をもとに，「市場の独占」に反対し，「市場の競争性」を善悪と正しさの判断とした思想が新自由主義の理念として台頭した，とフーコーは主張した．また，この新自由主義の理念のバックボーンとなったのが，ドイツのオルドー・リベラル学派と呼ばれる経済学派であった．

フーコーによれば，新自由主義は，古典的な自由主義と比較した際，「政府の最小限の役割」を明確に規定していた．古典的な自由主義では，どの程度どのような時に政府は市場介入すべきか不明確であったが，新自由主義においては「市場の競争性を保つ」行為であることが明確にされたのである．つまり，独占禁止法など，「市場の競争性」を阻害する要因を排除する政治的行為は正しいとされたのである．また，同様に，新自由主義の統治においては，その競争性を促す政策こそ，正しい政治的役割であるとされた．したがって，フーコーは，社会性などの人間の根源的営みのようなものも利益を追求するような市場的競争性という冷徹な活動へと変化させられることで，新自由主義的統治下の国民は，経済的利益のみを追求する「経済的人間」または「経済的主体」へと編成させられたと新自由主義的統治を批判的に分析したのである．

このように，特定の思想が政府に採用され，国家に浸透していくことで，政策等が立案・執行され，そして，特殊な統治体制も確立していくことが，構築主義的解釈によって明らかになるといえる．

構築主義的アプローチの有用性と限界

フーコーの統治論に見られるように，構築主義者は思想，または，思想的なモノ（理解や判断基準，問題化）に焦点を当てることで新たなイデオロギー論を展開しているということで評価できる．前章の分類学的なイデオロギー分析では，絶対的なイデオロギーの定義，または，メタレベルでのイデオロギーの存在が想定されることで，イデオロギーの変容というものが捉えづらいという限界が指摘された．しかし，構築主義では，特定の思想的なモノ達がアクター間で共有されることで，イデオロギーとして発展し，社会構築がなされると考えられる．これは，例えば，フーコーの新自由主義の考察のように，時代ごとに異なる自由主義が存在し，それぞれの特徴が分析されえる．また，このような分析において，問題化分析や遂行性といった分析概念等が重要となってくる．

また，イデオロギー分析としての新たな視座を提供したこと以外にも，構築主義は，構造と主体の問題において新たな視座を提供している．例えば，ブライスの先験的合理性とインタレストの否定，そして，思想を合理性の根源として捉えることは，制度主義と合理主義の理論的亀裂に新たな視点を提唱している．前述したように，ブライスは，危機における経済思想の役割を提唱しているが，この危機という，ある意味で全てリセットされたような混沌とした状態を全ての始まりと捉え，その始まりから構造と主体の関係性を展開している．つまり，混沌とした状況の中で，思想が主体に特定の世界の見方（合理性）を提供し，それをもとに，合理的行動が行われることで，制度などの社会構造が創出されていくということである．これは，制度主義と合理主義とを比較した時に，図5－1のように表すことができるであろう．

この図において，注意したいのは，合理主義における「自由な行動」と，構築主義における「合理的行動」である．これは，前述にて繰り返し指摘してい

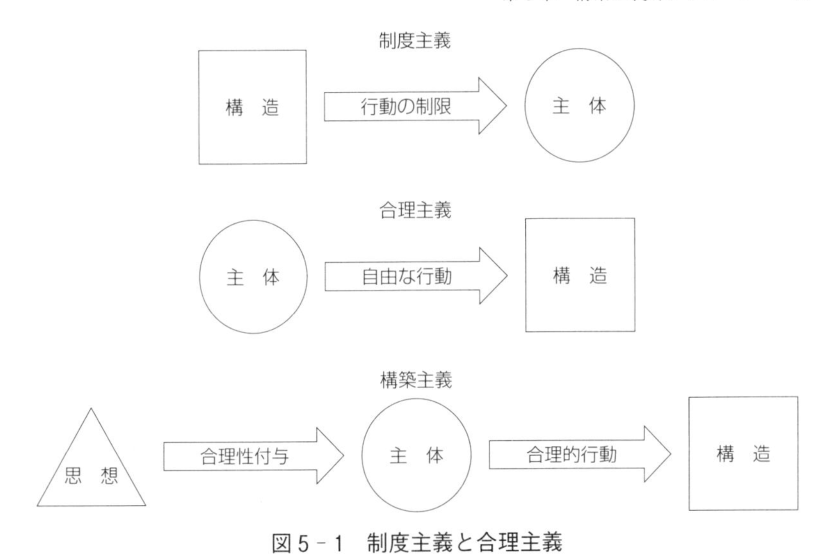

図5－1　制度主義と合理主義

るように，合理主義の「自由な行動」も合理的行動であるものの，自由に行動するための先験的合理性に基づいた行動である．反対に，構築主義の「合理的行動」は，あくまで，「思想」の枠組みの中での「合理性」をもととしている．したがって，特定の「合理的行動」がある時代やある集団において「非合理的行動」にみえても，それはあくまで，思想の差異によるものであるといえる．この構築主義的構造と主体の関係性を政策学で応用することは可能である．

例えば，環境問題などで，地球温暖化が問題になるのは，特定の環境学的思想によるものであり，これにより，外交政策として国家間の条約が締結される．したがって，合理主義的アプローチにおける行動も，思想を原点として解釈することが可能となる．また，構築主義によれば，外交政策として締結された条約も思想的なモノであると捉えることができる．つまり，制度主義が主張する条約や制度といったモノも，約束事という物体のないモノである限り，思想が根源となりうるし，それ自体思想的なモノであるということである．これらの考えを，より具体的に言えば，第2章で明確にした日本の政策過程の流れも，民主主義という思想と議院内閣制といった政治理論に基づいて構築され，その思想的なモノをもととした政治構造の中で，特定の役職に配置されたアクター達が，特定の思想のもとに合理的に行動するということがいえるということである．このことより，構築主義的に捉えれば，政策過程というものの根源には常に思想が付きまとうということになる．したがって，構築主義アプローチに厳密に従えば，思想的なモノをもととする政策過程のサイクルそのものがまさに統治構造そのものであると考えられるのである．

しかし，前述のように捉えることで，構築工義的アプロ　チの有用性は認めるものの，多くの学者が，構築主義による思想の役割の強調が行き過ぎたものであるという批判を展開している．例えば，「思想の行為の手引き」というものを認めたとして，思想はあくまで理想であり，思想に沿って構造の改革が行われるということに限界があるといえる．つまり，特定の思想によって主体の周辺環境の理解の仕方が変化したとしても，その思想のまま世界を構築できると考えるのは理想主義（Idealism）に陥ってしまうということである．これは，例えば，前述の様な，制度主義と合理主義と構築主義の違いのように，構築主義は，全ての原点を思想として捉え，思想をもとにアクターが環境を理解すると主張するが，その現存する環境の役割を社会構築過程や政策決定過程において無視してしまう危険性があるということである．このことから，構築主義が，思想や主体の能力を認めすぎてしまう場合には，主体サイドのみの分析となってしまうという限界が存在する．

同様の批判が分析手法にも見られる．問題化分析でみたように，構築主義における分析対象は問題化が表れる「言説」に主眼が置かれる傾向にある．しかし，言説のみを見ることは主体の意図や行為を全て理解できたことにはならない．例えば，発言したことと行動したことの相違というのは，政治の世界ではよくあることである．したがって，言説外のモノや思想以外のモノの役割もみとめたうえで，思想の役割を考察する必要がある．この1つの手段として，いままで明らかにした制度主義と合理主義とともに事例研究を行うことは有効であろう．つまり，1つの事例を用いて，どのような時に，それぞれのアプローチや構造と主体が重要となっていくのかということを明らかにするということである．その事例として，次章では，イギリスの戦後社会主義体制から金融を中心とした新自由主義の興隆までを経済政策の編成に焦点を置きながら，3つのアプローチをベースに考察することとする．

第6章
3つのアプローチを応用する

今までの章では，代表的な政策分析アプローチである制度主義・合理主義・構築主義の基礎的な理論と分析方法を明らかにしてきた．この章では，これらの基礎をもとに，より総括的に政策過程を分析する．しかし，ここで注釈すべきは，この章で展開するものは，あくまで，3つアプローチを総活用したものであり，「大局的」なものではない．この点については，本章の終わりにて明らかにすることとする．

分析するケースとしては，1970年代から現在にいたるイギリスの戦後社会主義体制から，金融を中心とする新自由主義体制までの経済政策と統治体系確立の変容を主眼とする．この時代の経済政策をケースとして採用する理由は，これらの時代においてイギリスの政治経済体制が大きく変化した時期であり，現代の経済政策をイギリスのみならず理解するうえでの基礎となりうることと，特に戦後社会主義の終焉に際し，経済学にも大きな変化をもたらす時代であったことが挙げられる．「序章」で述べたように，現代政策過程の研究手法には合理主義的アプローチで見てきたように，多くの経済学手法がその研究アプローチに採用されている．したがって，経済学の転換期にもなりえたこの時代の経済政策過程を理解することを通して，経済政策の根底にある経済思想の変容も明確にすることが可能となるであろう．

戦後社会主義経済のいきづまり

1970年代までのイギリスでは，戦後社会主義イデオロギーにより，政府介入型の政策が多く採用されていた．政府介入型政策とは，政府主導で経済発展や経済刺激策などを行うことを意味する．例えば，ある地域の経済を活性化させるために，政府が地方政府に予算を与え，大きな工場を作り，雇用を増やすといったような政策がその典型である．このような経済政策が敢行された理由は，第一次・第二次世界大戦による英国経済の疲弊にある．歴史的に見て，戦争は戦勝国にも敗戦国にもあまり利益のあるものではない．戦争のために人は減り，勝っても負けても，負傷者により労働資源が，武器生産により物的資源が，枯渇するからである．イギリスでは，この戦後の疲弊した経済から脱却するため，労働党のアトリー内閣発足後，「ゆりかごから墓場まで」と呼ばれる社会福祉体制を皮切りに，社会主義的経済政策を打ち立てていった．

イギリスでは，いまでも社会主義体制の名残として，NHS（National Health Service）という基本的に医療費が無料の公的医療体制が残っている．しかし，第4章でも見たように，現在，日本においても問題となっているが，このような国家主導の公的機関や社会主義的政策は，国家予算の維持という面で困難を極める．事実，それは1970年代に，イギリスの問題として表出した．つまり，国家財政の危機である．さらに，財政とともに問題になったのが，アトリー内閣から始まる産業の国有化である．国有化とは，政府が直接，経済戦略の舵取りをすることを意図し，大工場等の経営に直接的にかかわるというものである．しかし，国有化は，市場における資本家からの融資や融資をしている資本家の意見を弱めるという側面を持っていた．これにより，イギリス経済への投資は劇的に減少することとなった．さらに，国有化をすることにより，政治家と企業の癒着や，また「国家の後ろ盾により潰れない」企業体制は，労働者の怠慢を招くという経済に負の影響をもたらすことになったのである．この状況は「英国病」と揶揄されるほど深刻なものとなり，国際市場において英国はその競争力を失っていった．

スタグフレーションと政策の失敗

英国病を目前に，当時の英国政府は様々な政策を打ち立て，諸所の問題を乗り越えようとした．しかし，特に問題になったのが，スタグフレーションと呼ばれる問題であった．スタグフレーションとは，一般物価上昇率であるインフレ率と失業率が一緒に高くなるという現象である．それまでの経済学では，フィリップス・カーブと呼ばれるような，インフレと失業率の関係は，負の相関関係が成り立つと考えられていた．つまり，市場の金が増えることで，雇用が増大するので，市場の金が増えることでインフレ率が上がったとしても，失業率は減るというのが定説となっていたのである．しかし，現実では，国家が失業対策として市場に金を注入しても，失業率は一向に変わらないまま，インフレ率だけが上がっていくという事態が発生したのである．これは，明らかに，経済政策の失敗を意味していた．そして，この政策の失敗に対し，経済学者のロバート・ルーカス〔1976〕は後に「ルーカス批判」と呼ばれる分析を展開したのである．

―― ルーカス批判

ルーカス批判は，その後，経済学において重要な考えとなる「合理的期待」という概念をいち早くとらえていた．ルーカスによれば，スタグフレーション下の英国における政策の失敗は，「民間における合理的期待（Public's Rational Expectation）」によるものだと指摘した．これはつまり，いかに政府が物価や賃金問題，失業率に対処するための経済政策を打ち立てたとしても，市場は合理的な予測をもとに，その経済政策の影響が出ないように雇用契約を更新するため，政策が期待する以上に民間が物価や賃金を設定してしまうというものであった．このルーカス批判を理解するには，何故，市場では「経済政策の影響を回避しようとする」運動が発生するのか理解する必要がある．

例えば，今，政府が「物価を上げる」ことで，「企業の利益を増やし」，企業が「より雇用を増やす」ような経済政策を推し進めようとしたとする．この政策は，失業者にとっては，雇用機会の増大となり，企業にとっては事業拡大の機会となりえる．これは，単純に考えれば，経済を活性化するという意味で，経済刺激策と考えることができるであろう．しかし，他方，既存の労働者にとっては，この経済政策は好ましいものではない．物価が上がるという事は，給料が変わらなければ，給料が実質的に目減りする事を意味するからである．例えば，日々の昼食代が500円で，一月30日として，毎月１万5000円かかるとした時，給料が，月30万とすると，毎月給料から５％の出費となる．しかし，給料据え置きのまま，物価があがり，例えば，昼食代が1000円になったとしたら，給料から10％の出費となってしまうのである．したがって，インフレの際，賃金の上昇が伴わないとすると，既存の労働者にとっては購買力を減らされることを意味し，好ましいものではないことが判る．そのため，もし，政府がこのような経済政策を行うというのであれば，どの程度のインフレ率を目安としているかを予測し，それに合わせて賃金契約を更新すれば，政府の経済政策を無効にすることができるのである．これは，経済学的に言えば，経済政策による実質賃金の低下を避けるため，市場が政府の政策を予測し，名目賃金を高めに更新するため，経済政策が実質経済に影響を与えることがなく，失敗に終わるということである．

このルーカスの政策批判は，経済学にとって衝撃的なイベントであった．ルーカスの展開した「合理的期待」という考えは，その後の現代経済学の根幹をなす考えとなり，この市場における合理性の発見は，合理的期待革命（Rational Expectation Revolution）と呼ばれるようになった．そして，現在，「市場の合理的期待」は「政策の失敗」と「反介入主義」という経済政策思想において重要な概念となっている［Sergent and Wallace 1976］（この反介入主義の政策思想と経済学については，後章で見ていくこととする）．しかし，ルーカスの提唱した考えがその後どのように発展していったかという事もあるが，ルーカス自身は，ルーカス批判を展開したことにおいて，反介入主義的な立場は主張していない．むしろ，「それまでの政策の非効率性」は強調するものの，「市場の予想」と「それを考慮した政策」を考える必要があると訴えたのである．実際，ルーカス批判をもとに様々な考察と経済政策の在り方が広く議論されたが，まずは，ルーカス批判をゲーム理論的に分析する．

―― ルーカス批判のゲーム理論的解釈

例えば，政府の行動を，インフレ政策を「行う」と「行わない」というものにする．反対に，既存の市場のアクター（簡潔に「市場」とする）の行動を，賃金を「上げる」と「据え置き」にするというもので考えたとき，このアクター達の関係はゲーム理論的に以下のように表すことができる．また，この関係において，今，政府は，「インフレ政策を行う」という事を公言しているので，問題は，2つのケースにしぼられる．つまり，政府がインフレ政策を敢行した際に，市場が①賃上げをするか②据え置きするかということである．

市場(縦) 政府(横)	す　る	しない
上げる	①(1，－1)	―
据え置き	②(－1，1)	―

このようにみると，政府と市場の関係は，どちらかが得をして，どちらかが損をするゼロ・サム・ゲームになる．しかし，このゼロ・サム・ゲームにおいて優位な立場に立っているのは市場である．慣例として，政府は決まった時期

とタイミングで経済政策を発表することとなっている．したがって，それに合わせて，市場は来年の賃金契約を見直すことが可能となる．つまり，市場は政府の決定の後に行為を行うという第二行為者優位の立場にあったといえる．このことより，いかに政府が経済政策に取り組もうとも，市場が第二行為者優位の立場にある限り，政府の経済政策は失敗することになった．言葉を換えれば，第2章で見てきたような「時間的不一致」が発生し，政策は失敗に終わるということである．

―― 経済政策にまつわる制度的議論

市場に第二行為者優位の立場が発生する時間的不一致の問題がある限り，政府の経済政策はうまくいかないというのが，ルーカス批判のゲーム理論的解釈で明らかになったが，この政策の限界は，「政府はどのようなルールに基づいて経済政策を行うべきか」という政策に関する制度的議論へと発展した［Taylor 1993］．この議論に関して，主な見解が2つ存在した．

1つ目は，いままのでように，経済状況を監視し，それに合わせた経済政策を行っていくというものであった．つまり，インフレ率が高いときは，適時，市場の貨幣量を減らしたりすることである．これは，裁量型（Discretionary）政策と呼ばれるものである．反対に，ルーカス批判をもとにした経済学者は，ルール型（Rule-based）政策というモノを提唱した．これは，市場が第二行為者優位な状況にあったり，合理的に行動するのであれば，政府はその合理性を制御できなくなるので，基本的な政策方針としてのルール，例えば，インフレ率が何％に達した時，どのような政策を行うかということを言明することで，後は，市場の自己調整に任せるというものである．したがって，経済政策を行う上での基本的なルールの見直しが行われたといえよう．

裁量型かルール型かという議論は現代にも続く議論である［Taylor 2012］．この議論は政府の役割というものに着目すれば，裁量型は，政府や政府機関の役割を大きく認め，その大きな政府によって，市場を管理・操作しようとする政策といえ，反対に，ルール型は，政府の役割を最小限にし，市場の自由と合理性を認めるという政策であるといえるであろう．最終的に，この議論を反映して，どの程度，経済政策において，ルール型が応用されたかは，議論の余地があるが，この議論が示すように，経済政策の有用性と国家の役割というモノが批判的に見直されるようになっていったことは最終的に戦後社会主義体制から新自由主義体制転換の追い風となっていた．特に第2章で見たように，最終的に政府の役割や政治的な影響から経済政策は政府から独立して行われるべきだという議論に発達し，中央銀行の独立へと発展していくが，この点は，後述にて，さらに明らかにしてくこととする．

——戦後社会主義とケインズ経済学終焉に関する構築主義的解釈

戦後社会主義体制下で衰退していく英国経済に大きなメスを入れたのが，英国議会初の女性首相マーガレット・サッチャーである．サッチャーが行ったことは，戦後社会主義体制のバックボーンであったケインズ経済学との決別である．

ケインズ経済学では，大きな政府をもとに，政府が経済政策を主導していくということが大前提となっている．しかし，スタグフレーションの失敗やルーカス批判，そして経済政策の制度的議論にもあるように，政府が経済政策を主導するという考え方それ自体が次第に疑問視されるようになった．特に，市場が政府の政策通りに動かず，新たな制度等を構築しなければならないということ自体，合理主義的にも，制度主義的にも，そして何より構築主義的観点からも，戦後社会主義体制による統治の失敗を意味していた．このことより，英国病などの経済状況を打破するには，新たな経済理解と指針，つまり，新たな経済思想が求められるようになっていったのである．この需要に対し，新たな経済学として台頭したのが，マネタリズムという経済学であった．マネタリズムは，市場の優位性を認め，小さな政府による市場の競争性を挙げることを主張していた．このマネタリズムの台頭は，「経済状況を政府介入によって解決する」というケインズ学派の考えから「政府の介入自体を問題視する」というマネタリスト学派への思想の移行という構築主義的な意味を持っていたといえる．そして，政府の介入，大きすぎる政府が問題化される中で，次々と国有化した産業を民営化し，経済の競争性を高める政策をサッチャー政権は打ち立てていった．

国有化から民営化，つまり，市場を中心とした経済政策は，英国病を打破するうえで重要な役割を担ったといえる．国営の企業のもとでは，労働者の勤勉のインセンティブは低くなるが，政府との仲介役であった労働組合が政治的に力を持つことで，労働者の権利は保障されていた．これに対し，国営企業を民営化により解体することで，労働者に市場の競争性を認知させ，その賃金問題自体が市場で解決されるように促された．したがって，ケインズ主義からマネタリズムへの思想の転換において，経済問題を政府から市場に転嫁するということが起きたといえる．これらの経済政策の大転換は，フーコーの統治論をもとにすれば，サッチャー政権下において戦後社会主義体制から新自由主義体制へとイギリス政治経済統治体制が変容したことを表している．そして，この新自由主義体制のなかで，やがて，金融業が発展し，金融を中心とした新自由主義体制というものが確立されていった．

金融を中心とした新自由主義の台頭

新自由主義体制下における金融業発達の理由は，サッチャー自身が画策したかは議論の余地があるが，同時代的に金融ビックバンという現象が起きたことが挙げられる．これは，金融業における規制の緩和を大幅に行うことで，次々と金融商品や銀行業が立ち上がった現象を意味している．しかし，この金融ビックバンは民営化が進むイギリス経済にとっては，好都合な出来事であった．今まで企業の出資は国営下では政府が行っていたが，民営化に移るということは，企業が銀行から融資を受けなければならないということを意味したからである．しかし，この経済政策と金融業の在り方は，サッチャー政権下よりも，むしろ，その後の労働党政権で広く推し進められていったといえる．

―― 金融制度体制の強化

新自由主義体制下において金融を中心とした政策がより重要になってきたのは，新労働党，いわゆる，ブレア・ブラウン内閣の時期といえる［Crouch 2011］．サッチャー政権以後，金融業は軒並み発展していき，イギリス経済にはなくてはならない存在へと発展していった．それを決定的にしたのが，PPP（Public-Private-Partnership）という政策にもとづいたPFI（Public-Finance-Initiative）という政策である．PFI政策とは，簡単に言えば，いままで政府が投資していた産業を銀行が肩代わりするという政策である．例えば，地方に大きな病院を建設する際，いままでは，地方政府などがそれに投資するという形であった．しかし，PFIのもとでは，その投資を行うのが銀行になったということである．これは，公共投資の民営化を意味し，金融業は着実にイギリス経済の心臓部を担うようになっていった．

前述のようにイギリスの金融業が発達していく中で，政治と政策の在り方も変化していった．初めに行われたのは，大英銀行の独立である．第2章で述べたように，イギリスの大英銀行は，1997年に，新労働党政権下で独立した．これは，社会主義体制中の経済政策の失敗をもとに，インフレの管理を政治的な影響からできるだけ遠ざける目的で行われた．さらに，金融業をより徹底して管理する必要性として，新労働党政権下では，規制機関の改変が行われることとなった．新労働党政権以前においては，金融業に関する行政管理は，イギリス中央銀行である大英銀行が担っていた．しかし，イギリス中央銀行は他方で，インフレ政策として利子率の調整も行っていた．この2つの役割は，時に，利害対立（Conflict of Interests）という問題を引き起こした．

利害対立とは，政策ジレンマの1つである．例えば，ある時期に銀行業全体の経営が落ち込んだ際，中央銀行は特別融資を行うが，平たく言えば，特別に銀行に金を貸しだすということである．しかし，他方，この特別融資において金を市場に出しすぎるとインフレを引き起こす可能性が発生する．前述のように，インフレとは，市場に金が出回りすぎた状態である．インフレ自体は2％以下の低いレベルならば，健全な経済成長を促すといわれるが，過度な状態になった場合，ハイパー・インフレを引き起こすことが懸念される．ハイパー・インフレが起きると，印刷用の紙を買うために，その印刷紙以上の枚数の札束をもって購入しなければならないといった問題や，貿易における通貨価値の下落によって輸入品の高騰等が発生したりするのである．したがって，銀行間の問題を解決するために，金を市場に投入するが，その行動によってインフレへの懸念がおろそかになる可能性があるというジレンマが，利害対立というわけである．

以上の政策ジレンマを解決するために，当時のイギリス大蔵大臣であったゴードン・ブラウンは，日本の金融庁にあたる，英国金融サービス機構（Financial Service Authority）を発足した．この新たな機関の役割は，広く分業されていた金融関連規制局を1つにまとめ，金融市場の監視的役割を大英銀行の代わりに行うというものであった．この役割の中には，金融市場における緊急融資等を含めた特別な処置を大英銀行に依頼するというものも含まれていた．こうして，大英銀行から金融市場の監督という役割を金融サービス機構に移譲し，さらにはこの両機関のトップに大蔵省を位置させることで，ブラウンは三機関システム（Tripartite System）という体制を確立した．この三機関システムは，金融業から金融関連の政府機関までのヒエラルキーを明確にするという政治経済における制度的統治を確立したといえ，さらには，金融市場に関する管理政策を強化することを図ったといえる．

―― 金融を中心とした新自由主義的統治

政府機関が金融業との制度的な統治構造を強めていく中，イギリスの金融街は国際的な金融センターへと発展していった．しかし，他方，こうした金融業の巨大化と金融を中心とした政治経済の構築を理解する際，構築主義者は，主体の精神性の統治を重要視している．例えば，フーコーの統治論と新自由主義の考察をもとに，イギリスの経済地理学者ポール・ラングレー［Langley 2008］は金融中心の統治の誕生を新自由主義の新たな統治形態として分析している．

イギリスにおける金融を中心とした政治経済体制という新自由主義の新たな統治形態は，合理主義的な金融工学の発展によって「金融を中心とした競争性」を「真理の体制」とすることで誕生したとラングレーは主張する．1980年代以降，経済学の新たな研究領域として金融活動や投資の動向などが，物理学や様々な科学分野を取り入れることで金融工学，広い意味での金融学，として発展していった．第3章で見たように，この金融学における研究はサブプライム・ローン関連証券等の様々な金融商品を生み出していった一方，「金融活動」というものは「リスク計算のみ」の行動であるという考えを普及させていった．これは，つまり，第3章のアレー・パラドクスで見たように，数理論的合理性と確率論を中心に金融活動を行うということである．このことから，例えば，PFI等の公共福祉にかかわるような投資では，的確なリスク管理を合理的な計算で行っていれば，利潤を生むだけではなく，社会発展に貢献することができると考えられはじめ，これにより，「倫理的投資（Ethical Investment）」という概念が確立するに至った．つまり，合理的な行動（正しいリスク計算と投資）は，社会福祉に貢献するという意味で，「倫理的行動」=「正しい行為」であると捉えられ始めたということである．反対に，利益を生み出さない不合理な結果を招いた投資活動は，社会福祉にも貢献することができなかった「間違った行為」=「非倫理的行動」であると考えられることとなった．したがって，金融活動を「リスク計算」の問題として捉える金融学的考えが普及し，またそれらを促進させるような規制機関の整備がなされ，金融を経済の中心とする経済政策が打ち立てられることで，金融活動を通した市場の原理が一般に広がり，金融を中心とした新たな新自由主義的統治が誕生したとラングレーは主張したのである．つまり，金融を中心とした新たな新自由主義の統治構造が形成されたのである．

――新自由主義的統治における政策の合理的失敗

しかし，皮肉なことに，ラングレーの主張するような金融における合理的投資活動の普及は，それを真理の体制として構築した統治に危機的な状況をもたらすこととなる．第3章でみたように，金融市場が危機的状況に陥った際，合理的投資行動のもと，市場が自ら危機的状況を打破する行動をとらなくなっていったからである．

例えば，2007年8月，当時イギリスで5番目の規模を誇った住宅金融銀行ノーザン・ロックが，先の金融圧迫により経営困難に陥いった．ノーザン・ロックはすぐにこの状況を金融サービス機構に報告し，金融サービス機構は大英銀行に緊急融資を打診した．大英銀行はこの申し出にすぐには答えず，最終的に翌月9月に「最後の貸し手」という中央銀行の機能のもとに緊急融資が行われることになった．しかし，「最後の貸し手」が公式に発表される前夜，この大英銀行の処置がイギリスの公共放送局 BBC にて緊急速報で流れると，一夜にしてノーザン・ロックの各店舗 ATM に預金者の大行列，いわゆる，「取り付け騒ぎ」が発生した［Brummer 2008］．このノーザン・ロックが経営難に陥り，大英銀行が「最後の貸し手」を発令するまでの行動は，ゲーム理論的に理解することが可能である．

第3章にあったように，大英銀行は，以下のマトリックスにおける③銀行間での貸し出しを再開してくれることを期待するが，銀行は，あえてリスクを冒さなくても，最終的に②大英銀行が緊急融資をすること（=「最後の貸し手」発令）を期待する．もしかしたら，大英銀行は①のようなことを他の銀行に持ち掛けるかもしれないが，先に他の銀行がノーザン・ロックに貸し出しをはじめることで，大英銀行は第二行為者優位性により，③のように，緊急融資を行わないかもしれない．したがって，銀行は，常に，個々のリスクが低い②を選択することになる．当然，④が選択肢としてありえるが，取り付け騒ぎのような異常時を目前にした大英銀行には「緊急融資」を行わないという手段は最初から選択不可能になっていると考えられる．したがって，①と②より，他の銀行が②を考えていることから，大英銀行は緊急融資を行わざるをえない状況になるのである．これは，経済が緊急時に，政府機関の望むように経済アクターが協力的にならないという点で，統治的な失敗といえるであろう．

大英銀行(縦) 銀行(横)	銀行間貸出しを再開する	銀行間貸出しを再開しない
緊急融資がある	①(−1, −1)	②(−2, 0)
緊急融資がない	③(0, −2)	④(−3.−3)

より総括的に言えば，制度的に政府機関は，銀行とのヒエラルキーにおいて上位に位置しているものの，金融機関の自由度が高く，合理的市場活動が正しいとされている政治経済下では，危機的状況に直面した際，そのヘテラーキー的関係において上下関係が入れ替わるといえる．つまり，公式の場，例えば，違法な行為を取りしまるときは，政府機関が絶対的に強い立場にいるが，非公式の場，銀行間融資を促す等の際には，政府機関は比較的弱い立場になってしまうということである．これはある意味で，戦後社会主義下のような企業の運営に国家が直接介入できた時代から新自由主義へ統治構造が移行していったことにより発生した政策と統治の問題といえるだろう．

このように，3つのアプローチを使用することで，ある時期における政策と統治の変容を3つの観点から理解できることがわかる．

3つのアプローチのまとめ

ここまで，3つの代表的なアプローチを見てきたところで，簡単に相対的なまとめをすることは有益であろう．最初に明らかにしたアプローチは，政策過程における構造に着目する制度主義的アプローチであった．制度主義では，立法などによる制度ヒエラルキーによって整備された主体の行動とパワー・バランスの統治が理解された．また，このアプローチによれば，統治が成功している場合には，スムーズな政策決定と執行が可能であり，また，統治的・政策的失敗が発生した場合，政策過程におけるヒエラルキーとパワー・バランスの問題が分析可能となった．しかし，他方で，制度主義的なアプローチは，分析の主眼が構造に置かれることで，主体となる政策過程等におけるアクターの行動が理解しにくいことに限界があることが指摘される．

政策過程におけるアクターの行動を考察するために，合理主義的なアプローチが重要となる．合理主義の中でも特にゲーム理論に着目したが，1つの事象におけるアクターの相互作用を数値化し，可視化することで，何故，アクターが特定の結果を選んだかという動向を理解することが可能となった．この合理主義的な理解の仕方は，構造と主体においては，主体側の理解であるといえるであろう．つまり，主体，アクター，の行動は合理的な計算のもとになされるのであって，構造によってなされるわけではないということである．このことより，政策的な失敗が発生した場合，または特定の政策が打ち出された際，何故，アクターはそのような行動をとるに至ったか，ということを分析できるという点で有効であるといえるであろう．しかし，この合理主義的なアプローチの限界は「先験的な合理性」と「先験的なインタレスト」の前提であった．つまり，合理的な考えやインタレストとはどこから来たのかという点が明確ではないという事である．

最終的に，合理主義の限界に対応する形で，「思想」の役割を強調する構築主義的アプローチを明らかにした．構築主義では，構造の構築と主体の行動は特定の思想をもとになされると理解された．つまり，制度整備やアクターの行動等の根底にある思想を明確にすることで，政策過程を分析するということである．構築主義者によれば，思想は，構造と主体の架け橋であり，思想が変化することで構造も主体も変わりうるという事がこのアプローチをもとにすることで解明できるといえる．しかし，構築主義者はそれ単体で分析を可能にするのではなく，実際に行われた行為や制度といったものとの関連性で思想の役割を理解する必要がある．実際，この章で見たように，制度主義や合理主義のアプローチとともに構築主義の分析を行うことで，より総括的に，政策と統治の成功と失敗ということを理解できたといえるだろう．

以上のように，3つのアプローチをまとめることで，それぞれの分析的観点やその分析手法の根底にある思想が理解でき，また，相互補完的な分析が可能であることが明確となったであろう．

折衷主義を超えて

前述のように，3つのアプローチを多用することで，本章で行ったように，ある事象を多角的に分析することが可能となる．しかし，分析的には，このように総括的なアプローチの使用の有用性は主張できるものの，やはり，限界が存在する．例えば，本章のように，各方法論の基礎となる理論の整合性を明確にしないまま，方法論のみを応用する研究は折衷主義等（Eclecticism）というように批判される場合がある．

折衷主義とは，もともと，哲学において，様々な理論の長所のみを取り出し，新たな理論を提唱するということである．本章のような分析においても，適材適所的に，ある部分は合理主義的に，ある部分は，制度主義的もしくは構築主義的にといった形で分析を行ったので，折衷主義的分析であるといえる．しかし，このような折衷主義的分析では，第5章の終わりにて明らかにした各アプローチの理論的差異を軽視することになってしまう．制度主義は，構造主義的解釈をもととしており，アクターの行動は，既存の制度によって決定されると唱える．他方，合理主義では，アクターの行動は，自由な意志によって決定され，構築主義では，思想がアクターの行動の決定要因であった．当然，実在する政策研究などでは，いずれかの理論を基軸としつつ，他の理論の要素も考慮することで研究が行われている．しかし，このように折衷主義的に考察することは，政策研究において究極的に，何が問題であるか，また政策過程のダイナミクスを理解するうえでどの要素に，いつ，どのように焦点を置くべきかということを考察する際に困難に陥る．

例えば，本章で明らかにしたように，ブレア・ブラウン政権下のイギリスにおいて，金融サービス機構の設立などで金融安定化政策が制度的にすすめられたが，後の危機においてその政策の脆弱性が露わになった．本書ではこれを時系列的に見ていくことで，制度の構築や，思想の広がり，そして，アクターの合理的行動を，それぞれのアプローチに依拠して明確にした．しかし，最終的に，この金融危機の原因を明らかにする際，制度が原因なのか，それとも銀行などのアクターの合理的行動が原因なのかで議論が別れうる．さらには，構築主義的には，そもそも，金融が中心となる新自由主義的政治経済を支えた思想が問題となる．言葉を換えれば，構築主義的には，新自由主義における制度も，合理性も，全ては思想に起因すると主張できる．しかし，このように考えると，第5章で指摘したように，全てが思想的なモノで構築されているならば，思想によって全てが解決されうるという理想主義に陥る．したがって，いつ，どのように，制度，アクターの行動，思想的なモノというものが政策過程を含む社会現象のダイナミクスにおいて重要となるかということを明確にする大局的な理論が必要となる．後章では，この「大局的な理論」というものを明確にしていくが，その前に，その大局的な理論の前提となる「大局的な研究射程」というものをまず次の第Ⅱ部では明らかにすることとする．

第 II 部

政策分析の研究射程を広げて

——日常とネットワークの構築——

第7章
知識人とメディアの所在と役割

前章までは，政策過程分析における代表的な3つのアプローチを明確にし，その理論的争点として構造と主体の問題を中心に，個々のアプローチの違いを示し，最終的に，3つのアプローチを総括的に応用することで，その有用性と限界を示した．その際，最終的に，個々のアプローチが主張する制度，合理性，思想という要素を大局的にまとめ上げるアプローチの必要性を指摘した．しかし，そのような大局的なアプローチを示す前に，大局的な分析射程の考察をする必要があるが，それが，この第Ⅱ部で行うことである．大局的な分析射程とは，一般的な政策研究において，政治家や官僚などの公人（Official Agents）や政策決定過程に大きな影響力を持つ企業や財政界などの相互作用的行動，また，それを記録した公文章が主な研究対象となる傾向に対し，さらに，学者やシンク・タンク，そしてメディア等の影響を追加するということにある．

当然，政策を分析するうえで，公人や大企業などの行動や公文章を理解することは間違いではない．しかし，例えば，政治家等の公人のみに焦点をあて，政策過程を分析することは，第2章で指摘したように，制度主義的立法主義に陥ってしまう．つまり，政策過程とは政府と政治ヒエラルキーに関わるアクターのみで作られるということである．これに対し，合理主義では，政治ヒエラルキーに属さない，市場のアクター等のヘテラーキー的関係にあるものを分析の射程に据えている．しかし，いかに政府に対してヘテラーキー的関係性を持つアクターを研究の射程に加えたとしても，構築主義的には，研究射程はいまだ不十分であるといえる．その理由は，ヒエラルキー的アクターであろうと，ヘテラーキー的アクターであろうと，彼らの行動や思想と呼ばれるものが，これらのアクターが独自に思いついたものであると考えるのは先験的合理主義に陥ってしまうからである．つまり，公人や市場のアクターの考えや知識というモノがどこから来たのか，という点が不明なままであるということである．この点を明らかにするためにも，政策研究における研究射程をより広範囲に広げる必要がある．

本章第８章では，まず，政策過程に関わるアクターの「考えや知識」というモノに影響を与えるアクターや機関として，知識人とメディアの役割を考察する．当然，知識人やメディア以外にも，政策に影響を与えるアクターや機関として，例えば，NGO や NPO，圧力団体等，様々なアクターや機関が現実には存在する．しかし，これらのアクターや機関全てを網羅することは，本書では不可能であり，また，政策によってどのアクターや機関が影響を持つかということは多分に変化しうる．したがって，本書では，その主眼である経済政策過程を考慮するうえで，まずは，知識人とメディアという２つのアクターや機関に焦点を絞ることとする．そして，このようなアクターや機関が，何故，経済政策過程においては，特に重要になるかということは，第７章，そして後章においても，随時関係する理論や概念によって明確にしていくこととする．特に，第８章では，フーコーの統治論のもととなったマルクシストのイデオロギー論を明確にすることで，知識人やメディアによって，いかに「日常」や「常識」というモノが構築され，経済システムや政策が作られているかということを考察する．そして，第９章では，それらのアクターや機関がどのように政府や政策決定に携わるアクターとつながりを構成するかという大局的な視座をネットワーク論の発展と共に見ていくこととする．

知　識　人

知識人という言葉でどのようなアクター達を意味するかを絶対的に定義することは困難であるが（後章でみていくように，脱構造主義的に言えば不可能であるが），ここでは便宜上，経済政策において言えば，経済動向を分析できる知識と理論を持ったアクターの集団として捉えることとする．また，この知識人の一般的な集合として，知識集団という言葉も用いることとする．このように知識集団を定義するとき，更に本書では，大学の教員や高等研究機関に勤める経済学者，そして，シンク・タンクや，特定の会社に雇われているエコノミスト等を政策決定過程に影響力をもたらしうる知識集団として扱う．まずは，体表的な知識集団としてシンク・タンクの意味と政治的役割を見ていくこととする．

――シンク・タンク

シンク・タンクとは，日本ではあまりなじみのない言葉かもしれない．実際には，日本にも，多くのシンク・タンクと呼ばれる団体が存在するが，その大多数が企業の研究機関的存在である．しかし，欧米におけるシンク・タンクとは，独立した研究機関である場合が多く，政治や経済社会問題等に関して独自の研究を発表したりするなどの活動を行っている．

シンク・タンクの起源は，19世紀の終わりにイギリスで誕生したフェビアン協会（Fabian Society）が，その始りと言われている．フェビアン協会は民主主義的社会主義を目指す，現存するシンク・タンクである．20世紀には当時の労働党のブレーンのような存在であり，その規範である社会民主主義を公的な政治の場から民衆にまで広く普及するための団体であったといえる．しかし，他方で，代表的なシンク・タンク研究者デナムとガーネット［Denham & Garnett 1998 & 1999］やジェームス［James 1993］らの分析によれば，フェビアン協会のような特定のイデオロギーや特定の政党を支持するシンク・タンクというものは「伝統的（Traditional）」なシンク・タンクにおいて比較的稀な団体であった．

例えば，ジェームス［James 1993］によれば，伝統的なシンク・タンクとは，どの政党の政策立案にかかわるというよりも，現行の政策を比較的に評価するものが多く，その点で新たな視点を展開し，より広い視点から政策評価を訴える集団であった．これは，イギリスに限ったことではなく，例えば，アメリカにおいてもシンク・タンクのイデオロギー的差異，または，特定のイデオロギーの表明は近年の現象であると指摘される［Birkland 2011: 143］．事実，近年において，伝統的シンク・タンクに対して新たなシンク・タンクやシンク・タンク全般の新たな兆候としては，それらのイデオロギー的差異が明確になってきていることが指摘できる．例えば，その代表として，イギリスの Institute of Economic Affairs（IEA）という保守政党寄りのシンク・タンクが存在するが，彼らの経済政策に関する主張では，市場自由主義的な特色が明確に表明されている．また，反対に，Demos 等の労働党よりのシンク・タンクも存在している．これらシンク・タンクの活動は，団体により差異はあるものの大別して3つ指摘できる．

1つ目は「啓蒙活動」である．例えば，IEA 等の比較的歴史が古く，他の知識人によって定評のある団体は，定期的にフォーラムや学界等を開催する．また，定期的に雑誌や刊行物を出版することで，その規範を普及する活動を行っている．例えば，2007年の金融危機以後，市場自由主義に対する懐疑的な見方が知識人や一般人の間に広まっていったが，IEA は2009年に市場自由主義の正当性を理論的に，かつ，実証的に訴えた論文を編集した *Verdict on the Crush*〔2009〕を出版した．このような，刊行物やパンフレットの発行などは，数年前まで，比較的資金が潤沢な機関の特権のようなものであった．しかし，近年のメディア化が進む政治社会状況下においては，ホームページの設立によって比較的安価に，その思想や研究の報告等の啓蒙活動を簡単に行える傾向にある．

啓蒙活動に関連して，シンク・タンクの活動の２つ目に「研究」が挙げられるであろう．当然，研究活動というものは啓蒙活動の基礎となるが，シンク・タンクに加盟，または，入社する時点において，多くの者は，高等教育において，そのシンク・タンクの専門分野の知識をある程度学習もしくは学位として習得していることを求められる．例えば，経済事象に特化したシンク・タンク等においては，少なくとも経済学の分野，または，それに関連する分野において博士課程を修めていることが要求される．これは，博士課程において研究したものが，啓蒙活動や現行の研究活動において貢献度があるからであり，また，この研究活動の一環として，学界（大学などの高等教育機関等）とのつながりが容易になると考えられる．そして，このつながりというモノが，シンク・タンクの主な活動の３つ目に位置する「ネットワーク作り」である．

ネットワークに関する理論については，第10章で詳しく取り扱うが，平たく言えば，特定のアクターや機関のつながりや関係性の構築である．シンク・タンクにおけるネットワーク作りは，啓蒙活動や研究がベースとなっているが，シンク・タンク主催の学会の開催は欧米においてよく見られる．逆に，学会は，一般的には大学の教員や研究者らによって主催されることがあるが，学会のゲスト・スピーカーとしてシンク・タンクの役員が登壇することも常である．このように，学界とシンク・タンクの関係は，知識人というくくりで表されてしまうほど密接なものである．実際，学会以外にも，シンク・タンクの常任アドバイザーという形で著名な大学の研究者が所属することが多く，前述の *Verdict on the Crush* の寄稿においても，その論文の大半は世界的に著名な経済学者のものである．また，学界以外にもシンク・タンクにとって重要なネットワーク作りをするアクターや機関として，メディアや政府関係者が挙げられる．メディアについては，後述にてより詳しく説明するが，特に，イギリス等のヨーロッパの国々においては，シンク・タンクの政府機関とのつながりは顕著なものである．例えば，1992年設立のInstitute for Public Policy Research（IPPR）や1993年設立のDemosは，「政治的独立と中立」を主張してはいるものの，その所属研究員や役員の多くがブレア内閣のアドバイザーや官僚的立場として起用されたため，「新労働党のお抱え集団」（New Labour's Civil Servants）とまで揶揄されるにいたった［Dorey 2005: 24; Rowan 2003］．特に，IPPRに関していえば，前章で見てきたPPP・PFI政策，つまり，公共事業を銀行等の民間に委託する政策，の旗手と考えられていたことから，新労働党政権下の経済政策におけるIPPRの影響力は多分にあったものと考えられる．このことから，シンク・タンクと政府と政府関係機関のネットワークは新労働党政権下では特に強固なものであったといえる．

以上のようにシンク・タンクの主な活動をまとめることで，シンク・タンクが直接的に政策過程に影響を及ぼす可能性が多分に指摘できる．特に，シンク・タンクの研究活動という点は，官僚だけではなく，広く経済事象などの意見を求める際に，アジェンダ設定等の過程で影響を及ぼす可能性があるといえる．このシンク・タンクと政府の関係性は，シンク・タンクと政府の間に，シンク・タンクの研究という資源と政府の政治的権力という資源において相互依存的関係性が成り立つことで政策ネットワークを形成しているといえるが，この点は，第10章にてより明確に指摘することとする．しかし，シンク・タンクのこのような政策過程における影響を指摘するところで，さらに，考察が必要なのは，シンク・タンクの資源となる研究のもとは何でなりたっているか，ということである．つまり，シンク・タンクは政府や政策立案者達に専門的アドバイザーとしてかかわるが，その専門知識はどこからやってきたのかということであるが，この点を明らかにするには，シンク・タンクと学界との関係性に注目する必要がある．

――学界（学者と研究者）

シンク・タンクの主な活動の一環として，学界との密接なネットワーク作りを指摘したが，学界，平たく言えば，大学・研究機関の活動が政策過程に与える影響は，シンク・タンクに非常に近いものであると指摘できる．実際，多くの学者が，時の政権において重要なアドバイザーとして呼ばれる事は常であり，特に，金融危機等においては，政府の緊急特別会議やメディア，シンク・タンクの刊行物やフォーラムでの露出も顕著なものとなる．

より具体的な例でいえば，現在，多くの先進国における中央銀行の主要役員会には経済学者が数名含まれている．アベノミクスは顕著な例である．そのアベノミクスの要である「異次元の介入」という経済政策は，副総裁である岩田規久男［2009; 2011; 2013］の大学機関における研究と主張がもととなっている．これらのことは，学界とその他のアクターや機関との密接なつながりを意味しうるであろう．しかし，シンク・タンクとは違い，学者や研究者等のアクターは，多くの場合，率先してこの関係性を構築するというよりも，より受動的な構築を行う．そして，研究活動は大学・研究機関における主要な業務の１つであり，啓蒙活動に置いては，（この本を含め）出版物や，大学での講義，一般公演等がその活動として理解しえる．しかし，シンク・タンクと比較した際，学界のこの研究活動と啓蒙活動という活動は，より重要な意味を持つ．

例えば，前述したIEAの刊行物である*Verdict on the Crush*のように，多くの著名な学者の論文がその中で紹介されるのは，その学者達の権威とその思想や研究が，IEA等の知識集団にとっての「規範的考え」であり「常識であるべき」考え方であるからである（このように指摘する際，当然，「科学的知識の正当性や中立性」が問題となりえるが，その点は，後章の脱構造主義的アプローチの導入において詳細に扱う）．このことより，学界の研究活動は，真実や事実を発掘，またはそのように呼ばれるものを創出することであるといえる．そして，その真実や事実というものが，学校やシンク・タンクにおいて参照され，学ばれたり，または，政府に採用されることで，政策に多大な影響を及ぼすのである．このように，学界の役割を考えると，構築主義者達が主張しているように，「常識」となりうる思想がどのように伝達し普及したかが重要となってくることが判る．また，その常識の普及における中心的役割に，学界やシンク・タンクが存在することが明らかになるであろう．実際，この学界とシンク・タンクによる特定の思想と考えの普及というものは，前章で見た社会主義から新自由主義体制の移行を理解するうえで重要となる．

例えば，90年代における新自由主義体制の興隆に貢献した世界的知識集団にモンペルラン・ソサイエティー（Mont Pelerin Society）が挙げられる．モンペルラン・ソサエティーは現存するイギリス発の経済知識集団であり，その創設はオーストリア出身の経済学者フリードリッヒ・ハイエクによるものであった．ハイエクにとってのソサエティー創設の目的は，世界大戦の引き金ともなったナチズムやファシズム，国家主義等の総称として統一主義，または，全体主義と呼ばれるイデオロギーに対抗するための新たな自由主義体制の科学的考察であり，その確立であった．創設当時からカール・ポッパーをはじめとするその時代の著名な学者や研究者がソサエティーの会員となり，定期的に集会が開かれることで研究・啓蒙活動が行われていった．しかし，当時のイギリスの社会主義体制とそのバックボーンとなる経済思想であるケインズ学派は，国民や知識人にも広く受け入れられていたため，創設当時のモンペルラン・ソサエティーは，政府や政府機関と強い関係性を築くには至らなかった．ところが，ケインズの死後，スタグフレーションなどの経済事象が既存の社会主義体制とケインズ学派的政策への不信を招くと，モンペルラン・ソサエティーを中心とした経済学者やその思想は，経済政策に広く取り込まれることとなった．特に，この時代において，モンペルラン・ソサエティーの中枢を担っていたのは，アメリカのシカゴ学派ミルトン・フリードマンであった．フリードマンとその思想であるマネタリストの特徴は，反社会主義的な開かれた市場原理のもと，高度な数学や実証データを駆使した政策提言であった．そして，このシカゴ学派の影響は，モンペルラン・ソサエティーを通して，イギリスの経済学や政策決定機関にも普及していったのである［Steadman-Jones 2012］．これは，言い換えれば，経済学における規範というものが，ケインズ派からマネタリスト派に移行したことで，政策においても同様の規範の変革が起きたということである．そして，この規範の変革により，政治経済体制は，社会主義から新自由主義的なものへと移行していったのである．

このように，政策過程における，シンク・タンクと学界の所在と役割を振り返ることで，これらの知識人たちの経済政策における影響が明らかになるであろう．各々の特徴としては，シンク・タンクは，特定の思想の伝搬に大きな貢献を見せているといえ，経済学者はその「思想」の源泉的な，もしくは，発信元のように捉えることができる．言葉を換えれば政策過程において共有される「常識」というものが，これらのアクターや機関によって，普及・提供されるといえるであろう．しかし，このように政策過程における知識集団の役割と影響を認める一方で，その役割を過大評価することは間違いである．そのように知識集団を過大評価することは，政治経済研究においては，経済学主義（Economism）という学問の絶対性とその権威の絶対性を認めることになってしまう．つまり，経済学とその知識を持ちうる知識人やアクターが，経済過程の全てを決めているという理想主義に陥るということである．具体的に言えば，ケインズ派からマネタリスト派への経済学の常識の変革は，モンペルラン・ソサエティーやフリードマンらの啓蒙活動と研究活動によるものであるのは確かであるが，例えば，啓蒙活動等において，経済学者やシンク・タンクのみで行えることというものは限られている．前述にて，インターネット等の普及による啓蒙活動の容易さは指摘したものの，やはり，「常識」というものを普及させるうえで，メディアの役割は重要である．このことより，「知識」の伝搬というものを考えるのであれば，マス・メディアの影響は無視できないものとなる．

メディアと政策

例えば，ある法案の可決や，ある政治家の汚職，戦争状態にあったある国とある国の和平など様々なニュースを我々は日々日常，情報として共有している．ある事件の当事者であったり，偶然，その場に居合わせる等ということがあるかもしれないが，多くの場合，テレビや新聞，ネット，つまりメディアを通してそれらの情報を得ているであろう．「メディア」とは語源として「媒体」という言葉に依拠し，例えば，ある事件をメディアという「媒体」を通して，我々は認知しているということである．しかし，このメディアというのは，ただの媒体としての役割ではなく，現代社会科学においては，多くの学者が，それ以上の役割を認知している．実際，「メディア化された政治（Mediatized Politics）」［Lance and Entman 2000; Thomas and Hinchman 2002］等と呼ばれ理論化されているように，メディアは現代政治学において最も重要な機関の1つであると考えられる．これは，政策過程においても同じことがいえよう．高いインフレが問題となっていた70・80年代のイギリスでは，フリードマンをはじめとするマネタリスト学派の経済学者らが頻繁にマスコミのコメンテーターとして呼ばれていた．このマネタリスト達の経済思想はニュースリポーターや記者達の間でも経済学の「新たな規範的科学」として広く受け入れられることで，日夜その思想に基づいた政策提言がなされていた．このように，メディア化が進んだ現代の政治社会においては，メディアの影響を考慮せずに，政策過程研究などを含む政治のダイナミクスを理解することは，不十分なものになると考えられる．

――メディアの経済的現実と政治的現実

政治とメディアの関係性については，アメリカのジャーナリスト，ウォルター・リップマンの『世論』[Lippmann 1954=1987] から，どのようにメディアが特定の事象をリポートし，「現実」を作り出すことで，政治に影響を与えるかということが研究されているが，その研究射程は現代のメディア研究では広範囲に，そして多岐にわたっている [谷口 2015]．それらの研究の全てを網羅することは，ここでは不可能であるが，まず前章とのつながりから，どのようにメディアが，現代政治において他のアクターや機関とつながりを構築し，政策過程等において相互に影響を与えているかを見ていくこととする．

既存のメディア研究においては，メディアと政策決定に影響をもつ他のアクターや機関との関係性は，個々のアクターや機関の持つインタレストとそれぞれが所有する資源によって相互依存的に確立されるという理解の仕方がある．これは，例えば，政治家や官僚，企業等にとってのメディア，特に，新聞社やテレビ局の所有する資源とは，情報と情報網である．現代では，戦時中や震災等があった際，各地域に広がった政府機関よりも，現地派遣のメディアの情報網のほうがより的確に，早く，情報を得る場合が多くなった [Reeves 1997]．これにより，昨今の政府や政府機関などは，メディアとの連携をより一層深めるようになってきたが，当然，このメディアの情報網というものは，メディア機関単体で維持できるものではない．

例えば，メディアの資金源はメディア機関のみで賄うことは不可能であり，この点で，大企業などとの連携が生まれる．この大企業との関連性は，メディアの報道姿勢に多大な影響をもたらしうる．例えば，情報機関といえども，出資先のメディアがある程度の収益が見込めない場合は，出資元が資本提供を断念することもありえる．言葉を換えれば，メディアの「経済的現実」もしくは，メディアに対する「経済的な圧力」が存在するということである．これにより，報道の仕方もより大衆受けし，商業主義的な，専門性を欠くものになることもあり得る [Bennett 1997: 108-10; Bagdikian 1992]．また，報道の仕方以外にも，メディアの出資元は，報道活動自体に影響を与えうる場合がある．例えば，その出資先の大企業の不正や事件等が発覚した際，圧力がかかる場合がありえるということである．このような関係性は，政府とメディアとの関係にもいえる．

メディアの資源は情報であると言及したが，情報というものは，常に外部依存である．つまり，メディアが事象や問題を起こすというよりも（ありえなくはないが)，基本は，今起きている事象を，メディアが発信するということである．そのため，例えば，政治に関する情報は，政府や政府機関との関連性の中で獲得することになり，それにより，政府・政府機関とメディアの強い関係性が生まれる．そして，出資元との関連性と同じように，この政府・政府機関との関係性はメディアの報道活動に大きな影響を与えうる．顕著な例に，日本のメディアが挙げられよう．

日本のメディアとその中のアクターの慣習であるジャーナリズムは，多くの研究者に広く研究されているが［山本 1999; Freeman 2000; 浅野 2011］，その顕著な特異性に，記者クラブという，ある意味，制度化された組織の存在が挙げられる．記者クラブは，会員制の団体であるが，政府や政府機関，そして公共機関における情報のアクセスは，このクラブに所属しているか否かにより大きく左右される．このクラブが「ある意味，制度化されている組織」と言及したのは，記者クラブは「法人化」，つまり，国の特定組織として認定された組織ではないものの，各省庁や政府機関に記者クラブ専用の部屋が割り当てられていることがあり，普段テレビで目にする「記者会見」は記者クラブが主導で組織されることが慣習化されているからである．つまり，この記者クラブの「記者会見」などの活動が，政府，政府機関，各省庁の一般公布活動の中に，公的な制度化はされてはいないものの，慣習的に制度化されているからといえる．このように密接な関係の中では，記者たちは，できるだけ，所属機関との関係を良好に保つように専念する傾向にある．端的に言えば，信頼関係の構築と維持である．例えば，所属機関が記者クラブに特定の情報を提供する代わりに，記者会見の時期やタイミングに関しては，その機関が望んだように尽力する傾向にあるということが挙げられる．昨今では，この記者クラブの閉鎖性は改善される兆しにあるといわれているが，依然，その影響力の高さは無視できないものである．このような日本の記者クラブの例は，他の先進国においては稀な例ではあるものの，やはり，情報源である政治家や官僚，政府機関との関係なしに政治に関する報道活動というものは成り立たないのはどの国においても常であろう．大企業とのつながりが，メディアにとっての「経済的現実」であるならば，このような政治機関とメディアのつながりは，メディアの「政治的現実」といえるであろう．

―― メディアと政治

前述のように，メディアとメディアの資本元（大企業）と情報源（政府機関）の関係を表す時，メディアは既得権益の「番犬」なのかそれとも「愛玩犬」なのか，という古くからある議論が想起される［谷口 2015：23-24］．しかし，メディアが究極的に，番犬であろうと愛玩犬であろうと，メディアというものが政治的にも社会的にも大きな影響を与えうるからこそ，他のアクターや機関は，メディアと密接な関係性を持つことの必要性を感じるのである．この点において，メディアの政治的影響力というものを明確にする必要がある．

「メディア化された政治」という言葉が表すように，メディアは，現代政治や政策過程において，大きな影響力を持つ．例えば，政治家の汚職事件等がリークされた場合，その政治家が著名な人物であればあるほど，そのニュースはメディアによって政治的な波（Political Waves）のように一般大衆に広がり，それに適切に対処するように政治が動くことは，現代政治においてはままあることであり，実際，多くの現代メディア研究者が指摘している［Schorr 1997; Wolsfield 2000］．また，世界で起きる事件や事象などが，メディアによってどのように自国に影響を与えるかによっても，例えそれが，政治家たちが当選前に念頭においていなかった事象であったとしても，対応策としての政策を打ち出すことを要求されうる［Miller and Krosnick 1997］．このメディアの政府機関に特定の政策をとらせる影響は，特に，有事の際，つまり，危機等に際して，顕著なものといえる［Bennett 1997; 115-116］．例えば，前章にて，英国ノーザン・ロック取り付け騒ぎの件を取り上げたが，この取り付け騒ぎという社会的パニック（または，局所的経済危機）におけるメディアの報道が，当時のブラウン政権の経済政策に特定の影響を与えたと指摘することができる．この点は，より詳細に見ておくことは有益であろう．

2007年の8月，欧州とアメリカにおいて，サブプライム・ローン関連証券の債務不履行が金融圧迫として騒がれている頃，多くの政府関係者とメディアは，この事象を対岸の火事の様に扱っていた．この問題に対し，欧州中央銀行（ECB）と米国中央銀行（Fed）が，緊急の金融政策を打ち出し，経営不振の銀行に緊急融資などを行っていたことはニュースの題材として挙がっていたものの，多くの新聞社が，イギリスへの直接的な影響はないものと考えていた．一部，タイムス紙などは，欧州中央銀行と米国中央銀行の行動を参考に，大英銀行も何かすべきであると主張することはあったものの，特別に特集などが組まれることはなかった．しかし，その一か月後の9月13日，「速報」として英国公共放送局BBCの，当時，経済リポーターであったロバート・ペストンにより，大英銀行によるノーザン・ロック救済の報道がなされると，ノーザン・ロックの預金者たちは次々と町のATMに長蛇の列を築くことになった．このペストンの報道は，大英銀行や金融サービス機構，そして政府にとっては驚愕の事態であったといえよう．後に，大英銀行や金融サービス機構の幹部らは，ノーザン・ロックの救済については，9月14日に，正式に記者会見にて発表する予定であったことを明かしている．ペストンは，終始，情報元を公にすることはなったが，大英銀行や金融サービス機構または政府関係者からのリークがあったことは事実であろう［Peston 2008］．このペストンの政府にとってはフライング的な行為によって引き起こされた取り付け騒ぎは，最終的に，9月17日に，当時の財務大臣アリスター・ダーリンがノーザン・ロックの預金の全てを政府財源によって保証すると宣言するまで続いたのである．そして，この取り付け騒ぎとそれに関する論争は，9月の終わりまで，常に，メディアのトップニュース扱いで報道され，その対応に政府は奔走し，銀行規制の在り方とそれに関係する経済政策は，政府の最も重要な課題となっていった．

ノーザン・ロック取り付け騒ぎが，実際，ペストンの報道によって引き起こされたかどうかは議論の余地が多分にあるが，この事例は前述の政府とメディアの影響を表した現代メディア研究の考え方を証明するうえで十分なものであろう．つまり，政治的なリークと危機的状況の中で，メディアが政治的な波を作り，政府は政策作りに奔走させられるということである．

前述のように，メディアの役割は，危機的状況下において顕著なものとなるが，危機的状況下でなくとも日常的なメディア活動による政治的影響を理論化するメディア学者も存在する［Rogers, Hart and Dearing 1997］．例えば，代表的な研究者にシャントン・アイエンガーが挙げられる．アイエンガーは，社会心理学の観点から，メディアによってどのように事象が報道されることによって，その受け手に，事象の特定の見方を構築し，政治に影響を及ぼしうるかを理論化し実証している．

アイエンガーによれば，メディアの政治的な役割と効果は，アジェンダ・セッティング（Agenda Setting），プライミング（Priming）とフレーミング（Framing）の3つに分けられる．アジェンダ・セッティングとは，ニュースの重要性を規定する効果である［Iyengar 1991; Iyengar and Kinder 1987; Iyengar and

Simon 1997］．例えば，前述の取り付け騒ぎの件で言えば，取り付け騒ぎが起きる前までのニュースは，ある町の殺人事件や政治家の汚職などが問題になりえたかもしれないが，そのような他の事象ではなく，銀行取り付け騒ぎが最も重要な事象として取り扱われる効果である．そして，このアジェンダ・セッティングによって設定された議題を，政府や関係機関がどのように対処したかの評価基準を設定するのがプライミング（Priming）と呼ばれるものである．つまり，取り付け騒ぎが最も重要な事象として扱われる際，政府がどのようにそれに対処するかというものの評価基準をメディアが提供するということである．例えば，取り付け騒ぎに際して，特別な処置を行わず，銀行規制に関しても，特に見直し政策をとらないということも政府は可能であるが，それが不可能となるのは，政府のとるべき行動への評価基準がメディアによって一般に普及されているからであるというのが，プライミング効果である．そして，最後のフレーミングは，報道時において，報道する事象のどの部分を切り取るかということである．例えば，ペストンの影響を前述で指摘したが，このペストンとBBCの報道については，特にメディアで問題として報道されることはなかった．メディア報道の基本的な描写は，大英銀行の対応の遅れと，ノーザン・ロックの問題を予期できなかった規制局金融サービス機構の失敗，または，ノーザン・ロックの行き過ぎた経営の中で，被害にあった預金者というものが主流であった．したがって，この3つの効果により，メディアがある事象と政府のそれに対する対応を，どのように位置づけ，どのように理解し，どのように評価するか，というメディアの解釈が政治と世論に多大な影響をもたらすのである．

以上のように現代メディア論を概観することで，メディアと政治に対する影響力が明確になったであろう．このメディアの影響力と他のアクターや機関との関係性から，メディアをメディア化された政治に置ける新たな政治機関として捉える学者もいる［Cook 2005］．つまり，記者クラブの様に，メディアが政府の広報役としての役割を担いつつも，アイエンガーらが主張するように，政府の関心事と世論を作り出す機関としても機能するということである．このことから，政策過程における，メディアの役割というものが明らかになってくるが，この現代メディア論をそのまま政策研究に応用するにはいくつかの限界が存在する．

――メディア論の限界

現代メディア論における共通の限界とは大きく分けて，メディア中心主義とメディア一括主義という言葉で表すことができるであろう．これら2つの限界は相互関係にあるが，1つずつ独立して見ることで，どのようにこの限界というものに対処すべきなのかが明確になる．

1つ目のメディア中心主義とは，例えば，アイエンガーらが主張するアジェンダ・セッティングからプライミング，そしてフレーミングに至るまでの理論化と実証研究は評価されるべき点はあるが，この理論の中でのメディアと政治の関係性は，メディアと政府機関の関係のみが想定される傾向にある．例えば，前述の知識人等との関係性を考慮せずに，メディアが情報の発信源であり，世論と呼ばれるものの基盤を作り出すという想定である．これは，メディアによる大衆や政府に対しての機能の観点でいえば，メディアの1つの政治的効果の研究として問題はないと言えるが，往々にしてそれ以上が主張される傾向にある．

例えば，現代メディア論において，情報の掌握と供給がメディアに集中することで反民主主義的であるという主張がメディア研究内にて主張されることが多々ある．しかし，このような主張でメディアのみを批判の的，または，メディアのみに改善を促すことは，メディアの中のアクターが情報の性質を全て理解しているという想定に陥ってしまう．つまり，メディア研究における，合理主義的想定である．しかし，現実には，メディア・リポーターが政治について語る際，それを識者らの見解や高等教育などで培ってきた知識等を抜きにして語ることは不可能であろう．このような，メディア中心主義的主張は，例えば，武田［2006］が主張するように，メディア研究に対するジャーナリズムへの過度な期待，もしくは，パトリオティズム的なものもありえるであろうが，往々にして政治理論の応用の欠乏が指摘できる．例えば，1997年に，現代メディア論を代表するアイエイガーとリーブスによって *Do the Media Govern?*（メディアによる統治？）という編著が出版されたが，タイトルに反して，統治（Governance）について中心的に論じているものは収められていない．同様の指摘が「メディア化された政治（Mediatized Politics）」理論［Lance and Entman 2000］などにもいえる．このような点から，メディアと他のアクターや機関との関係性が重要となるのである．

2つ目のメディア一括主義的限界とは，メディアを1つの機関として捉え，その政治的機能を主張するということである．つまり，新聞各紙の違いなど，メディア内の違いを無視してしまうということである．このよう一括主義をもとに，特定の既得権益（政党や省庁，大企業）との結びつきによって，メディアが構築するアジェンダ・セッティング，プライミング，そして，フレーミングというものが，特定のインタレストのみを代表し，一般民衆の世論を構築し，扇動しているという主張がなされる場合があるが，この主張は，メディア中心主義の主張から抜け出しはすれども，現実の複雑さを無視したものといえる．このメディア一括主義に対して，メディア論の中には，メディア内における，または，メディアを含んだネットワーク間闘争を指摘する研究者もいる．

例えば，内山［1999］は，メディアの役割をミラー，アリーナ，アクターという様に分類したメディア論を展開している．ミラーは，事実を映し出す役割であり，アクターは政治的主体として直接的に意見などを表明するということである．そして，アリーナにおいては，メディアが様々な識者や一般人の意見を取り入れるため，異なる意見のコメンテーターとして新聞記事に招聘したり，または，テレビ討論等に呼ぶことを指している．このアリーナの役割の指摘は，メディアにおける一元的な情報の発信というものに対して，多様性と複雑性を認めている．また，メディアの複雑性という点では，例えば，選挙キャンペーン等の政治的対立において，メディアが直接的に特定の政党や立候補者につくことで，政治活動に影響を与えていることを指摘する研究者もいる［Ansolabehere, Iyengar and Simon 1997］．しかし，このような研究では，逆に，メディアの役割に重点が置かれることで，最終的に，メディアにとっての政治との関係性のみがメディア中心主義的に検証されることになり，政治機関にとってのメディアとの関係性の考察が薄れる傾向にある．

以上の現代メディア論における限界を指摘することで，メディアや知識人，そして政府やその他の政策過程に影響を及ぼしうるアクターや機関の関係性を大局的に明らかにする理論が必要となってくる．この点において，アクターや機関のつながりを理解したネットワーク論というものが重要となってくるが，ネットワーク論の展開を明らかにする前に，政治経済におけるアクターや機関の関連性を大局的に理解した理論の1つとしてマルクス主義のイデオロギー論に触れておくこととする．

第 8 章
マルクス主義のイデオロギー論

様々なアクターや機関の関係性が政策過程に影響を及ぼしうることを前章では指摘したが，その関係性というものをより大局的に理解する必要性もまた前章の最後にて指摘した．ここでいう，大局的に理解するとは，つまり，知識人やメディアの役割を認めつつも，それらの役割を過大評価しすぎずに，どのように政治に影響を及ぼしているかを見るということである．本章では，そのようなアクターや機関の関係性への大局的な視座の1つとして，マルクス主義のイデオロギー論を考察する．

マルクス主義は現代社会科学，こと，経済学においては排他的に取り扱われる傾向にある．この点は，後章にて「イデオロギーの終焉」という観点から再度確認するが，現代社会科学に多大な影響を持つことは事実であり，現在でも多くの社会科学的な研究においても重要な視座を提供していることは否定できない．後章のネットワーク論や第3部において明らかにする理論やアプローチも，やはりマルクス主義を批判的に踏襲することで誕生したアプローチである．とはいうものの，どのように踏襲するかには違いがあり，どの点においてマルクス主義的研究を発展させ，反対に，どの点においてはマルクス主義的世界観から脱したかについては，明らかにする必要がある．そのためにも，一度ここで，マルクス主義に触れ，その限界についても言及することで，マルクス主義的なアプローチがどこまで大局的な政策分析において有効であるかを明確にすることとする．

本章では，マルクス主義のイデオロギー論に着目するが，マルクス主義のイデオロギー論の中でも，特に重要になるのが，マルクスのイデオロギー論とアルチュセールのイデオロギー論である．これらのイデオロギー論が政策研究において重要になる理由は，知識人やメディア等が普及させる情報や考え，思想というものが，どのように「常識」というものを作り出し，それをもとに「現実」というものが構築され，再生産されているかを明確に理論化しているからである．前述の知識人の説明にて指摘したように，経済政策などは，知識人の間で共有されている「常識」にそってアジェンダ設定や立案・執行がなされている．したがって，どのように，「常識」というものが構築されるか，という点を明らかにすることは，政策過程研究において非常に重要となる．しかし，他方，このような理論は第5章でみた構築主義らによって既に指摘されているように思われるかもしれない．事実，構築主義の基礎的理論を提唱したフーコーは，アルチュセールの弟子であり，彼の統治論などの理論は，アルチュセールの理論を多分に参照している．したがって，構築主義の理論のベースとなるマルクス主義の理論を理解することで，構築主義の知見がより深く理解できるが，特に，アルチュセールのイデオロギー論は，アクターや機関の関係性という点においては，次章のネットワーク論を理解するうえで，非常に重要な理論となる．とはいうものの，やはり，マルクシスト的理論には限界があり，その点は本章の最後に明確にする．

マルクスとイデオロギー

マルクス主義とは，その名のとおり，ドイツの哲学者カール・マルクスによって発展した共産主義理論をもとに構築された政治イデオロギーである．マルクス主義は，前章までに，随所で触れてはきたものの，明確な説明は避けてきた．その理由としては，マルクス主義の理論と解釈の多様性が挙げられる．マルクス自身が唱えた理論とマルクス主義と呼ばれるイデオロギーとの差異もあり，さらにマルクス主義間における違いもあるため，一様な説明は不可能であると考えられる．とはいうものの，その多様性の中にも，いくつかの根源的な共通点が存在する．特に顕著な共通点は資本主義批判である．マルクスの資本主義批判は，西欧哲学中期の哲学者フリードリッヒ・ヘーゲル［Hegel 1807］の「疎外」という概念がもととなっている．

――疎外論とイデオロギー

ヘーゲルの「疎外」という概念についても解釈は多々存在するが，「人が作り出したモノ」とその「意図していたイメージ」の差を意味する．例えば，今，この本を作成しているが，出来上がりと当初意図していたモノとはかなり異なるものとなっているであろう．この差は，作者が作品から疎外された状態という様にいうことができる．つまり，ヘーゲル的疎外とは，作品が作者の意図とは異質なモノになるということを意味する．そして，さらに，この異質なモノになった作品は，イメージの中では，作者によってどのようにも扱うことができたにもかかわらず，1つの独立した存在になる，ということも意味していた．この疎外論に関してヘーゲルは，哲学的な考察までにとどめたが，マルクスはこのヘーゲルの概念を経済学や資本主義の批判分析に応用した．

マルクスの疎外論は，資本主義批判と共に彼の生涯の一貫した研究テーマであったが，特に彼の初期の（未完の）著書『ドイツ・イデオロギー』［Marx 1926=1996］の中で，経済システムのイデオロギー批判とともに展開された．マルクスにとって，（後に資本主義という言葉で批判されるようになる）経済システムの問題は，日々日常の経済活動が，人々が無意識的に受け入れた社会の成り立ちとあり方に関する思想，つまり，人々の生活を支配するイデオロギーによって成り立っているということであった．マルクスのこの経済活動を支配するイデオロギーに対する批判は，それまでの，そして，当時の哲学者や宗教家などの思想家に対する批判がもととなっている．

例えば，哲学者や宗教家が人間や物事の本質というものを主張することで，さながら，神の世界や形而上的な世界から降りてきたものの体現として，人や物事というものを規定するが，マルクスはこれを幻想的な考えとして否定する．このような幻想的な考えに対し，人や物事を規定するのは，神や形而上学的な世界からのトップ・ダウンではなく，神や形而上学的なモノを思想し，語り，そして，それが神聖化または概念化されることで，人や物事を規定するのだとマルクスは主張したのである．つまり，マルクスは，トップ・ダウン的な世界観を否定し，そのトップ，つまり，形而上的な存在は，その形而下の存在である人間によって作り出されることで形而上的に扱われ，そしてその形而上的思想や概念が形而下の人間を支配するということであった．そして，この思想による支配は，マルクスにとって，社会的な思想と人間の間の疎外関係を意味していた．叙述のヘーゲルの疎外論で見たように，まさに人が作り出した思想というものが，人から離れ，そして独立した存在になったということである．しかし，マルクスにとっては，その独立した存在は，最終的に，イデオロギーとして，人を支配するようになっていったのである．

イデオロギーと疎外論の理論は非常に複雑なものであるが，第2章でみた制度主義と構築主義の関係において理解することができる．例えば，制度というものは，人が作りあげた約束事であるが，その約束事という人工物は，アクターの行動を規定し，行動を支配するものであるというのは第2章でみたとおりである．つまり，制度内のヒエラルキーによってアクターの役割が決まり，パワー・バランスによって行動の権限が規定されるということである．実際，マルクスにとってもこの制度主義的アプローチのようなアクターの関係性は，経済システムを理解するうえで重要であった．

――経済システムと共産主義革命

例えば，経済が発展するにつれ，分業という形で諸個人の役割は経済システムの中で決定される．つまり，政治家は治め，商人は商い，技術者は作り，農家は耕す．しかし，この経済システムにおける分業は決して，公平な役割で分配されて維持されているものではなかった．むしろ，この経済システムと分業による生産過程は，支配的なヒエラルキーによって維持されているとマルクスは指摘する．例えば，ヨーロッパの中世では，国王や貴族が特権階級として扱われ，その特権階級に農民などが従属する形で国家を形成していた．このようなヒエラルキー的システムは，他の国や他の時代にも見ることができる．例えば，インドのカースト制度などが代表的なものであるが，マルクスはこのようなヒエラルキーこそ，特権階級の生産過程における地位を確立するために作られたイデオロギーの体現であると批判した．つまり，このような社会的・文化的ヒエラルキーと呼ばれるものは，昔から存在し，形而上的かつ神が与えた絶対的なものであるかのように扱われるが，それは，特権階級が作り出した特権階級の地位とそれを正当化するための思想とシステムであるということがマルクスの主要な指摘である．

以上の事よりマルクスにとって，経済システムとは，特定の特権階級を守るための思想が，イデオロギー化し，それに従属する人々が疎外されるシステムのことを意味するのである．そして，マルクスによれば，人類の経済史とは，その特権階級とそれに支配されるものとの階級闘争の歴史であり，現代においては，資本主義というシステムの中で，資本家（持つ者）と労働者（持つ者の下で働かされる者）の対立として表出している．そして，この支配されている労働者を開放することで，経済システムとそのイデオロギーによる疎外から脱出することが可能であると，マルクスは主張し，労働者による共産主義革命の正当性を説いたのである．

『ドイツ・イデオロギー』は，その後，未完のまま出版されることなく，その思想はその後，『資本論』［Marx 1962-1964=1972］などにて，さらに発展されることとなった．しかし，マルクスのイデオロギーについての考察は，この『ドイツ・イデオロギー』の中で最も顕著に発展させられたものである．このマルクスのイデオロギー論は，どのように経済とそのシステムというものが構築されているか，という構築主義的な観点において重要な理論であり，実際，現代イデオロギー論の多くは，このマルクスの経済イデオロギー論を批判的に踏襲し，発展させた学者達により構築されていったものである．しかし，特に，マルクスの上記の理論で重要となるのは，思想という形而下の活動が形而上的なモノへと昇華されることで形而下の人間を支配するというイデオロギーに関する疎外論的解釈であろう．この考えは，その後，フランスのマルクス主義者ルイ・アルチュセールによって，資本主義システムにおける支配的思想とシステムの再生産という考えのもと発展していく．つまり，形而上的に，絶対視された社会構造や生産過程，そして，それにかかわるヒエラルキーの正当性というものは，人間の日々繰り返す日常としての経済活動によって，歴史的に持続させられているということである．

アルチュセールのイデオロギー論

アルチュセール［Althusser 1995=2010］によれば，『ドイツ・イデオロギー』以降のマルクスの著作においては，イデオロギーという概念は，応用はされど，それ以上，発展することも主要論題とされることもなかった．むしろ，マルクスにとって，経済システムというものが，資本家階級たちのイデオロギーによって成り立っているのであれば，その支配的イデオロギーの転覆こそ，労働者階級による共産主義革命へとつながると訴えられていた．このため，マンハイムの相対的イデオロギー解釈の際に言及したように，多くのマルクス主義者が，「イデオロギー＝社会的な誤った思想」として捉え，その排斥を訴えるに至った．しかし，アルチュセールは，この「イデオロギー＝社会的な誤った思想」の構図は，本来マルクスが意図したものではないと主張し，むしろ，マルクスは，支配的イデオロギーを排斥するために，それに対抗するイデオロギーを確立する必要性を十分理解したうえで，革命運動と研究活動に臨んでいたと捉えたのである．そして，このように，マルクスのイデオロギー論を再評価し，大きく発展させる形で，アルチュセールは，より徹底したイデオロギー論を展開していった．

―― 国家装置と自明性

アルチュセールのイデオロギー論は，どのように経済システムの再生産というものが行われているか，という問を中心に展開されている．再生産とは，前述の「政治家は治め，商人は商い，技術者は作り，農家は耕す」といった経済活動が日常として，日々繰り返されることを意味する．この経済システムの再生産を考察するうえで，アルチュセールは，「国家装置」と「国家のイデオロギー装置」という2つの概念の導入をしている．

国家装置とは，国会から内閣，また，各省庁から，地方議会，そして，軍隊や警察等といった公的な機関や権力を表している．この国家装置は，アルチュセールによれば，日常の経済システムの再生産というものを抑圧的に，そして時に，暴力的に監視する公的な機関である．より具体的に言えば，例えば，マルクスやマルクス主義者が唱えるような労働者による共産主義革命等の，資本主義的経済システムの転覆を企てる者を監視し，時には，警察や機動隊等の出動によって取り押さえることで，経済システムの変革の可能性を抑圧しているということである．しかし，この経済システムの変革の可能性を抑圧する国家装置の存在のみでは，経済システムの再生産は維持されないとアルチュセールは主張する．むしろ，経済システムの再生産を担うのは，人々の中に溶け込んだ思想や規律，モラルなどのイデオロギーによる自明性に基づいた自発的な行動によるものであると主張するのである．

自明性に基づいた自発的な行動とは，例えば，日々の経済活動において，「紙幣」と呼ばれる紙を使って，売り買いがなされるが，所有しているその紙が購入物と交換可能であるということが当然のこととして買い手と売り手によって理解されているからこそ日々の経済活動は成り立っている．したがって，紙幣として認知される「紙」とその経済的交換機能は，買い手と売り手の間では「自明（当たり前）」のこととして認知されているが故に，「買う」「売る」という行動が自発的に行われるのである．そして，更に，この日々の経済活動は，他の自明性に基づいた自発的行動によっても維持されている．例えば，物を盗んではならない，偽札を作成・使用してはならないといったようなものである．これらの行動がなされないのは，その行動の目の前に，「国家装置」の一端である警察等が実際に監視しているからではなく，そのような行動を「当然してはならない」という「自明性」により，自発的に抑制されているのである．そして，この行為の自明性は，「法」や「道徳」の自明性に依拠するとアルチュセールは主張する．つまり，ある行動をとるべきでないのは，当然，「法」で決まっているからであり，その「法」が定められたのは，当然，平等などの「道徳」的規準のためである．そして，「道徳」的規準があるのは，当然，皆が欲するからである．このように，自明性の連鎖こそ，諸個人の行動の源泉であり，したがって，諸個人はその自明性をもとに自発的に行動するに至る．しかし，この自明性によって，主体に，特定の自発的な行為をとらせることこそ，イデオロギー装置の賜物であるとアルチュセールは主張する．しかし，ここで注釈すべきは，イデオロギー装置の機能は「国家装置」と同義語ではない．この「イデオロギー装置」という概念を明確にするためには，前述の法や道徳の自明性がどのように再生産されているかを明らかにする必要がある．

―― イデオロギー装置

アルチュセールにとって「イデオロギー装置」とは，特定の法や道徳などを一般民衆に普及または訓練させる機関や制度を意味している．特に，アルチュセールにとって，重要なイデオロギー装置とは「教育」であったといえよう．前述で，法や道徳の自明性について述べたが，それらが，一体いつから，アクターにとって，自明（当然）となったのか，という問に対して，アルチュセールは教育の役割を指摘する．つまり，教育において，幼少期から，社会における当然の約束事や決まりごとを教わることによって，一般民衆はその自明性を学ぶのである．そして，特に，大学などにおいては，その自明性の証明や正当性などが権威のもとに強化され，普及していくのである．しかし，アルチュセールにとってこの教育のイデオロギー装置とは，ただ単に，子供が大人になるうえで諸所のことを自明なこととして学んだり，研究が行われたりするだけの場所ではなく，その後の経済活動における様々な所作を学ぶ場所と位置付けている．例えば，学校にて，正しい言葉遣いを学ぶだけではなく，その後，生産活動等において部下に正しく命令することや，上司からの指示を正しく認識する方法等を学ぶのである．したがって，アルチュセールによれば，この自明的なことを学び，そして経済主体としての訓練を受けさせることで，経済システムが再生産される仕組みが成り立っているのである．

アルチュセールにとって，教育のイデオロギー装置が，思想や規律，モラル等についての自明性を教育し，維持する装置として最も重要視されているということは前述のとおりである．しかし，アルチュセールによれば，社会の自明性を保つための装置は，教育のみで成り立つのではないということもまた強調しておくべきであろう．例えば，教育的イデオロギー装置以外にも，宗教的，文化的，情報的，家族的イデオロギー装置等として社会に偏在することで，自明として受け入れられるべきことが普及しているとアルチュセールは言及している．そして，この諸所のイデオロギー装置においても，それぞれ違いが存在し，イデオロギー装置間での闘争も存在することをアルチュセールは主張している．この諸所のイデオロギー装置の考察に関しては，アルチュセール自身よりも，その後の研究者らによって発展されている．例えば，イギリスの文化社会学者であるスチュアート・ホール［1977］は，メディアのイデオロギー装置の役割を現代経済システムにおける自明性の普及において最も重要なものとして指摘している．

ホールのイデオロギー装置としてのメディアの役割は，前述のアイエイガーのアジェンダ・セッティングとプライミング，そして，フレーミングの理論に類似するものである．つまり，ある事象が起きたときに，その事象の理解の自明性をメディアが構築する役割を担っているというものである．しかし，アイエイガーらと異なる点は，一部のメディア研究者が主張しているように，そのメディアとイデオロギー装置間での闘争性である．ある事象に関する理解というものは複数可能であるが，その複数の中で，社会的に最も自明なものを作り出すために，メディアを含むイデオロギー装置間で闘争的になりうるというものである．そして，その闘争性に勝ち抜いたものが，支配的イデオロギーとなり，その支配的イデオロギーの自明性の中で，人々は日々日常を営む行為を行うというものである．この闘争の中で，ホールは，メディアと国家，または，国家装置の関係性をある程度独立性が保たれた関係性と主張しているが，アルチュセールにおいては，国家装置が，その闘争的に偏在するイデオロギー装置とそれらの関係をうまく統治することで，安定した経済システムの再生産が可能となると主張されている．したがって，複雑に絡みあうイデオロギー装置と国家装置の関係性の中で，支配的自明性が確立され，その自明性に沿って，アクターが自発的に現状のシステムを再生産することがアルチュセールのイデオロギー論にて理解できるであろう．

マルクス主義的イデオロギー論の有用性と限界

マルクス主義的イデオロギー論を明らかにしたところで，本書の目的である，「大局的に政策を分析する」ということに，これらの理論がどのように応用できるか，そして，その応用のために，どのようなことが課題となりえるかを考察する必要がある．

まず，マルクスとアルチュセールのイデオロギー論において優れた点は，どのように，思想によって経済システムの日常が構築され，さらには，再生産されるかという点を明らかにしたことである．この点は，構築主義者らの遂行性や統治性の理論と概念によっても明らかにされていたが，それらの理論のベースとしてマルクス主義のイデオロギー理論は捉えることができる．しかし，マルクス主義者と構築主義者の違いは，マルクス主義では，より，どの機関がどのような役割を果たすことで，イデオロギーと経済システムを再生産しているか，という点をより具体的に理論化している．つまり，前章で扱った知識人やメディアの政治的役割が，マルクス主義のイデオロギー論によって具体的に考察することが可能となる．さらには，第8章で紹介したような現代メディア論と違い，アルチュセールやホールのイデオロギー論では，メディア等のアクターや機関の行動や役割は，一括型で捉えられてはいない．アルチュセールやホールによれば，メディアやイデオロギー装置は，偏在し，闘争状態にあるものとして捉えられている．このことは，また，「常識」というものが，国家のなかに様々な形で偏在していることを意味する．より具体的に言えば，例えば，与党と特定の知識集団とメディアが特定の常識を共有しているのに対し，野党と別の知識集団と別のメディアが異なる常識を共有しているという様に考えられ，さらには，その異なる常識を共有するものの間で闘争状態が存在することが，指摘される．この点は，政策過程分析において重要な視座を提供するものである．つまり，第5・6章そして，前章の第7章で，繰り返し指摘してきたように，政策過程，特に，アジェンダ設定や立案などにおいて，それにかかわるアクターや機関が共有している常識というモノは，その政策過程に多分に影響を与えうる．しかし，本章のマルクス主義者らが指摘しているように，この常識というモノが，アクターや機関によって変化し，闘争状態にあるのであれば，政策もその常識により多様化し，また，闘争状態を経ることによって決定されるということになる．そして，この常識とそれによるアクター間のつながりの偏在とそれらの闘争状態というものが，この章における新たな知見として捉えることができるであろう．

しかし，前述のようにマルクス主義者のイデオロギー論の有用性を明らかにしたところで，注意すべきなのは，マルクス主義者らは，これらの理論を最終的に「階級闘争」という言葉で捉え，それをもとに政治経済を大局的に考察することを提案しているということである．このことは，特に，アルチュセールのイデオロギー論によく表れている．アルチュセールによれば，イデオロギー装置による闘争状態というものはあるが，結局，日常を作り出す支配的な常識によって，現状の経済システムとその政治体制が再生産されているということである．これは，経済政策においても同じことが主張される．実際，マルクスとアルチュセールによれば，例えば，最低賃金等の政策は，資本家や支配階級が，労働者階級にとって必要最低限の価値を決め，それを受け入れさせることによって成り立っていると指摘される．このような，マルクス主義者の「支配階級　対　従属階級（資本家　対　労働者）」という定式的見解は，経済政策を批判的に，また，マルクス主義的に大局的に考察するうえで，非常に重要ではあるものの，その主張が強すぎるために限界が生じる．

例えば，マルクス主義的分析においては，どのような経済政策が提言されようとも，それが，支配階級による国家装置の元で提言されたものであれば，どのような経済政策であろうとも，階級闘争という分析視点に還元されてしまうということである．もっとも，そのような結論に至るまでに，実際のマルクス主義者の研究は，緻密な実証がなされていることは確かである．しかし，とはいうものの，「支配階級　対　従属階級（資本家　対　労働者）」という定式で，政策やその過程，そして，それにかかわるアクターや機関の関係性を理解しようとすることは，政策分析のみならず政治経済分析射程の幅を狭めてしまう．この点において，アルチュセールのイデオロギー論を脱マルクシスト的に踏襲したフーコーの統治論が重要となってくる．

前述にて指摘したように，フーコーはアルチュセールの弟子であった．しかし，アルチュセールの最終的に階級闘争に還元してしまうマルクス主義的思考に関しては，懐疑的であり，それ故に，階級闘争という概念を除いた統治イデオロギー論を展開したのである．つまり，資本家階級の思想による統治ではなく，特定の思想により，統治が確立されるということである．

しかし，フーコー的に本章のマルクス主義のイデオロギー論を応用することでも，また，問題が生じる．それは，アルチュセールやホールが唱えるようなイデオロギーや思想間での「闘争性」である．マルクス主義的な階級闘争という概念を放棄する代わりに，アクターや機関の間に実際に存在する，例えば，保守党　対　労働党等の闘争性という点が分析的に希薄となる．実際，この点は，フーコーにおいても，残された論題であった．フーコーによれば，統治の構築には，常に思想の闘争が付きまとうが，その思想の闘争という点は，最終的にフーコーによって明らかにされることはなかった．このアクターや機関の間の闘争性というものを脱マルクス主義的に理論化した分析アプローチとして，第11章にて紹介する脱構造主義的談話分析が挙げられる．しかし，それを説明するためにも，まずは，構築主義者やマルクス主義者らが主張するような「常識」の共有によってアクターや機関が特定の関係性を構築することを脱マルクス主義的に，かつ，理論的に明らかにした，ネットワーク論の発展を考察することとする．

第 9 章
ネットワーク論

前章までは，知識人やメディア等のアクターや機関がどのように政策過程に影響を持ちうるか，そして，それらのアクターや機関が構築する「常識」等が政治経済や政策過程においてどのような影響を与えうるかを明らかにすることで，政策研究における研究射程を広範囲とらえることを示唆した．本章では，これら前章までに明らかにしたことをもとに，ネットワーク論の発展を見ていくこととする．ネットワーク論とは，前章までに，「つながり」や「関係性」という言葉で表してきたものである．また，シンク・タンクの活動にて明らかにしたように，この関係性の構築を「ネットワーク作り」として，積極的に行っているアクターや機関も存在する．ネットワーク論では，この「ネットワーク」と呼ばれる関係性を，より詳細に分析し，ネットワーク内のアクターや機関がどのように活動を行うか，ということが明確に提示されている．言葉を換えれば，このネットワーク論は，大局的な研究における骨格を提供するものとなる．つまり，前章までに紹介したアクターや機関の役割，そして，思想や制度，そして，合理性等の要素を取り入れることでアクターや機関の関係性を理論化している．

本章では，ネットワーク論がどのように発展していったかを明らかにするために，まず，「鉄の三角形」というネットワーク理を見ていく．政府機関や大企業とのメディアの関連性で見てきたように，政策過程におけるアクターの関係性は，80年代においては，政府（与党），官僚と大企業の相互依存的三角関係として解釈されてきた．このような関係性の理解は，慣習的に構築されたアクターや機関の関係性が基本となっている．つまり，慣れ親しんだ間柄のアクターや機関によって政策等の政治的決定がなされると解釈された．そして，この鉄の三角形からさらに発展したのが，政策ネットワーク論である．政策ネットワーク論では，政策ネットワークにおけるアクターや機関の関係性は，鉄の三角形が想定する関係性よりもさらに広くとらえられ，さらには，アクターや機関が所持しうる資源を基本とした相互依存的関係になりたっていると主張されている．また，この政策ネットワーク論では，鉄の三角形が比較的に慣習的に構築された関係性としてネットワークを見るのに対して，ゲーム理論的な合理主義的行動により，ネットワークは構築されると考える．そして，ネットワーク論者の中には，構築主義的な思想的なモノをネットワーク構築の要素として捉える者もいるが，この点は，更に，統治ネットワーク論や談話ネットワーク論によってより明確に理論化されている．このようなネットワーク論の発展を本章では明らかにすることで，大局的な分析射程の骨格を提供することとする．

鉄の三角形

政策過程における主要アクター間の関係性を理論化した初期のものとして，「鉄の三角形」［Ripley and Franklin 1987］という理論が挙げられる．鉄の三角形理論は研究の系譜的には，「コーポラティズム（Corporatism）」という考えに依拠するが，コーポラティズムとは，政策決定過程における影響力を持ちうるアクター同士の関係性が，政策アジェンダや政治的議題として取り扱われる問題や考慮されうる利害関係の優先順位を決定していると主張するネットワーク論である．

鉄の三角形の例として，日本では，「政・官・財」という言葉があるが，「政治家」「官僚」「財界」のつながりを意味している．そして，この「政・官・財」の関係性をジャンケンの様に表したのが，図９－１が示すような，鉄の三角形である．

つまり，第２章の制度主義で見てきたように，政治家は，制度ヒエラルキー的には，官僚の上に立ち，政策立案などにおいて命令する立場にある．しかし，実際に立法の諸手続き等は官僚が構想している．他方，官僚は，長く特定の省庁にいることにより，財界と強いつながりを持ちうる．そして，財界は，官僚の懐柔なども含め，資金面などにおいて政治家をバックアップし，政治家はできるだけその財界にとって好ましい政策立案や政治活動を行うということである．この３つのアクターもしくは機関の関係性は，時代や地域により異なり，こういった点で，時代性や地域制が現れる慣習的な関係性ともいえよう．例えば，1960・70年代のイギリスにおける鉄の三角形は，「政府」「労働組合」「雇用者」の関係で構築されていた．つまり，戦後社会主義体制の中での国営工場

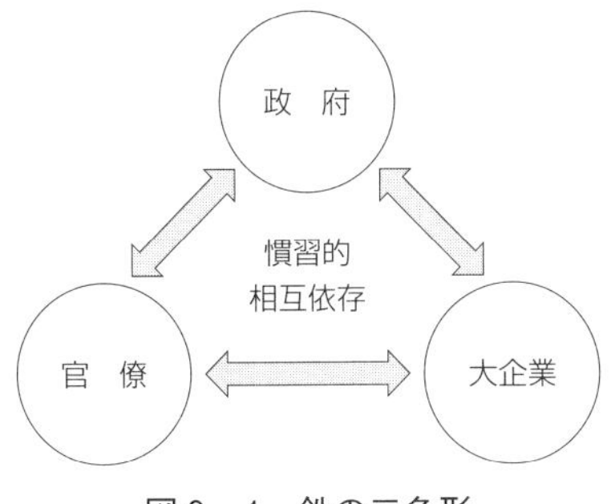

図9－1　鉄の三角形

において，雇用者と政府のつながりは強かったが，労働者の団結は労働組合によって確固たるものとなることで，特に労働者を基盤としていた労働党の政治家に影響力を持っていたということである．

政策学をはじめとする政治学においては，「鉄の三角形」理論は多分に研究された理論であった．特に，政界と財界の癒着を象徴する「縁故資本主義（Crony Capitalism）」［Cawson 1986; Schmitter and Lehmbruch 1979］的関係性して批判的に分析された．しかし，コーポラティズムや鉄の三角形理論は，一時は，潮流を極めた理論ではあったが，より政策過程における研究射程を広げるため，ネットワーク論は，さらに政策ネットワーク論（Policy Network）や統治ネットワーク論（Governance Network）というものへと発展していった．

政策ネットワーク

政策ネットワーク論とは，「鉄の三角形」や「コーポラティズム」的関係性が，各省庁や政治機関にそれぞれ偏在しうるという考え方である．つまり，鉄の三角形理論が特定のアクターと政党の関係性のみを焦点とするのに対し，そのような関係性が他の政党や政治機関にも存在するという考えである．しかし，政策ネットワーク論のネットワーク論としてのより顕著な特徴は，そのネットワーク的関係性の中でのアクターの動きを，より動的に捉えたことに特徴があるといえよう．

例えば，政策ネットワーク論のパワー依存型アプローチと呼ばれる理論においては，政府や省庁，そして，大企業等の機関が，お互いが所有する情報や権限，金銭的な資源等をそれぞれの利益や目的に利用するために依存しあいながら，ネットワークを形成すると考えられている［Rhodes 1996; 1997; 2006］．また，合理的選択型アプローチでは，ゲーム理論的手法をもとに，そのネットワーク形成とそのダイナミクスにおける理解を展開している［Sharpf 1997］．この2つの理論をまとめて，政策ネットワーク論は図9－2のように理解できるであろ

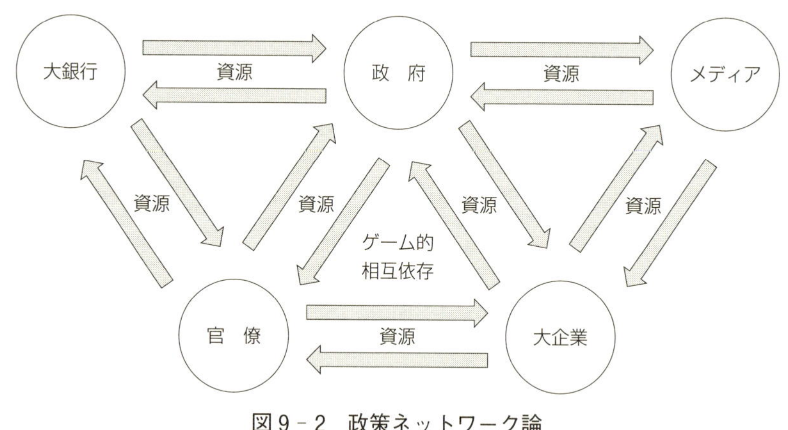

図９－２　政策ネットワーク論

う.

つまり，様々なアクターや機関が，お互いの資源において，ゲーム的に，もしくは，戦略的合理性に基づいて相互依存的に関係性を構築しているということである．実際，このようなアクターや主要機関の関係性は，政策過程を理解するうえで重要な視座を提供するといえる．したがって，より具体的に，政府機関と主要機関とのやり取りを理解するうえで，経済政策におけるネットワーク的なアクターや機関の動きを考察するのは有効であろう．

第３章や第６章において，2007年から始まる金融危機における米・英政府と銀行間のやり取りをゲーム理論的に理解したが，この実際のダイナミクスは，政府機関と銀行間のネットワークをベースにやり取りが行われていた．例えば，よく知られている例として，リーマン破綻直前に開かれた米国財務長官ヘンリー・ポールソン主導による大手銀行との「リーマン・ブラザーズ売却」に関する密会が挙げられるであろう．リーマンの経営悪化が如実に表れた2008年９月の中頃，ヘンリー・ポールソンをはじめとする米国政府は，基本的に政府機関による銀行救済は行わないという方針を明らかにしていた．しかし，リーマン・ブラザーズという大手投資銀行の破綻の可能性を目前にして，何もしないということもできず，市場による解決を促すため，話し合いの場が持たれたのである．この密会におけるポールソンのメッセージは，「政府ではなく，銀行が救済を行うことで，政府の介入を避ける」というものであったが，最終的にこの目論見が失敗したことは，第６章にてゲーム理論的に説明したとおりである．しかし，政策ネットワーク論的にこのケースが重要であるのは，政府機関は，銀行の金銭的な能力と金融街の経済的な影響力をよく知っていたということである．より詳細に言えば，政府や政府機関は，どのアクターや機関が特定の経済政策等に関して影響を及ぼしうるか，また問題を解決する際の鍵となるかを理解し，またそれらのアクターや機関と特定の関係性を築けているということである．

実際，財務長官であったポールソンの前職は，アメリカ大手銀行のゴールドマン・サックス社長兼最高執行責任者であった．このことより，当時の銀行における主要メンバーや，主要銀行の経営状態や財政状態をよく理解していたといえる．反対に，密会に招集された銀行家達も，ポールソンと政府機関が，自分達の財政能力を理解したうえで話し合いをしていることも理解しているし，どのような考えを共有しているか理解していた．その考えとは，例えば，政府機関の望み通りの行動をとれば，政府に貸しを作れるということや，その行動に対するリスク，また，そのリスクをとることによって他銀行との関係性も変化しうるということである．このように，合理的にお互いをよく知るアクターや機関同士によって，ネットワークは形成され，（特に危機などの有事においては顕著に）政策過程に大きな影響を与えうるといえるであろう．

このように政策ネットワーク論を見ることで，政策過程におけるアクターという考え方の視野が広がることが判る．これは，ヒエラルキーを重視する制度主義的アプローチとヘテラーキーを重視する合理主義的アプローチの融合とも捉えることができるであろう．制度主義的アプローチの主な主眼は，政府や政府機関内での関係性である．つまり，与党や野党の関係性，また，独立した中央銀行と内閣との関係性などである．そして，これらの関係性は，基本的には，制度的ヒエラルキーの関係性を意味していた．しかし，合理主義的アプローチでは，ヘテラーキー的なアクターや機関との関連性の中での政策過程にも焦点が当てられていた．そして，政策ネットワーク論においては，政府のヒエラルキー的なアクターや機関との関係性は重要視するものの，その制度的ヒエラルキー外のアクターや機関との関係性がネットワークとして捉えられていた．つまり，政策ネットワーク論におけるアクター同士の関係性は制度的パワー・バランスのみではなく，財産や権限，情報などの資源に基づいたヘテラーキー的関係性の中でのパワー・バランスも主張されている．そして，その関係性の中での合理的な行動と関係性の編成というものが研究対象となるのである．このことより，政策ネットワーク論が，より広範囲な研究視座を提供していることが理解できるであろう．しかし，政策ネットワーク論が提示した研究射程の拡大の有用性は認める一方で，顕著な限界が存在する．その限界とは，ネットワーク構築における思想的なモノの役割を軽視する傾向と，それにより，政策ネットワーク論者が想定する政策過程というものが比較的閉じられた空間を想定することになりうるということである〔Blanco, Lowndes and Pratchett 2011; Richardson 2000〕.

政策ネットワーク論の中には，「忠誠心」等のような思想的なモノに近い概念をネットワーク構築の役割に認める研究もあるが，最終的に資源を中心とした相互依存によるネットワークの構築が分析の主眼となる．これにより，政策過程において，その相互依存関係に直接関与するアクターや機関のみが分析の射程となることで，政策過程というものが閉じられた空間の中で進むことが前提となるのである．より具体的に言えば，図9－2が示すように，ある政策においては，政府と大銀行と官僚，そして別の政策においては，政府と大企業とメディア等を中心に，それらアクターや機関の相互依存的行動によって政策過程が進むということである．これは，また，政策過程というものが，主要なアクターや機関の関係性をお互いに合理的に理解した行動によって政策過程が進むということも意味しえる．しかし，前章の諸所で見てきたように，それらの閉じられた空間のアクターが，独自の合理性に基づいて行動を行うと想定するのは，合理主義的想定に陥ってしまう．したがって，合理性が，どのような思想に基づいているかという構築主義的視点が，ネットワーク構築を理解するうえで重要となるであろう．実際，以下で見ていく統治ネットワーク論や談話ネットワーク論では，ネットワーク構築における思想的なモノの役割を認めることで，その研究射程を更に広範囲に広げることを提唱している．

統治ネットワーク

政策ネットワーク論と統治ネットワーク論は類似性が高く，相互補完的な部分がある．実際，政策ネットワーク論者の多くが，統治ネットワーク論を意識した形で，その理論や研究を行う傾向にあることは事実である．しかし，他方，統治ネットワーク論者は，やはり，政策ネットワーク論との違い，より厳密言えば，政策ネットワーク論を踏襲した新たな理論としてその理論構築と実証分析を行う傾向にある．したがって，統治ネットワーク論を語るうえで，政策ネットワーク論との顕著な違いを考慮しつつ理解されるべきであろう．

統治ネットワーク論が提唱され始めた背景として，現代統治論の新たな考えである「脱政府化（De-governmentalisation）による統治」［Rose 1999］という概念の影響が挙げられる．脱政府化とは，いままでのネットワーク論が，政策過程等において政府や政府機関をその中心として考えるのに対し，政府や政府機関がある程度重要な役割を保持しつつも，他のアクターや機関との関係性や相互影響的な活動の中で政策決定や政策執行などが行われるという考えである［Sørensen and Torfing 2005; 2006; 2009; Marcussen and Torfing 2006］．この脱政府化の考えのもとに，統治ネットワーク論以前のネットワーク論者は，政府を中心としたアクターや，様々な機関の政策過程における関係性とやり取りのフィールドをネットワークとして捉える一方で，統治ネットワーク論者はネットワーク論というものを，より社会現象的かつ新たな統治体系の形として捉える傾向にある．それゆえに，統治ネットワーク論では，ネットワーク形成とそれに含まれアクターや機関をより広範囲に考え，例えば，メディアやシンク・タンク，NGO や NPO 等のつながりを踏まえて，それらの比較的フレキシブルな関係性をネットワークと呼んでいる．これは，後章にて「知識基盤型経済」という概念の紹介にてさらに詳しく述べるが，現代社会において，パソコンやインターネット，携帯電話等の普及によって専門的な知識や考えが，社会的に広範囲に普及し，その知識や考えをもとにコミュニティーとネットワークを形成することがたやすくなったことが大きい．そして，この知識や考えをもととしたネットワークの形成という点が，叙述で言及したネットワーク論に対する構築主義的影響である．

例えば，イギリスの政治について統治ネットワーク論的に考察するならば，イギリスの政治は基本的には二大政党制であり，保守党と労働党が代わる代わる与党となる歴史を有する．統治ネットワーク論以前の考えでは，どちらかの政党が与党となった際，その与党のネットワーク内のアクターと機関のやり取りの影響下での政策過程が焦点となっていた．しかし，統治ネットワーク論では，図9－3が記すように，どの党にも複雑で広範囲なネットワークを有していることが指摘されている．

図9－3をより具体的に理解するとすれば，例えば，保守党は経済政策では自由主義的な傾向にあり，さらには歴史的に，富裕層をその支持者とする傾向にある．これにより，自由主義的経済思想を掲げるシンク・タンク等とのつな

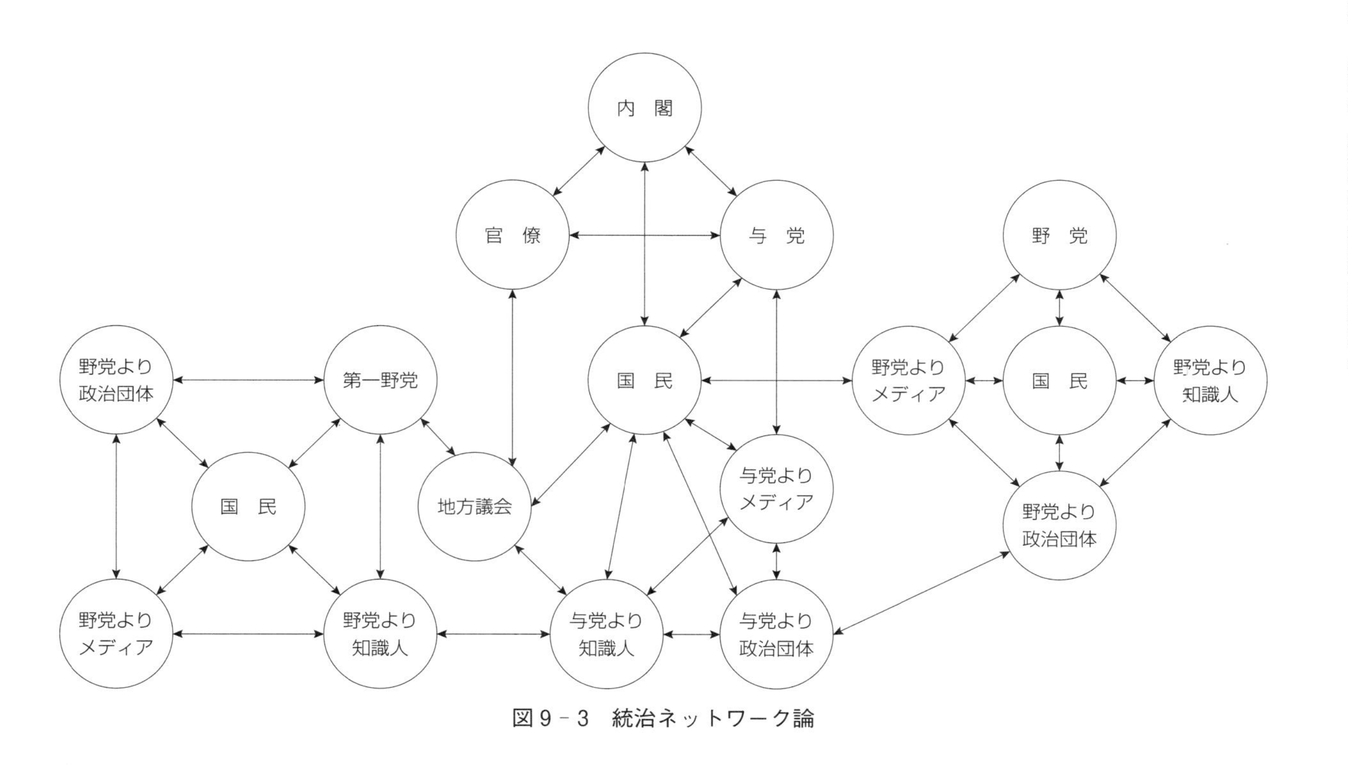

図9－3　統治ネットワーク論

がりが，党や党員の間で強く，それらシンク・タンクが開催する学会にて自由主義的思想の経済学者や大手企業のつながりを持つことで，政策へのアドバイス等を得る機会を持つ．また，イギリス大手新聞社であるタイムス紙などでは，基本的には保守主義的スタンスをとっているため，選挙時等において，社説やコメント欄にて，保守のとるべき姿勢等が活発に議論され，実際に保守党議員がコメント欄に寄稿することが多く見られる．このことより，保守党は，シンク・タンクや学界，企業，そして保守的なメディア等とネットワーク的つながりを持つこととなるが，シンク・タンクや学界の研究者らが開く一般向けのフォーラムにて，また，メディアの報道を通じ，支持層を増やすことで，民衆とのつながりということも構築していくことができる．反対に，労働党もほぼ同じ様なネットワークを有している．社会主義的，いわゆる，左派的思想の傾向にあるシンク・タンクや研究者，また政党の理念に共感する企業とのつながり，そして，ガーディアン紙等の左派傾向の媒体によって，労働党の方針が論じられ，大衆とのつながりが形成されていくといえる．しかし，他方で，政党上は，ネットワークは明確に分かれているようであっても，例えば，地方議会や政治団体，異なる知識人同士で，ネットワークの異なる部分では，相反するネットワークがつながっている場合もある．これが，統治ネットワーク論者が想定するネットワーク社会における政策のネットワークである．

このように，政府機関や特定の企業，そして，官僚といったような直接的に閉じられたフィールドをネットワークとしてとらえるのではなく，広く様々なアクターや機関とのつながりをネットワークとして理解することが統治ネットワーク論の強みがあるといえる．また，アクターや機関を公的なモノに限定しないことで，地域性の差異等に対しても研究において柔軟に対応できることも指摘できるであろう．例えば，前述のイギリスの件は一例であり，どのような団体と政党や他のアクターや機関が結びつくかは，時代性や地域制が存在する．ドイツ等であれば，政治的な力を持つ団体としてキリスト教団体が重要になり，また，現代的な社会問題においてグリーン・パーティー等の環境問題を重視する団体とのネットワークは重要なものになるといえる．同様に，特定の宗教団体や宗派，大企業と政党のネットワークは日本政治を理解するうえでも非常に重要なものであろう．

しかし，広範なネットワーク理解を統治ネットワーク論は指摘する一方，どのように異なるネットワーク間が統治状態になり，またそれが政策過程においてどのような影響を及ぼすかの実証的な部分が希薄になる場合がある．より明確に指摘すれば，統治ネットワーク論では，相対的かつ総体的なネットワークの広がりが指摘され，さらに，その広範な広がりを指摘する際，アクターや機関，そして異なるネットワーク間のヘテラーキー的関係性を重視するため，最終的にどのように政策などが決定されるかというダイナミクスが至極曖昧になってしまう傾向にある［Jessop 2000; 2011］．しかし，他方，その名が示す通り，統治ネットワーク論者達は，ネットワークの広がりによる政治体制の統治ということも主張している．この統治という点において，統治ネットワーク論者の多くは「メタ・ガバナンス」という概念を用いて，ネットワーク間とネットワーク内における特定のアクターや機関のヒエラルキー的優位性を指摘している．

メタ・ガバナンス

メタ・ガバナンスという概念は，「統治の統治（Governance of Governance）」や「自己規制管理における規制管理（Regulation of Self-Regulation）」または「自己調整における調整（Steering of Self-Steering）」などと言われるが，これらの言葉が意味するのは，脱政府化した統治体制における政府や政府機関の役割の見直しである［Kooiman 2000; 2002; 2003; Jessop 2000; 2011; 風間 2011］．前述のように，統治ネットワーク論者は，脱政府化の考えをもとに，政府の役割を強調しすぎず，また，公人の先天的合理性を否定し，政府のネットワークやその中でのやり取りや考えというものが政策決定等に多大な影響を及ぼすことを強調している．とはいうものの，制度主義的アプローチの観点から言えば，政策などの最終的な諸手続き等の制度的な政策過程における権力の行使は，与党を中心とした政府や政府機関，そして，その中のアクターが行うこともまた事実である．これにより，ネットワーク間やネットワーク内のアクターと機関の関係性にもある程度のヒエラルキー，または，パワー・バランスが存在することが指摘されえる．例えば，前述のイギリスの二大政党制でいえば，保守・労働党両党が広いネットワークを有していることは事実であるが，やはり，どちらの党が与党となるかで，その異なるネットワークにヒエラルキー的な関係性が生まれる．そして，このネットワーク間と内におけるヒエラルキーは，政府機関に近いものであればあるほど，強まるといえるであろう．つまり，政府や政府機関との直接的なネットワークにおいてはアクター間のヒエラルキー的要素は強くなるといえる．例えば，中央銀行と銀行の関係性は，前述のポールソンの件でいえば，ヘテラーキー的な場合もあるものの，日常業務においては制度的ヒエラルキーが確立している．他方，あるシンク・タンクが開いた学会に，ある銀行のトップを講演者として呼んだとしても，それは，上下関係がはっきりとした関係というよりも，その場限りのヘテラーキー的な関係性といえる．したがって，ネットワークというものは，ヒエラルキーな要素とヘテラーキーな要素がからみあって，構築されているということが判る．

以上の様に複雑な関係性を考慮したうえで，メタ・ガバナンスという概念は，図9-4が示すように，ネットワーク社会において広範囲に広がったアクターや機関の関係性とやり取りを政府と政府機関が公式にまた非公式に介入することで，「調整」=「統治」することを意味する．当然，この際の政府の動きにはある程度の合理性があり，図が示しているように，例えば，内閣にとって，一番調整が必要な第一野党との調整には力がそそがれるが，それ以外の野党との調整はあまり注力しないといったような行動も指摘されうるであろう．当然，逆もしかりであり，日本では第一野党である民主党の力を抑止するために，公明党や維新の党などの，思想的に共有しやすい野党と自民党が組むことで，政策過程を統治しやすくする傾向にある．

したがって，メタ・ガバナンスという概念を導入することで，統治ネットワーク論が主張する広範囲にわたるネットワークというものが，「どのように統治されるか」という点が明らかになり，この点において，ネットワーク的統治という新たな研究視座が可能となる．

メタ・ガバナンスとネットワーク的統治という概念を用いて，統治ネットワーク論者の多くは，最終的に民主主義体制における政策ネットワーク形成の規範的問題へと議論を発展させている［Sørensen and Torfing 2005; 2006］．例えば，代表的な統治ネットワーク論者であるソーレンセンとトーフィングは，メタ・ガバナンスにおけるネットワーク的統治をもとに，政策の民主化をうながす様な政治家が政府に入ることにより，民主主義的な統治の可能性を指摘している．彼らによれば，民主主義的な政策を考える政治家が，その制度的ヒエラルキーとネットワークを駆使することで，既得権益ベースの政治家に対抗し，より民主主義的な統治と政策をデザインしていくことが可能であると主張している［Sørensen and Torfing 2005: 203］．この統治ネットワーク論者の規範的な主張は，概念的な理論化が進む一方で，未だ実証に関しては現在進行形のものといえよ

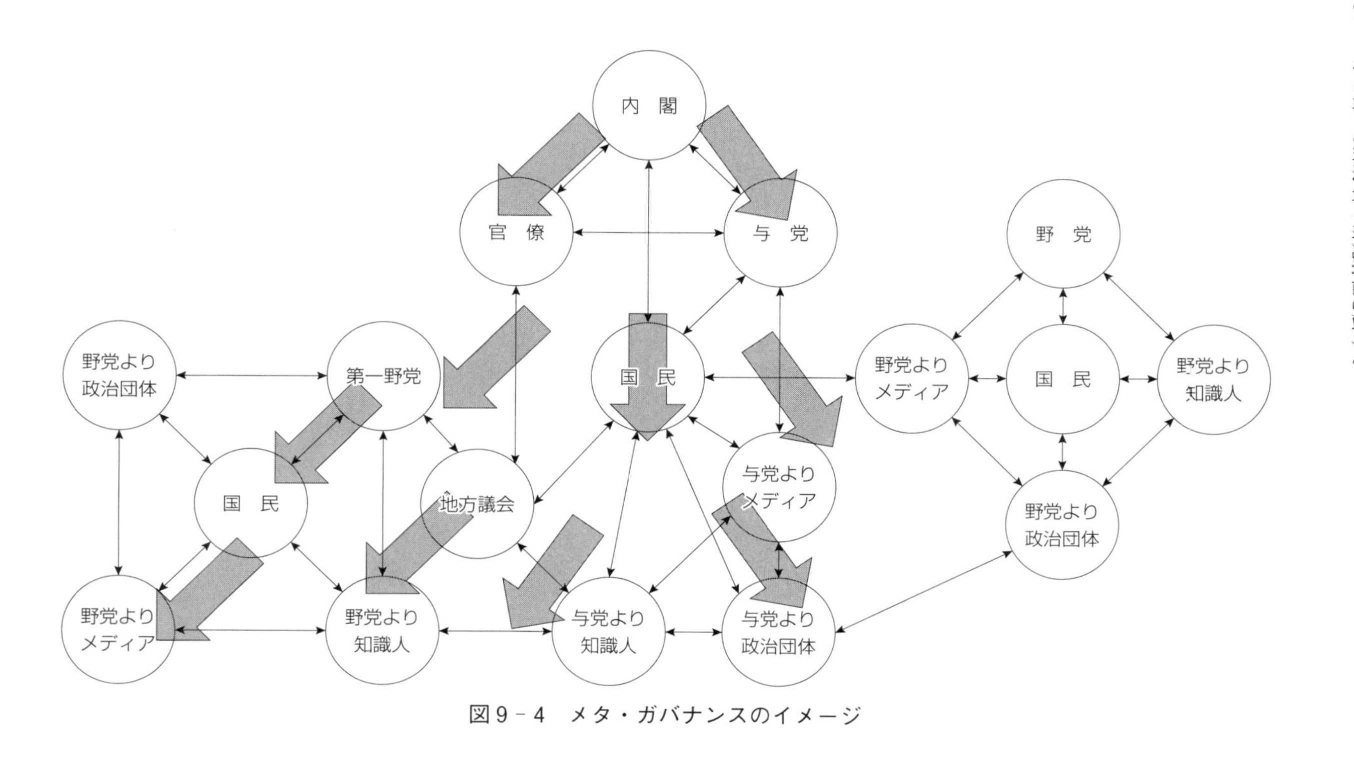

図9－4　メタ・ガバナンスのイメージ

う．しかし，このソーレンセンとトーフィングの主張をもとに，民主主義だけではなく，より様々なイデオロギーを基本としたネットワークと統治そして政策が可能となりえることは指摘できるであろう．

談話ネットワーク

政治や政策過程に関する広範囲なネットワークを指摘する統治ネットワーク論は，本書が提唱する「大局的な研究アプローチ」を考察するうえで重要なものとなる．特に，脱政府化が進む現代政治とネットワークが容易に形成できる社会に置いては，統治ネットワーク論が指摘するような複雑に入り組んだアクターや機関の関連性とやり取りが重要なものになるといえる．そして，このようなネットワークが，政策決定者の意思決定に影響を与えるものであるならば，この広範囲なネットワークというものは，政策過程研究に必須のものとなるであろう．しかし，他方，統治ネットワーク論では，その意思決定といった，構築主義的な部分の考察が希薄になる傾向がある．

前述にて，統治ネットワーク論の発展に，構築主義的な要素の寄与を指摘したが，実際，ネットワーク間でどのように思想や考えといったものが共有されるのかという点において，多くの統治ネットワーク論者は，その理論を談話ネットワーク論に依存する傾向にある［Sørensen and Torfing 2005: 206-208］．しかし，統治ネットワーク論と談話ネットワーク論における統治の概念とネットワークの捉え方は理論的差異が存在する．前者がネットワーク的統治のダイナミクスとしてのメタ・ガバナンスを提唱する一方で，後者は統治ネットワークとその広がりをイデオロギー的「現象」として捉えることで，より構築主義的（厳密に言えば，後章で明らかにする脱構造主義的）にネットワーク的統治を理解しているといえる．この違いは，後章で取り扱う文化的政治経済（CPE）アプローチの分析手法と脱構造主義的アプローチである談話分析との違いで重要となるため，ここで明確にしておく必要がある．

談話ネットワーク論は，コミュニケーション・ネットワーク論と構築主義的アプローチを応用して確立された理論である．コミュニケーション・ネットワーク論［Katz, Lazer and Arrow et al 2004］とは，アクター間のネットワークの根本をコミュニケーションによるものと考えるものである．前述のように，現代政治社会現象の特徴の1つに，パソコンや携帯などのコミュニケーション・

ツールの発達によって，アクター間のネットワークが拡大したことが挙げられる．この拡大したネットワークが現代の社会構成の根幹をなしていると提唱する理論にネットワーク社会論［Castells 1996; 1997; 1998］が挙げられるが，コミュニケーション・ネットワーク論はこのネットワーク社会論をもととして発展している．

コミュニケーション・ネットワーク論の優れた点は，ネットワーク形成におけるダイナミクスをアクター間の会話・伝達に認めた点である．例えば，前述のように，政治家や官僚などはシンク・タンクの開いた学会やフォーラムなどにて，研究者や学者とつながりを持つが，そのつながりは，アクター同士が意見交換や議論を行うことでなされる．この意見交換や議論といったものが，コミュニケーションであり，このコミュニケーションの中で情報が行き来する．しかし，この情報が行き来するというのは，その場限りではなく，その会話・伝達によって情報が共有されることでネットワークが形成されるのである．したがって，コミュニケーション・ネットワークでは，この情報が行き交うパイプラインのようなものがネットワークとして認識されているのである．この情報伝達パイプラインの広がりは第5章で言及したフーコーの統治性の理論と呼応するが，事実，コミュニケーション・ネットワークの統治の理論はこのフーコーの統治論の影響が多分にあることも指摘できるであろう．そして，このフーコー的理論をもとに，政府がどのように情報の伝達的流れを考えながら統治を行っていくかが，統治成功の鍵であると主張している．このように，コミュニケーション理論は，諸所のアクターや特定の機関における伝達的ネットワーク形成のダイナミクスを理論化した点で評価できる．しかし，他方で，情報の差異がもたらすネットワークの違いというものの考察が希薄になるといえる．例えば，前述で言及したようなイギリス等の二大政党では，各党が固有のネットワークを有している．このネットワーク形成の差異に関して，談話ネットワーク論者［Fischer 2003; Hajer 1993; 1995; 2005; 2009; Hajer and Wagenaar 2003］は，「談話」という概念をもとにネットワーク形成のダイナミクスの理論化を行っている．

談話ネットワーク論はオランダの政治学者マーテン・ヘイヤ―が提唱した談話連合（Discursive Coalition）理論に依拠するが，連合がアクター間の**つながり**という意味で使用されているため，他のネットワーク論との対置において，談話ネットワーク論と呼ばれる．より厳密に言えば，ヘイヤーの提唱する談話連合によるアクター間のつながりは，統治ネットワーク論よりも鉄の三角形やコーポラティズムのような，集合体のイメージが強い．しかし，談話ネットワークの鉄の三角形やコーポラティズムとの違いは，統治ネットワーク論が唱えるように，アクター間のつながりは比較的柔軟なものであり，また，社会的な広がりを持っているといえる．そして，この柔軟なアクター間のつながりにおいて最も重要な要素が，コミュニケーション・ネットワーク論者らが唱えるような，構築主義的要素による特定の考えや思想等の共有によるものである．そして，ヘイヤーにとって，最も重要な構築主義的要素というのは，ストーリー・ライン（Story Line）の共有である．

例えば，ある政治家がある町の工場から大量の煙が出ているところを眺めた際，それは，大量生産の時代であれば，「国家経済発展のシンボル」として称賛されるかもしれない．しかし，現代においては，工場から大量に排出される煙は，「公害」という名で問題化され，これに対して，地方議会や国会で議題として取り扱われることで，行政的執行や工場との交渉が地方団体間となされることがありえるであろう．このような異なる理解の構成をなす論理展開がストーリー・ラインである．より詳細に言えば，「国家経済発展のシンボル」として「工場の煙」を理解する者にとって，工場からの煙は，工場の正常な稼働を意味し，工場の正常な稼働は生産性を意味する，したがって，工場が正常に稼働し生産性を維持しているならば，それは，マクロ的には，国家経済発展を意味することができる．反対に，工場の煙を「公害」としてみる場合，工場の煙には特定の化学物質が含まれており，その化学物質を近隣住民が吸い込むことで，肺や循環機能に影響をもたらす，つまり，公害を引き起こしているという事である．このように考えると，前者を「経済を基本としたストーリー・ライン」と後者を「健康科学を基本としたストーリー・ライン」として認識することができる．そして，このストーリー・ラインをアクター達が共有し，その世界観をもとに，特定の行動や，インタレストを共有することで構築されるつながりを，ヘイヤーは談話連合として提唱した．

ヘイヤーの談話連合は，言説的なモノによるアクター間のつながり，そして，そのつながりをもととしたアクターの行動やインタレストを理解するうえで，ネットワーク論に新たな視座を提供しているモノといえよう．しかし，それだけであれば，統治ネットワーク論が強調するネットワークを積極的に広げていくアクターの行動を分析するアプローチと大差ないが，ヘイヤーをはじめとする談話ネットワーク論者は，メタ・ガバナンス論的な政府の役割に賛同的でありつつも，談話というものの役割をより強調する傾向にある．

ヘイヤーにとって，「談話」とは，特定の世界の理解とその理解をもとにした言説的（「工場の煙」を「公害」として問題化し主張する等）かつ非言説行為（行政執行や工場との交渉等）によって構成される現実を意味する．そして，談話連合とは，この現実を共有するアクター達のつながりである．統治ネットワーク論者が唱えるように，このネットワークは複雑に絡み合って偏在するが，その諸所のネットワークにも優勢と劣勢が存在する．この点において，統治ネットワーク論者は，メタ・ガバナンス論をもとに，政府や与党のネットワークの優位性を他のネットワークに認めるが，ヘイヤーの唱える優位性はより概念的な意味を持つ．

ヘイヤーは優位性をもつ談話連合の状態を「支配的（Dominant）」という言葉で表すが，これは，特定の談話による支配的現実の構築を意味する．前述で，工場の煙を目撃したアクターの例を見てきたが，現代社会において，「工場の煙」を「経済発展の象徴」と理解しストーリー・ラインを共有するアクターの数は限られるであろう．この点において，「工場の煙」を「公害」としてとらえる談話のほうが優勢であり，「常識的」である．しかし，前者のストーリー・ラインは高度成長期にはよく言われていたことであり，反対に，「公害」という概念がまだなく，「公害」として問題化する「健康科学的ストーリー・ライン」が確立されていなかったころには劣勢であった．このように，最終的に「常識」という形で認識されるようになった談話は，社会的，もしくは，国家レベルでの支配的談話連合を作り上げることができたことになる．そして，談話ネットワーク論者にとって，まさに，この「常識」と呼ばれる，支配的に普及した知識と世界の認知によって政策等は決定・執行されるのである．したがって，図９－５が表す様に，談話ネットワーク論では，統治ネットワーク論よりも優位性の意味はより概念的ではあるものの，その概念こそ，支配と統治，そしてその手段としての政策の根源として理解することができると主張されえる．

しかし，この点は，ヘイヤー等の談話ネットワーク論では，実証はされているものの，理論的にはいまだ希薄であり，後章の談話分析にてその発展の可能性を提示する．

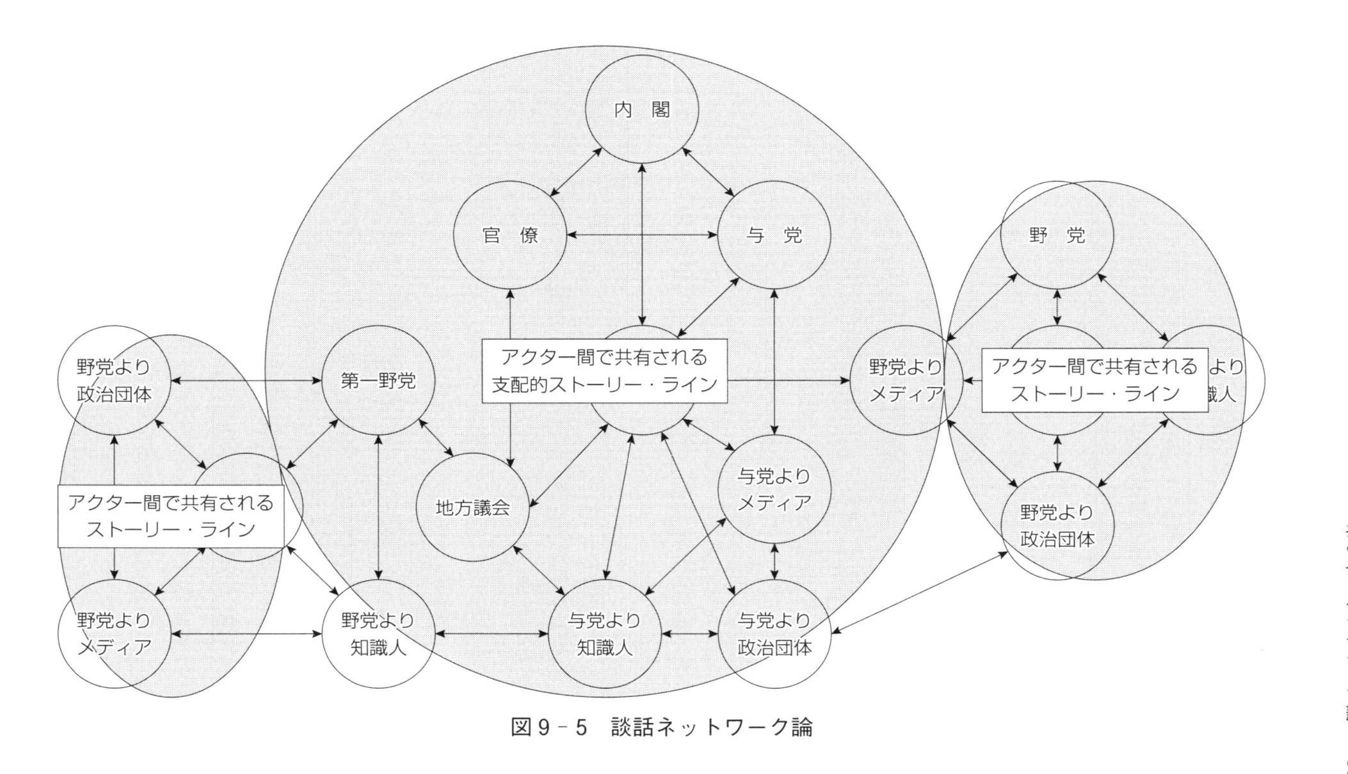

図９－５　談話ネットワーク論

ネットワーク論のまとめ

本章では，政策過程における政治家や官僚，政府機関，そして，その公人や公的機関と強いつながりを持った大企業などのアクターや機関のみに主眼が置かれていた従来の研究傾向に対して，ネットワーク論を導入することで，より広範囲に研究射程が拡大できること，そして，拡大する必要性を考察した．最終的にこの点を明確に主張する前に，ネットワーク論の違いをまとめることとする．

まず，鉄の三角形やコーポラティズム，また，政策ネットワーク論では，アクター間のインタレストや資源を共有したり，目的達成のための手段として相互依存することで，ネットワークが形成されたり，そのネットワーク内部でやり取りがされることが指摘されていた．また，これらのネットワーク論の理解では，政策ネットワークは閉じられた空間であり，一部のアクターのみが政策に影響を与えることが想定されていた．これに対し，統治ネットワーク論や談話ネットワーク論においては，より構築主義的な要素が取り入れられることで，思想の伝達と波及という点が強調され，更には，アクター間のつながりを比較的緩めに捉えることで，政策過程に関連する，もしくは，政策過程分析において対象となりうるアクターや機関の範囲をより広範囲で捉えていることが指摘された．

しかし，統治ネットワーク論と談話ネットワーク論の違いは，「思想」というものの役割と「国家」というものの役割のどちらに主眼を置くかに違いが存在していた．つまり，統治ネットワーク論や談話ネットワーク論が確立した背景には，脱政府化（De-Governmentalisation）という現象が指摘されるが，統治ネットワーク論者は，その脱政府化された統治ネットワークの中での政府や政府機関の役割を認めることで，広範囲に偏在在するネットワークの「調整」を政府が行うことを認めたメタ・ガバナンス論を主張していた．これは，また，偏在し広範囲に表れたネットワーク間のパワー・バランスを理解するうえでも，重要な考え方となる．他方，談話ネットワーク論では，政府が持ちうるネットワークの制度的権力や偏在するネットワーク間の力関係も認めつつも，「支配的ストーリー・ライン」という概念を取り入れることで，それにもとづくネットワークと他のネットワーク間におけるパワー・バランスを，より現象学的に捉える傾向にあることが指摘された．以上がネットワーク論の差異のまとめであり，特に，統治ネットワーク論や談話ネットワーク論は政策を大局的に分析する際のアクターや機関の関係性の骨組みを理解するうえで非常に有用であるといえる．

また，ネットワーク論において，第Ⅰ部にて紹介してきた3つのアプローチが多分に多用されていることで発展していることも理解できたであろう．例えば，鉄の三角形や政策ネットワーク論では制度主義や合理主義的アプローチの考えが，そして，統治ネットワーク論や談話ネットワーク論においては，構築主義的なアプローチが応用されていた．しかし，とはいうものの，これらの応用は，第6章の終わりで指摘したような折衷主義的な形で応用されていることも否めない．この点において，次章第11章では，文化的政治経済（CPE）アプローチというアプローチにて，3つのアプローチを大局的にまとめる方法を明確にする．そして，続く，第12章では，脱構造主義的アプローチの談話分析を紹介するが，この談話分析は，本章で紹介した談話ネットワーク論のバックボーンとなっているものである．脱構造主義的談話分析の優れた点は，マルクス主義が主張するようなアクターや機関の関係性における闘争性というものを脱マルクス主義的に理論化し，それを分析する方法を提示している点にある．この闘争性というのは，統治ネットワーク論や談話ネットワーク論において，その重要性が主張されてはいるものの，明確に分析手法は提示されてはいない．したがって，第Ⅲ部では，3つのアプローチのまとめ方，本章で提示したネットワークという概念，そして，闘争性という概念を包括的に理解するアプローチを提供することで，政策を大局的に分析する方法を明確にする．

第 III 部

政策を大局的に分析する

―― 2 つの大局的アプローチ ――

第 10 章
文化的政治経済アプローチ

第6章において，制度主義，合理主義，構築主義的アプローチを用いることで，イギリス政治経済における戦後社会主義から新自由主義体制の変容を多角的に考察することができることを明らかにした．しかし，他方，このようなアプローチを多用した分析は，政策過程の様な政治的ダイナミクスを理解するうえで，折衷主義的（Eclecticism）な分析に陥ってしまうことも指摘した．折衷主義的な分析とは，ある事象やある時期の分析については合理主義的アプローチを，また他の事象や他の時期の分析には構築主義的アプローチを使用するというような分析手法である．しかし，実証や分析において，このようなアプローチの多用は，様々な事実を明らかにするという点において有効ではあるものの，それぞれのアプローチ間の理論的差異を軽視することになりかねない．例えば，制度主義は，理論的には，構造主義的であり，政策というものが，政策過程という流れに沿って行動するアクターによって作られると考えるが，合理主義では，その流れというものはアクターが合理的に行動した結果と捉えられる．これに対し，構築主義では，特定の思想により，アクターは合理的に行動することが可能となり，その合理性に基づいて，政策や制度を作り，政策が執行されると主張される．このように各アプローチの理論的差異を捉えると，それぞれのアプローチを基軸に，他のアプローチを包括的に捉えることが可能となる．例えば，制度主義では，合理的な行動や思想というものが，制度的構造によって決定しているといえ，合理主義では，制度や思想というものは人間の合理性に依拠すると主張できる．また，構築主義では，全ての起源を思想に見ることも可能になる．しかし，このように理解することは，決定論や理想主義に陥ってしまう危険性をはらむ．したがって，極端な結論に至らず，思想や合理性，制度の役割をそれぞれ認め，折衷主義にならずに，それらの相互関係を理論的にまとめ上げる大局的な分析アプローチが必要となるのである．

本章から始まる第Ⅲ部では，「大局的な分析」として，文化的政治経済アプローチ（Cultural Political Economy: 以下，CPE）と脱構造主義的アプローチである談話分析の政策分析における有用性を明らかにする．特に，本章で紹介するCPE アプローチ［Jessop 2004; Jessop and Sum 2006; 2013a; 2013b］では，制度主義・合理主義・構築主義の理論を包括的に捉えた戦略的関係性アプローチというものを提唱している．また，戦略的関係性アプローチをもとに，CPE 学派らは，更に，政治経済のマクロ的ダイナミクスをとらえた「多様性・選択制・維持性（Variation, Selection & Retention）」という理論を提唱している．これらのアプローチと理論をもとに，CPE 学派が大局的な政策過程分析における視座を提供できていることを明らかにする．しかし，まず初めに，本章では，CPE アプローチにおける構築主義的視座を明らかにすることから始めることとする．CPE アプローチは，統治ネットワーク論や談話ネットワーク論と呼応し，思想的なモノによるネットワーク形成の分析手法を，セミオシス（Semiosis）という概念のもとに提唱している．このセミオシス分析は，CPE 学派の１人，ノーマン・フェアークラフの談話分析理論［1989; 1992; 1995a］がもととなっている．フェアークラフの談話理論は，マルクスやアルチュセール，そして，フーコーのイデオロギー論をもとに構築されているが，あくまで，脱マルクス主義者的スタンスを保っている．つまり，階級闘争によってイデオロギーが構築されているわけではないが，特定の思想や，言説，問題化等（以下，総称として，「思想的なモノ」と呼ぶ）によって社会構築はなされ，その中で人々は，日々の日常を形成し，営むということである．しかし，このような構築主義的側面を取り入れる一方で，CPE 学派は理想主義に陥らないために，戦略的関係性アプローチと「多様性・選択制・維持性」の理論を提唱しているのである．しかし，とはいうものの，CPE 学派においてもやはり諸所の分析的限界が存在するので，最終的にその限界を明確にする．

CPE とセミオシス

CPE アプローチとは，ボブ・ジェソップ，ノーマン・フェアークラフ，アイリーン・サムらイギリスのランカスター大学の研究者を中心に提唱されているアプローチである．ジェソップらが唱える CPE アプローチに関して，まず，注釈しなければならないのが，CPE の C である．CPE の C は Cultural，日本語で,「文化的な」という意味となるが, CPE アプローチにおける「文化性」というものは, 一般的な意味での「文化」, つまり, 日本人とアメリカ人の違いといったものではない. 最終的に, 広義の意味で, それら一般的な意味での文化性というものも研究の射程として取り組むこともできるが, CPE アプローチの研究においては, この文化性とは Semiosis（セミオシス）を意味する［Jessop 2004］.

セミオシスとは,「信号伝達」という意味であるが, 言語学的には, 情報や意味の伝達という意味である. つまり, CPE における文化性とは, 統治ネットワーク論者や談話ネットワーク論者が主張するような思想的伝達と波及というものを言語学的に捉えることで, 経済の構築を考察するということである. そして, この経済を構築する言語や思想のネットワークを振り返ることで, マルクスやアルチュセール, そして, フーコーのように, 経済システムの再生産とそれを維持している支配的イデオロギーを, 批判的に分析することを試みている.

――知識基盤型経済

CPE のセミオシス理論を理解するうえで, まず, 重要となるのが, ジェソップが指摘する知識基盤型経済（Knowledge-Based Economy）という現代経済における事象である. 前章のネットワーク理論で指摘したように, 近現代の経済政策の多くは, 現代経済学の理論やデータ分析がもとになり, 政治の場において提案され, 執行される. この現代政治経済における経済学, より広義の意味では, 現代政治における「学術知識の役割」の高まりがジェソップの指摘する「知識基盤型経済」［Jessop, Fairclough and Wodak 2008］という事象である.

ジェソップの知識基盤型経済台頭の指摘は, アメリカ社会学者ダニエル・ベルの『脱工業社会の到来』［Bell 1973=1975］という戦後の経済発展における経済構造の変革を「脱工業化の時代」として予想した著書で展開した考えがもととなっている. この『脱工業社会の到来』は, 1973年に出版されたものであるが, 当時すでに, パソコンやインターネットの普及が, 今後の経済やその政策を大きく変えうるという事を示唆していた. そして, ベルは, このように通信システムが発達した経済においては, 工業よりもサービス業が発達し, そのサービス業の中心を担うのが,「知識階級」と呼ばれる学者や研究者等の知識の専門家達であると主張したのである. また, この知識の役割は政治においても同じであり，脱工業社会における政策は，この「知識階級」の専門知識と政治家の後ろ盾となっている既得権益との葛藤の中で決定されるようになるであろうとベルは予測した．ジェソップは，このベルの脱工業社会の理論を踏襲し，更に，フーコーの新自由主義の考察と統治論を応用することで，知識というものが，ベルが想定していたよりもさらに広範囲に伝搬・波及し，経済活動のみならず社会活動に変革をもたらしていることを指摘している．

ベルの想定した脱工業化の時代においては，知識の伝達というものは国家レベルに抑えられていたが，近代政治経済においては，その伝達というものは世界レベルであることをジェソップは指摘している．また，その知識というものは，グローバル化が進む時代の戦略的な国家的発展において応用されるものであり，特に，フーコーが指摘するような「競争性」や「経済的論理」のような新自由主義的色合いが強いこともまた示唆している．このジェソップの提唱する知識基盤型経済の到来は，CPE 学者らによって，広く実証されている．例えば，ジェソップの同僚であるアイリーン・サム［Sum 2009; Jessop and Sum 2013a］は，80年・90年代に，ハーバード大学のマイケル・ポーターによって提唱されたダイヤモンド理論という，産・官・学連携的イノベーションによる競争性の向上を推奨する理論が，国際機関の政策に応用され，それが，国家レベル，そして，地方政策レベルにまで制度化されるにいたった伝達ルートをたどり，どのように専門知識として，その理論が浸透していったかの過程を分析している．

このように，CPE のセミオシスを知識基盤型経済における知識の伝達経路として捉えるとき，CPE のセミオシスが政策ネットワーク論的な，公的な制度間における閉じられた空間内での情報の伝わり方のように見えるが，CPE における知識基盤型経済のセミオシスは，統治ネットワーク論または談話ネットワーク論のようにより広い知識の広がりを想定している．さらに，その知識の広がりをより詳細に分析するうえで，CPE では，言語学的手法を多分に応用している．このことを明らかにするために，CPE のセミオシス分析の核をなすフェアークラフの談話分析理論を，彼の「メディア化された政治におけるメディア談話（Media Discourse in Mediated Politics）」の分析とともに明らかにするのは有益であろう．

――フェアークラフの談話分析理論

CPE アプローチのセミオシス分析は，ジェソップの同僚である言語学者，ノーマン・フェアークラフの談話分析理論を用いることで，より確固たる分析手法を提示している．談話分析理論とは，フェアークラフの提唱するもの以外にも様々な種類が存在するが（第11章にて明らかにする脱構造主義的談話分析等），フェアークラフの談話分析理論は，現代言語学から発展したものである．フェアークラフの談話分析理論の主たる命題は，言葉の使用におけるイデオロギー性である．

例えば，言葉を発したり，今，本書を執筆するうえで，様々な文章を作り出しているが，その発した言葉や書いた文章以外に可能であった言葉や文章が無数に存在している．より具体的に言えば，本書を執筆するうえで，「それでは，ネットワーク論を見ていきましょう．」というような話し言葉のように文章を執筆することも可能であれば，より砕けた形で「ネットワーク論は，マジでアツい！」等という様に書くことも可能であった．しかし，そうではなく，本書を執筆するうえで，学術的な執筆方法が選ばれている．これは，大学で使用するため，研究者が使用するため等，ある意味で，アカデミズムとでもいえるような，学術に関する思想が，筆者に特定の執筆手段をとらせたといえる．つまり，フェアークラフは，言語的所作において，アクターが他に可能であった行動をせず，特定の行動を行うという，その言語を中心とした活動や行動が行われる空間，イデオロギー的フィールドを「談話」と呼び，その特徴とダイナミクスを詳細に分析している．そして，フェアークラフは，この談話分析を政治家のスピーチ等の政治の言説や，メディアにおける言説において応用し，CPE の研究に貢献している．

フェアークラフの研究射程は多岐にわたるが，前章までの関係において最も重要なものとして，メディアの談話分析［Fairclough 1995b］が挙げられるであろう．前章において，メディアが政治家や知識人とネットワークを構築することにより，特にメディアによって「常識」が広く一般に，そしてネットワーク内に伝搬していくことを指摘したが，この常識，そして，知識や思想の伝達（セミオシス）という点を，フェアークラフは談話分析にて詳細に明らかにしている．

フェアークラフのメディア談話分析は，昨今のメディア言説の複雑化の指摘から始まる．例えば，旧来のニュース・レポート，例えば，日本においても

NHK 等のニュースにおける報道などは，「何が起き，誰が何をしたか，そしてどうなったか」といった報道がなされていた．これは，起承転結的な流れのある報道である．より具体的に言えば，「先月の台風により，農作物の収穫量が減少，これにより，市場に出まわる農作物の値段が高騰し，飲食の値段も上がることが予想される．これに対し，政府は，一部の農作物に対し，一時的な輸入緩和を行う予定である.」といったものである．これは，ある出来事が起き，それにより，何処の誰に影響が出ることで，何が起きえるか，そして，何が誰によりなされるかといった一連の概要的（Schematic）な報道言説である．しかし，このような概要的報道言説がいまだにメディアによってなされる一方，フェアークラフは，テレビなどの普及が著しい現代メディアにおいては，「異種混合（Heterogeneity)」的言説と「多声（Polyphonic)」的言説によるレポートが増加していることも指摘している．

異種混合的言説によるレポートとは，例えば，前述の台風と農作物の例でいえば，「先月の台風により，農作物の収穫量が減少しました．これにより，農協組合によれば，『今期の市場に出まわる農作物の値段が高騰する』可能性があります．また，この農作物の高騰により，多くの経済学者は，『一部の飲食物の値段も上がる』ことを予想しています．この物価高騰に対し，街では，『豚カツのキャベツをお替りできないのは困る』と心配している人達の声があがっています．この問題に対し，与党の有力政治家は，『一部の農作物に対し，一時的な輸入緩和を行うための調整を行っている』と当局のインタビューに答えています.」というように報道することである．この異種混合的言説と概略的言説との違いは，様々なアクターの意見を混ぜ合わせることで，ニュースの言説を作り出しているということである．また，その際，概略的言説に比べ，物価高騰の問題化や与党の方針を参照することで，よりレポートする現象の印象と解釈を明確にしている．

異種混合的言説のレポートに対して，多声的言説によるレポートとは，言葉によるレポートだけではなく，映像や音などを加えることで，より印象と解釈の明確性を高める所作が行われる．例えば，「先月の台風により」とレポーターが発話する際，大雨曇天下の大シケの海の映像と音を流し，「値段高騰」において，スーパーの買い物の写真を背にしたグラフを映し，経済学者や街，政界の声においては，インタビュー相手の映像と音声を流すということである．これは，新聞であれば，同様の写真等を載せるということである．このように，ある事象を報道する際に，様々な要素を複雑に取り入れることで，１つの事象に関する特定の認識というものをより明確にしたものが，多声的言説である．

このように，メディア談話における言説の多様化を指摘することで，フェアークラフは，前章で述べた「メディア化された政治」の１つの特徴として，昨今のメディアでは，政治や経済，社会問題などの報道において，異種混合的言説や多声的言説が多用されていることを指摘している．このことは，メディア化された政治におけるメディアが，いかに戦略的に，そしてより効果的に，そのアジェンダ・セッティングや，プライミグそしてフレーミングを行っているかということへの重要な示唆となるであろう．しかし，フェアークラフによれば，メディア化された政治におけるメディアの役割は，これら多様な種類の言説を使用し，特定の認識を普及していくだけではない．これら多様な種類の言説に，さらに「会話化（Coversationalisation）」という所作を用いることで，事象に対する特定の認識というものが，一般に普及していくことを，フェアークラフは指摘している．

会話化とは，特に，テレビ等のメディアにおいてみられる現象であるが，報道の言説において，視聴者に語り掛ける言説的所作を意味する．例えば，前述の台風の例でいえば，「先月の台風により，農作物の収穫量が減少しました．これにより，農協組合によれば，『今期の市場に出まわる農作物の値段が高騰する』可能性があるそうです．みなさんの台所事情は大丈夫ですか？　政府には早急に手を打ってもらわないと困りますね．」といったような行為である．このように話し言葉と語り掛けを，視聴者に直接的に向けて行うことで，視聴者を事象の当事者，または，報道事象の主体へと編成するのである．つまり，「農作物の値段の高騰」は，メディアの中での問題ではなく，また，政治家への期待も，メディアによるものだけではなく，視聴者自身の関心事へとなっていくのである．これが，メディアによる「会話化」であり，このメディアの会話化によって，事象に対する問題化や認識等の思想的なものが，民衆へと広がっていくのである．このことより，フェアークラフは，メディア化された政治とは，メディアによって推し進められた「民主化（Democratisation）」をも意味すると指摘している．つまり，会話化や多様な言説を持ちいることで，特定の事象への認識が一般レベルに普及し，「常識」となり，その常識をもとに，政策等が提案され，一般民衆を含めて社会全体において，その政策の「正しさ（正当性）」が確立されていくのである．

このフェアークラフのメディア分析は，前章のネットワーク論とメディア論の関係をさらに明らかにするものとして有効であろう．統治ネットワーク論や談話ネットワーク論等において，アクターや機関の間で共有される思想や知識，認識といったものが，社会的ネットワークを構築するうえで重要となるが，それが，いかにしてメディアを通して普及していくかという情報伝達（セミオシス）のダイナミクスをよく表している．特に，「異種混合的言説」という点においては，いかにして，政治家や経済学者等の知識人の思想が，メディア言説によって発信されるかということをよく表している．そして，このメディア言説における知識人などの言説の発信，そして，メディア化された政治におけるメディアの言説は，前述で見た知識基盤型経済とともに理解される必要があるであろう．つまり，メディア化された政治とは，知識基盤型経済という現代政治経済の一端をなす現象ということである．前述のサムが実証したケースのように，特定の経済思想が，国際機関から地方政府機関へと伝達されるが，その公的機関間において，伝わっている思想というものは，やはり，メディアにおいても一般民衆や企業，そして他の知識集団等へと伝達されていくのである．この現代政治経済と現代メディアにおける，思想の伝達というのが，CPE が主眼とするセミオシスなのである．そして，アルチュセールやフーコーでみたように，このセミオシスによって構築された常識が，支配的なイデオロギーとなり，政策立案・執行を含む日々の政治経済活動そして社会活動を作り出し，日常として，再生産されるのである．

CPE のセミオシス分析は，ジェソップらの現代政治社会に関する考察と，フェアークラフらの言語学的分析手法と考察により，確固たる分析手法と理論を提示しているものといえる．しかし，このセミオシス分析のみを CPE の中核と捉えることは，構築主義等の分析と大差ないものとなってしまう．実際，ジェソップは，構築主義的アプローチと CPE アプローチに明確な線引きを引いている．その違いとは，思想的なモノの社会構築的役割の限界である．平たく言えば，どの程度，知識や常識，そして，言説や談話といった思想的なモノが社会構築，または，社会変革に寄与しているかということである．第5章でみたように，構築主義者らは，思想的なモノを社会構築に関する全ての根源と考える傾向にある．しかし，ジェソップは，このような構築主義的考えを理想主義として否定する．とは言うものの，第7章で見たような，場面場面に合わせた分析アプローチの応用に関しても，ジェソップは，折衷主義として拒否している．このことから，ジェソップは，制度主義，合理主義，構築主義的アプローチを大局的に捉える為に独自の構造と主体の関係性の理論を展開し，それをもとに，新たな分析理論を提示している．

戦略的関係性アプローチ

ジェソップの提唱する構造と主体の関係性は，戦略的関係性アプローチ（Strategic-Relational Approach）［Jessop 2001; 2008=2009］と呼ばれるものである．戦略的関係性アプローチはかなり複雑なものであり，本書にて全貌を取り扱うことは不可能であるが，分析的応用のために簡素化して明確にすることは可能であろう．

戦略的関係性アプローチは，基礎的な理解として，**図10-1**のように表すことができる[1)]．まず，1段階目の構造と主体の関係性は，独立的な関係性である．つまり，主体は合理主義が考えるような「自由意志によって行動するアクター達（Free-Willed Subjects）」である．それに対し，「外部的制限としての構造（External Constraints）」が存在する．これは，例えば，あるアクター達が経済状況を良くするためには，経済の自由化を促進したいと考える．しかし，他方で，経済自由化を促進するためには，政治家になり，政党を作ったり，第2章でみたようなステージ・モデルのような政策過程を踏む必要がある．そして，その政治家になる過程や政党を設立した際の状況が第2段階目にあたる．つまり，「社会化された主体（Socialised Agents）」と「創発的社会構造（Emergent Structure）」である．これは，例えば，政治家になった際に与えられる環境と，政治家として確立された役割をもつ主体を意味する．政治家になることで，自由主義的な政策を打ち立てることが可能となり，その場を政治において提供されるが，他方で，その政治家達の取りえる行動は，実際の政治の場において，例えば，制度的に制限されるということである．より具体的に言えば，主体達は，新党設立や，既存の党に属することで，政治家の活動を行えるようになるが，所属党内のヒエラルキーや慣習，そして，国会等における政策立案上のルールを守らなければならないということである．そして，この制限された社会的な環境において主体がどのように行動可能か，という点が第3段階である．

第3段階の主体達にとって，構造は「構造的に刻印された戦略的選択性（Structurally Inscribed Strategic Selectivity）」となり，主体達は「戦略的に秤量さ

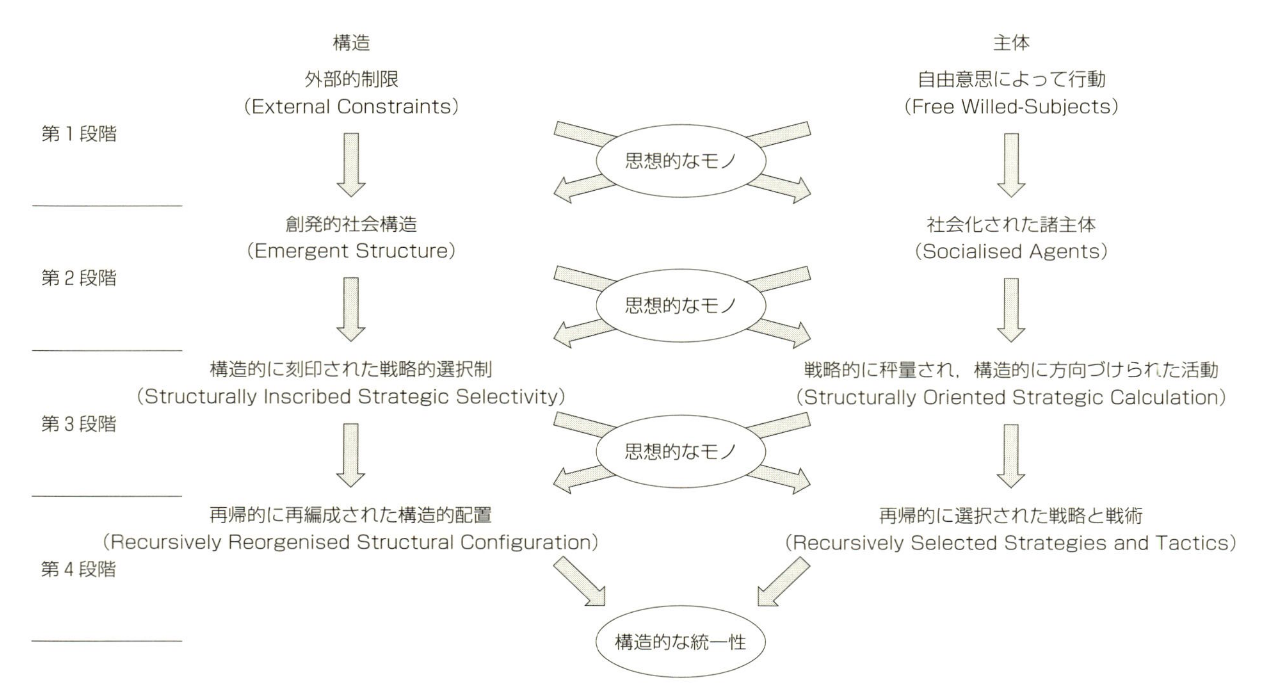

図10－1　戦略的関係性アプローチ

れ，構造的に方向づけられた活動（Structurally Oriented Strategic Calculation）」をするようになる．これはつまり，政治の場において，経済自由化を主張する主体達がいる一方，それに対抗する党などが存在するということである．例えば，経済自由化を主張する主体達が与党であったとしても，過半数の議席を持たない場合，他の野党と連立内閣を組むことで，政策立案を行うための戦略性が必要となってくる．これが，「戦略的に秤量され，構造づけられた活動」であるが，他方，その戦略を実現するための選択性（連立内閣の手段や野党の種類）は構造的に埋め込まれているということである．そして，第4段階にて，実際に，その戦略的行動を実行に移す際，例えば，連立を組もうとしている野党と交渉を行うが，その際，与党議員たちは，掲げている経済政策やその他の政策を修正する必要が往々にしてありえるが，それが，主体における「再帰的に選択された戦略と戦術（Recursively Selected Strategies and Tactics）」である．また，与党である主体達が連立内閣発足に向けて戦略的に動くことで，やはり，他の党や他のアクター達，つまり，第一野党や連立内閣を持ち掛けられた政党の状況は変化しうるが，これらを意味するのが主体達に対する「再帰的に再編成された構造的配置（Recursively Reorganised Structural Configuration）」ということである．そして，最終的に，例えば，連立内閣が発足した場合，最終段階にある構造的な統一性（Structural Coherence）が誕生するのである．

このように，政策に関する政党等の動きを，戦略的関係性アプローチにて解釈することで，また，制度主義的観点（外部的制限等）と合理主義的観点（戦略的行動等）がどのように絡み合うことで，構造と主体のダイナミクスが理解できるかがわかる．しかし，ここで，注釈すべきは，このダイナミクスにおける構築主義的視点である．ジェソップらCPE学派は，戦略的関係性アプローチにおける思想的なモノの役割を，構造と主体の媒体として理解している[2)]．また，その思想的なモノに関して，より広義の意味で「談話的」という言葉を使用している．これは，前述のフェアークラフの談話理論の様に，思想的なモノというのは，言説や発話行動といった語学的行為をもとに体現されたり，また，広範囲にセミオシスを通じて，特定の思想や価値観，認知をもとにして行動が行われるのであれば，それら，思想や言語に関する事象と行為が行われる空間という意味で談話という概念で捉える必要があるためである．このことから，思想的なモノというものをより広範囲に，そして徹底して捉える為にも，ジェソップは「思想的なモノ（The Ideal）」というものを言説や問題化，思想等をより包括的に捉えるために「談話的なモノ（The Discursive）」として捉えたのである．そして，この談話的なモノの役割を構造と主体の媒体として捉えているのである．つまり，第1段階から第2段階に移行する際，主体達は，政治家として社会化されるが，その過程で，主体達は政治的構造における価値観や思想などを学ぶ．また，第2段階から第3段階に移行するうえで，どのように対峙する戦局を乗り切るかという考えや政治的取引や会合においては，言語的所作が必要になってくる．そして，第3段階や第4段階における「再帰」という点は，ジェソップによれば，「学習（Learning）」期間を意味し，再度，新たな状況の認知や価値と思想の見直しなどが行われるのである．このように，構造と主体における談話的なモノの役割をとらえることにより，ジェソップを中心としたCPE学派達は，構築主義の様に思想的なモノを主張しすぎず，他のアプローチの考察も踏まえたうえで，新たな構造と主体に関する理解を確立している．

戦略的関係性アプローチは，特に，前章で見たメタ・ガバナンス論における国家と政治機関の役割を理解するうえで重要となる．前章の統治ネットワーク論において，メタ・ガバナンス論に言及したが，このメタ・ガバナンス論の提唱者の1人が，ボブ・ジェソップである．前述にて，CPEのセミオシス論を展開した際，統治ネットワーク論や談話ネットワーク論との類似性を指摘したが，CPE学派らも統治ネットワーク論の重要性を知識基盤型経済の理解において重要視している．そして，この統治ネットワーク論を重視するからこそ，ネットワーク間，または，セミオシス間のヒエラルキー的違いというものも強調する．特に，ネットワークが偏在する知識基盤型経済において，セミオシスによる統治を目指す場合，確固たる統治ネットワークを確立する必要性が存在する．このダイナミクスは特に，戦略的関係性アプローチにおいては，3段階目の戦略的行動において顕著となるであろう．例えば，政府が，不況対策として大規模な金融緩和政策を提唱したとしても，政府からの独立性が立法化された中央銀行としては，その金融政策に反対することが可能である．しかし，提唱した金融政策が中央銀行にて行われない場合は，中央銀行の委員会に圧力をかけ，総裁を金融政策に賛同する者（同じ思想を共有するアクター）に挿げ替える戦略的行為がなされる場合がある．また，このような金融政策の断行に対して，メディアが批判的になりえることもあるが，例えば，国営メディア等とのつながりも抑えることにより，反対勢力をある程度抑えることが可能となるであろう．実際，このような調整が第二次安倍政権下のアベノミクス政策において行われた．しかし，最終的に，断行した経済政策がうまく機能しない場合は，やはり，再帰的に新たな政策が行われることが，戦略的関係性アプローチにより示唆されうるであろう．

CPE アプローチの大局的な視座

戦略的関係性アプローチでは，既存の政治や社会のルールとしての制度や，戦略的行動という合理性，そして，媒体としての思想がどのように入り混じるかで，社会構築がなされるということが詳細に表されていたが，ジェソップをはじめとするCPE学派らはさらに，「アクターはどの程度，構造を構築，または，変革していけるのか？」という，構造と主体の問題を直接的に考察し，戦略的関係性アプローチをもとに，「多様性・選択性・維持性（Variation・Selection・Retention）」という理論を展開している．これは，戦略的関係性アプローチでは，例えば，どのように政策立案が提案・議論され，立法化され執行されるか，という流れを明確にするとすれば，「多様性・選択性・維持性（Variation・Selection・Retention）」の理論では，より，政策思想等が，どの程度，環境や社会構造を変革・構築していけるのか，そして，どの程度，そのような行動を画策・実行すること自体が可能なのか，という点が明らかにされている．

図10-2 は「多様性・選択性・維持性（Variation・Selection・Retention）」による政治経済体制のマクロ的変革のダイナミクスを表したものである．セミオシス（Semiosis）から物資的なモノ（The Material）への移行を表しているが，現実的な流れとしては，既存の政治経済体制が危機的状況に陥ってから，体制が物質的に再生産されるようになるまでを表している．これは，政策過程を，戦略的関係性アプローチを踏襲しつつ，大局的な視点で理解するために非常に重要となる．

まず，既存の政治経済体制の危機的状態というのは，前章で見てきたような，イギリスの社会主義体制の英国病やスタグフレーション等の経済危機や新自由主義体制における金融危機等である．そして，この危機的状況における経済状況とはどのような状態であるかという経済状況に関する様々な言説が勃発する．例えば，2007年から始まった新自由主義における金融危機においては，メディア等によって，日夜，様々な危機に関する言説が報道された．この危機の言説

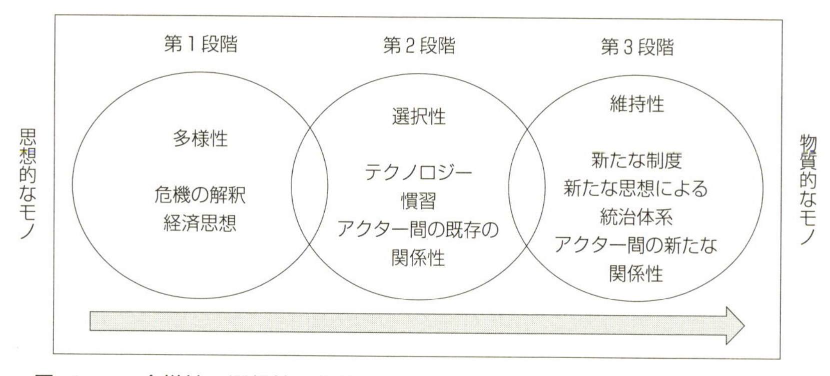

図10－2　多様性・選択性・維持性（Variation, Selection & Retention）理論

は，初期の段階では様々な種類が存在し［Farrelly and Koller 2010］，例えば，発達しすぎた金融街の失敗を主張する言説もあれば，経済循環の一環であると主張する言説，また，資本主義の終わりをほのめかす言説もあれば，神の天罰や陰謀説をも唱える言説と様々である．この事象に対する認知や，思想，つまり多種多様な言説の噴出が，第1段階の多様性である．つまり，今迄の日々日常，もしくは，日常の経済システムが再生産されなくなった際，主体の目の前の構造は突如，理解不可能な難解なモノとなり，この複雑な状況を理解するための談話的所作が行われるのである．この複雑さを解きほぐす談話的所作を，ジェソップは，「実存的必要性による複雑性の単純化（Existential Necessity of Complexity Reduction）」と呼んでいるが，この第1段階の構造と主体の関係性については，構築主義と意見を共有している．つまり，前章で見てきたように，ブライス等の構築主義者によれば，危機的状況に主体が陥った際，その状況を理解するために，思想的なモノが道を照らすということである．しかし，このことから，ブライスら構築主義者はその道を新たに照らした思想にもとづいて，新たな制度と行動，インタレストが生まれることで，思想の遂行性にのっとり，新たな政策や体制を作り出すと説いているが，ジェソップらCPE学派らは，この考えを理想主義と批判する．多様な思想が勃発した際，ある思想は政府機関等に採用され，他の思想は排他されるが，その過程を理解するには，思想的なモノ以外のモノ，または，談話的なモノ以外のモノの役割も考察する必要があると主張するのである．

多様性の段階で勃発した言説・談話達の選定を行うのが，第2段階である

「選択性」である．ジェソップによれば，これら選択性の過程において，談話的なモノにも役割があることも認めている．例えば，多くのメディアによる言説が，特定のものに絞られたり，危機以前に採用されていた政策思想やイデオロギー，専門的知識の源泉である知識人の解釈の幅等が挙げられるであろう．しかし，他方で，例えば，メディアの危機に関する解釈が絞られることで，政府が取りえる政策の選択制が仮に絞られたとしても，何故，メディアの解釈は絞られたかを考察するうえで，メディアが解釈を絞ったからと考えるのは，トートロジー（類語反復）に陥る．これに対し，ジェソップは，言説・談話の選択性は，談話的なモノと非談話的なモノの両方によって決定されると主張する．

例えば，前述の言説の種類の中に，天罰説や陰謀説といったものがあるが，その類似として，宇宙人によって危機が引き起こされたという言説が存在したとする．この言説が選定されない理由として，「宇宙人」が空想上の生き物として認知されている談話が社会的に支配的に存在している理由が挙げられるであろう．これにより，空想上の生き物を公的な機関が相手にすることはできないとなる．他方で，中世のヨーロッパのように，神の存在が支配的に信じられている際，公的な機関は，仮に，神が空想上のモノであったとしても，それを考慮しつつ政策を打ち立てる必要がある．これが，談話的なモノによる言説・談話の選択である．つまり，社会的に信じられているモノによって，行動の選択が決定づけられるということである．

他方，非談話的なモノによる言説・談話の選択制とは，主体を取り囲む構造や現存のテクノロジー等によるものである．例えば，仮に与党のトップが，宇宙人を信じ，更には，金融危機の原因が宇宙人によるものであったと信じていたとしても，そのトップの考えを政治に持ち出すことは野党との戦局において不利になりうる．したがって，与党というアクター達の行動は，野党との関係性という政治的構造の影響下にあるということであり，いかに，アクター達が特定の言説の正当性を信じていたとしても，それを選定することは，これら，主体を取り囲む構造のために選ぶことができないということである．また，主体を取り囲む構造等の要因以外に，言説や談話の選定に影響を与えうる非談話的要素として，ジェソップは，「テクノロジー（Technology）」を，１つの要素として挙げている．厳密に言えば，ジェソップにとって，テクノロジーとは，単純に日本語でいうところの「科学的な技術」のみを表すものではない．むしろ，フーコーの Dispositif 理論［Foucault 1977］を応用し，政治戦略的テクニックとしての意味合いと共に概念化しているが，ここでは，便宜上，一般的な意味でのテクノロジー，つまり，「科学的な技術」として考察する．この一般的な意味でのテクノロジーは，言説や談話の選定に影響を及ぼしうる．例えば，宇宙人や神といったものが，仮に実在しても，現状の人間のテクノロジーでは，その証明は不可能である．仮に，それが，可能であると主張する者がいたとしても，現代政治における政策過程において，そのような特殊な技術を持つ者よりも，数学的，または，科学的技術を用いることができるアクターが政策立案者として採用される．これらのアクターにとっては，自分達のテクノロジーに基づいて実証できる言説や政策思想のみが有益な言説であり政策となりうる．これにより，陰謀説や天罰説，そして，宇宙人説などはそもそも選択の対象になりえないのである．したがって，このようなテクノロジーという，技術的なモノにより，言説や談話の選定が行われうるということである．

以上のように，談話的なモノ，そして，非談話的なモノによって選定された言説や談話は，最終的に，構築主義者が主張するように，制度や政策へ，そして大局的には新たな体制の維持性を構築していく．しかし，この維持性の過程で注釈しなければならないのが，セミオシスに対する物質的なモノである．多様性，選択性そして維持性へのダイナミクスは，図10-2が表すように，セミオシスから物質的なモノへの返還を意味している．しかし，この物質的なモノという概念の理解には注意が必要である．物質的なモノ，または，一般的に「物質」といわれるものは，例えば，今，目の前で読まれる本などがそれにあたるが，ジェソップらCPE学派らの想定する「物質」はより広義の意味で「物質性」として捉えられる必要がある．これは，アルチュセールのイデオロギーの「物質性」の理論から発展したものである．

アルチュセールによれば，イデオロギーというものは，思想的なモノであるが，その存在は，その中の主体や主体によって作り出されるシステムや機関，制度等によって体現されてこそ初めて機能するものである．したがって，イデオロギーが現実として機能することも含めて，「物質性」という考えを提唱している．CPEにおける「物質性」もこの考えに依拠する．すなわち，特定の言説や談話が選定されることで，特定の機関や制度，政策手段が，実際に構築・執行され，その中で諸所のアクター達がステージ・モデルなどの構造内でルーティーン化された行為を行う．そして，このような物質的行為は，談話的なモノによるところもあるが，テクノロジーのような物資的な世界とのかかわりや，一般的に物質とよばれるモノによっても維持される．例えば，政府がある規制機関を作る際，特定の政策に基づいて，その機関と機関内制度が制定され，特定の場所に，その規制機関の建物が建設または設置される．そして，その機関内では，特定のテクノロジーをもとに，規制に関する研究が行われ，その結果が政府や省庁へ報告される等の流れがルーティーン化されているのである．したがって，談話的なモノの役割は存在するモノの，それが，実現され維持されるには，建物やアクターがるティーン化して動くといった物質や物質性が重要になるということである．

以上が，CPE の多様性・選択性・維持性の理論であるが，この流れは，やはり，戦略的関係性アプローチと合わせて見ていくことができる．例えば，第1段階から第2段階においては，多様性のように，思い思いに経済状況を理解するアクター達が存在するが，第2～4段階に移行する際，選択制として戦略的局面と再帰的局面が存在することとなる．そして，これらの局面をクリアーすることで，最終的に，物資的維持性により，構造的な統一性（新体制の誕生や新たな政策の執行等）が現れるのである．

CPE アプローチの限界

ジェソップらの CPE アプローチは，大局的に政策過程，そして，それに関連する政治経済的ダイナミクスを理解するうえで，非常に有益な研究視座を提供している．特に，構築主義を踏まえつつも，その限界であった理想主義的側面を回避しつつ，他のアプローチの研究視座を取り入れている点が非常に評価できるものであろう．また，フェアークラフの談話分析やメタ・ガバナンス論等の理論は，前章で明確にした大局的研究射程を明確に取り込めるものである．このことから，CPE アプローチを政策過程分析における大局的なアプローチの1つとして捉えることできる．しかし，CPE アプローチを1つの大局的なアプローチとして捉えるとき，同時にその限界も指摘されておくべきであろう．その限界の1つが，前述の物質性とセミオシスの境界である．より厳密に言えば，物質的なモノと談話的なモノの境界である．

ジェソップは，構築主義の限界として理想主義的側面を指摘し，思想的なモノの政治的応用を制限する要因として，もしくは，言説・談話の選定における非談話的拘束力として物質的なモノを位置づけている．このことは，また，別の観点から，可能性の問題という形で議論が発展している．つまり，ジェソップら CPE 学派によれば，構築主義における理想主義の問題とは，アクターが考えつくものは何もかもが実現しえると想定することであった．この可能性の問題に対し，CPE 学派らは，アクターによる構造の変革というものは，常に「両立可能性（Compossibility）」であると主張する．つまり，物質性を考慮するジェソップらにとって，アクターが思想するモノが，具体化・具現化する可能性というものは，常にその思考可能性と物質的制限の中でのみ存在するということである．例えば，前述の宇宙人の例を挙げれば，宇宙人とそれらによって金融危機が引き起こされるというのは，思考可能ではあるものの，その事実確認やそれらに対する政策的テクノロジーは，現存の政治機関に備わっていないということである．したがって，例えば，ある政策などが提案されたとしても，それを実際に行うための物質的な要素が存在しない限り，政策は思想のままで終わるのである．このことから，思考可能性と物質的制限の両方で成り立つものが，具体化され具現化可能なものとなる．これが，CPE の唱える両立可能性である．

しかし，他方で，「物質的なモノ，特に，物質的な制限というものはどこからどこまでが制限となりえるのであろうか」という問は慎重に考察されねばならない．例えば，構築主義的に考えれば，ある物質の特徴は，思考によって変化しうる．そうであるならば，現状において，物質的制限と考えられているものが，実は，物質的な拘束力を持たない可能性がある．さらに，構築主義者からすれば，当の物質的拘束力を持つということも，結局のところ思想に依拠すると主張されえる．例えば，目の前にある本は，そのままでは，食べることができないので，その本の物質的制限を受け入れていることになる．しかし，この本がチョコレートでできていると知ったとき，その物質的制限は，突如として，食べることが可能な存在になる．これは，物質的なモノの制限と非物質的なモノの制限の絶対的な分類分けは，人間には究極的には不可能であるということを示唆している．実際，CPE 学者達は，この指摘を最終的には，ある程度受け入れ，戦略的本質主義［Spivak 1987=1990］という理論を導入している．つまり，非物質的な制限と物質的な制限の究極的な差異は明確に分けられるものではないが，分析をする上で有効であるということである．そして，分析的に分けられたカテゴリーにおいて，両立可能な可能性を見出すことに，研究の意義があるということである．しかし，この点はやはり，議論の余地が多分にあるといえるであろう．実際，ジェソップらCPE学派らが構築主義的理想主義を回避するため，思想などの談話的なモノの役割を制限することで理論化を進めた一方で，脱構造主義的アプローチの談話分析理論では，談話的なモノの社会構築における役割をより強調することで，CPEとは異なる大局的なアプローチを提示している．

脱構造主義的談話分析者たちは，CPEとの差異として，特定の思想や言説，政策などの不可能性を考慮する際，それら思想的なモノの選択過程を談話同士の対立の中で見出すことを主張している．つまり，実際，アクターの思想や行動を制限する物質的なモノが存在することは確かであるが，その物質的なモノとは何であるか，ということをアクター達が定義する議論の中で，思想間の戦いが勃発し，その後，談話ネットワークが主張するような，支配的思想による世界の定義により，可能な思想や行動というモノは制限されると考える．この脱構造主義的談話分析理論の展開は，まず，イデオロギー論が古典的な分類学的イデオロギー論からどのように発展し，また，何故，そのような発展が必要であったかという，分析的背景と歴史的背景を振り返りつつ明らかにする必要がある．

注

1）日本語訳に関しては，中谷義和によるジェソップの『国家権力（State Power）』［Jessop 2008=2009: 邦訳 54-76］を参照.

2）厳密に言えば，思想的なモノを媒体として戦略的関係性アプローチを提唱したのは，ジェソップの弟子であるコリン・ヘイ［Hay 2001］である．ジェソップは，思想的なモノを媒体と捉えるよりも，合理主義の根源を構築主義として捉え，構築主義と構造主義の対立を構造と主体の対立でとらえている．この差異は，いくらかの議論の余地があるが，分析的にも構築主義と合理主義を分けることで，より詳細な分析が可能となりえることから，本書では，ヘイの考えをもとに，思想的なモノを構造と主体の中間に位置する媒体として捉えた戦略的関係性アプローチを念頭にするものとする．

第11章
脱構造主義的アプローチと談話分析

前章では，政策過程を大局的に分析できるアプローチの1つとしてCPEアプローチを紹介した．CPEアプローチでは，セミオシス分析，戦略的関係性アプローチ，そして，多様性・選択制・維持性の理論等を提唱することで，構築主義的理想主義に陥らずに，制度主義や合理主義の要素を取り入れた研究視座が提供されていることを明確にした．そして，CPE学派によれば，このようなアプローチこそ，政策過程や政治経済のダイナミクスにおける，思考的可能性と物質的制限の双方（両立可能性：Compossibility），つまり，「可能性と不可能性」を現実的に捉えることができる理論であると主張されていた．しかし，他方で，前章の最後では，CPEの唱える，「可能性と不可能性」の考え方に，依然として，議論の余地があることも指摘し，「可能性と不可能性」の議論を深めるために脱構造主義的アプローチを検証する必要性を示唆した．

以上のことから，本章とその後に続く第12章では，脱構造主義的アプローチ，その中でも特に，談話分析理論を明確にすることで，「可能性と不可能性」の議論と，そして，その理論が，何故，政策過程分析に大局的な視座を提供しえるかを明確にしていく．談話分析理論は，欧米，特にヨーロッパにて，1980年代ころから誕生し始めた研究理論と手法で，英語では，Discourse Analysisまたは，Discourse Theoryと呼ばれている．しかし，談話分析理論は，制度主義・合理主義・構築主義の3つのアプローチのように，単発で説明するには，少し複雑であるため，本章では，まず，その理論が誕生した背景を説明するところからはじめる．

本章で着目する談話分析理論の発展の理論的背景は，イデオロギー論と分析手法の発展である．これは，談話分析とその分析手法は，イデオロギー分析の最新手法として認識されているためであり，イデオロギー論なしに談話分析理論を理解することは不可能と言っていい．現代イデオロギー論の発展で，まず，重要になるのが，パラダイム論である．パラダイム論は，第4章でみた分類学的なイデオロギー分析とは違い，モノゴトの定義というものは，時代によって異なり，その異なる定義によって主体の行動が変化することを主張している．このパラダイム論の主張は，「中立性」という概念を否定し，イデオロギーを含めた思想や概念，モノゴトの定義は複数可能であることを示唆する．しかし，パラダイム論においては，「何故，モノゴトの定義が複数存在可能であるか」ということは明らかにされていない．この点は，むしろ，脱構造主義的哲学者として分類される哲学者らの理論によって考察された．本章では，その代表的なものとして，ウィトゲンシュタインの「家族集合」という概念にて，「モノゴトの定義の複数性」を考察する．そして，最終的に，この「モノゴトの定義の複数性」の考え方をもとに，独自の談話分析を提唱したエルネスト・ラクロウの脱構造主義的談話分析手法［Laclau 2005; Laclau and Mouffe 1985; Glynos and Howarth 2007; Howarth 2000; Howarth, Norval and Stavrakakis 2000］を明らかにする．

パラダイム論

第4章では，代表的なイデオロギー分析の方法として，分類学的（タイポロジカル）なイデオロギー分析を明らかにした．しかし，分類学的なイデオロギー分析はその発端が相対主義的な考えから発展したにも関わらず，結局，その「分類分け」が絶対視されることで，マンハイミアン・パラドックスの問題が存在することも同様に指摘した．このマンハイミアン・パラドックスの根源は，観察者の「観測の中立性」というものに依拠している．つまり，観察者の観察の仕方は，常に中立的で，「見たままの世界を表している」という想定であるが，この中立性，特に，科学における中立性の不可能性を訴える形で誕生した理論が，パラダイム論である．

――マンハイミアン・パラドックスと中立性の問題

パラダイム論を理解する前に，イデオロギー分析におけるマンハイミアン・パラドックスを，分類学的な分析の中でも，最もシンプルな分類分けである「左翼」と「右翼」の定義において振り返ることから始めるのは有益であろう．「左翼」と「右翼」とは，フランス革命以後のフランス国民会議において，急進派が左側議席に，王党派が右側議席に着席していたことに由来し，右翼が旧体制的国家主義を唱えるのに対し，左翼はより開かれた政治経済体制を主張していた．この「左翼」と「右翼」の概念は，現在も日々日常頻繁に使用されている言葉であるが，その定義は非常に曖昧なものである．

例えば，今，国際貿易における自国の利益のみを考え，保護貿易による輸入関税引き上げと輸入制限を強調する国家主義的な政治家Aがいたとする．これに対して，ある政治家Bが国家主義的な政治家を「右翼的」であると糾弾し，関税は少しだけ残し，国家間自由貿易の促進を主張したとする．このBに対して，Aは当然，「左翼的」であると糾弾するかもしれない．しかし，ある日，他の政治家Cが全ての関税を撤廃することを主張したとする．このとき，Cにすれば，AもBも右翼的であり，AにすればBもCも左翼的であるということがいえてしまう．さらに，「右翼的」であること，「左翼的」であることが，日本のメディアなどでは，政策や政治行動を批判する際に使われることが往々にあるが，「なぜ，左翼，もしくは，右翼的考えであることが誤りであるのか」は言明されないことが多い．むしろ，政策分析を含む，政治的な言説において「イデオロギー批判」が展開されるとき，そのイデオロギー批判の発話者は，自分の考えは「中立的である」もしくは「絶対的に正しい」という想定がなされているといえる．同様に，「社会主義」や「保守主義」，「共産主義」などの言葉も，その発話者にとって，相手を糾弾する意味を持つ場合が多々あるものの，その発話者事態の思想の中立性や正当性が不明瞭である場合が常である．したがって，分類学的なイデオロギー分析では，「中立性」と「正当性」というものが分析者のイデオロギーを絶対視するところから始まるということが問題の発端といえる．そして，この「中立性」や「正当性」は「どこから来るのか」という問に対し，「それは，日々日常を構成する「当然」や「あたりまえ（Taken-for-granted-ness）」といった「考え」や「思想」に依拠しているのではないか」という観点からパラダイム論が展開された．

―― クーンのパラダイム論

「日常を作り出すモノは何か」という問いは，第8章で見たように，アルチュセールを始めとするマルクス主義者達に精力的に研究された問である．しかし，同様に指摘したように，アルチュセールらマルクス主義的イデオロギー研究の問題は，最終的にその根源を「階級闘争」へと昇華してしまうことであった．このマルクス主義のイデオロギー論は，比較的，ヨーロッパにおいて発展したものであったといえるが，ほぼ同時期的に，アメリカにおいても，トーマス・クーンら科学史研究の観点から類似のイデオロギー論が発達していった．これらアメリカ系，もしくは，科学史研究系のイデオロギー研究とマルクス主義者研究の違いは，そのイデオロギーの根源を階級闘争とはみなさず，むしろ支配的イデオロギー，または，クーンが「パラダイム（Paradigm）」と呼んだ「思考の枠組み」の編成が，科学の歴史を作り出しているというものであった．

代表作である『科学革命の構造』にて，クーン〔Kuhn 1962=1971〕が行ったことは，科学の常識に関するイデオロギー分析である．クーンによれば，科学における「正しさ」の基準とは，時代時代によって異なり，その正しさの基準をもとに，科学的実験や行為，総称して「通常科学（Normal Science）」というものが営まれるのである．例えば，現代の宇宙物理学や天文学では，アインシュタインの相対性理論が科学的考察の規範となっている．しかし，この相対性理論が「常識」となったのは，人類の歴史で言えばつい最近のことである．よく知られているように，例えば，西欧において，「地球が丸い」という考え方は16世紀まで異端的な考えとして，排他されてきた．それまで，天動説という，地球の自転等は存在せず，回っているのは宇宙のほうであるという考え方がそれまでの「常識」であり，その常識をもとに，天文学などの「通常科学」がなされていたのである．そして，この「通常科学」に正当性を付し，「常識」を作り出す考えの枠組みをクーンは「パラダイム」と名付けた．また，天動説から地動説，地動説からニュートン力学，そして，アインシュタインの相対性理論へとパラダイムが移り変わっていくことをクーンは「パラダイム・シフト（Paradigm Shift）」と呼んだ．したがって，クーンによれば，科学の歴史とは，パラダイム・シフトの編成によって行われるものだというように理解できる．

クーンのパラダイム論は，科学史界のみならず，様々な学問に影響を与えた．社会科学におけるイデオロギー分析もその１つである．前述にも述べたように，分類学的イデオロギー分析の様に，イデオロギーの基本的なタイプ分けを行い，その動向を追うのではなく，規範的な常識として受け入れられている「考え」というものを歴史的に分析するという新たな視座を提供したのである．つまり，クーンは，科学史研究において，構築主義的アプローチを確立したといえるであろう．このクーンの構築主義的分析手法は，政策学においても，アメリカ政治経済学者ピーター・ホール〔Hall 1993〕によって，1970年代から80年代のイギリスにおける経済政策の転換期の分析に応用された．

――政策研究とパラダイム論

前章で述べたように，戦後社会主義体制の中，イギリスでは，国家主導の経済政策が行われていた．この経済政策の規範となっていたのが，近代経済学の始祖と呼ばれるジョン・メイヤード・ケインズの経済理論をもととしたケインズ学派と呼ばれる経済学であった．ケインズ経済学では，基本的には，経済政策は国家主導による財政政策が中心であったといえる．つまり，道路などの公共事業等を増やすことで，経済を活性化させるということである．しかし，公共事業をするということは，国家が中心となり，経済に金を注入するということも意味する．これにより発生した問題がインフレであった．インフレは，お金を経済に過剰供給してしまうということで発生する問題である．これに対し，アメリカのミルトン・フリードマンらの提唱するマネタリスト学派の経済学は，政府の介入を真っ向から否定した．特に，インフレ対策については，経済の「自然失業率」という概念を用いて対抗したのである．自然失業率とは，経済学の「規模の経済」という概念がもとになっているが，失業者の中には，「転職」や「休職」のつもりで職についていない経済アクターがいるという考えである．したがって，経済が自然失業率に達している場合，無理やり政府が失業率を下げるために，金を市場に注入するのは，名目的な物価や労働賃金を上げて，インフレを起こすだけだと批判したのである．そして，このような市場に不必要な介入をする財政政策をやめ，金利を動かすことで，金融業が必要に応じて市場に金を配分するような金融政策に経済政策をシフトするべきだとマネタリストは主張し，サッチャー政権にてマネタリストの案が採用されていくと，イギリス政策におけるパラダイムは財政から金融へと明確にシフトしていったことをホールは明らかにした．

ホールの政策研究におけるパラダイム論の応用は，政策学におけるイデオロギー分析に新たな視座をもたらした．それは，政策における科学的な規範というものは，政策立案者の考えがどのような思想に依拠しているかで変化しうるということである．このホールの指摘は，政策を具現化する際の立法や政治的介入などの政策的行動の正当性が規範的思想によって変わりうることを意味する．そして，規範的思想の変化により，正当性が変化するということは，中立性と呼ばれる概念の意味も多分に変化しうることも示唆するであろう．むしろ，厳密にクーンの理論にのっとるとき，中立性というものは，パラダイムの中での中立性であるということがいえる．このように，時代ごとのパラダイム，規範的科学，また，「常識」と呼ばれるものを構築する思想を理解することで，政策過程がより批判的に理解できるようになるといえる．しかし，このクーンやホールの理論的限界は，CPE 学派が提示しているような思想の選択のダイナミクスが明確に示されていないことである．

クーンもホールもパラダイム・シフトの起こりうる可能性は，簡単な道のりではないことを言及している．例えば，クーンは「ガリレオ裁判」のように，天動説から地動説に移るまでのパラダイム・シフトの長い歴史を指摘し，ホールにおいても，マネタリスト的パラダイムの転換における旧制度の解体の問題を示唆している．しかし，やはり，その選択のダイナミクスの研究は希薄であるといえる．そして，この思想の選択のダイナミクスを明らかにするには，クーンやホール，そして，多くの構築主義者が明確にしていない，「思想・概念の複数性」について考察する必要がある．平たく言えば，「何故，世界を理解する方法はいくつもありえるのか」という哲学的な根源的問である．

複　数　性

パラダイム論を見ることで，「常識」と呼ばれているものが，実は作られた見方であることが明確になったであろう．これは，「日々日常」というものは歴史的また社会的な産物であるということである．言葉を換えれば，「現実(Reality)」というものは，構築されたものであるということになる．つまり，フーコーの統治論やアルチュセールのイデオロギー論で明らかにしたように，特定の思想が普及することで，それを基盤とした政治経済の現実が構築されるということである．しかし，ここで注釈すべきことは，CPE 学派らが主張するように，特定の思想により現実というものが構築されたとしても，それは，世界のすべてが思想で構築されているわけではないということである．例えば，今，この本を読んでいる現実が存在するが，この本を食べ物にすることはできない．しかし，枕の代わりにして寝ることは可能であろう．それでは，本から枕へと変化した目の前のモノの何が変化したのであろうか，それは，目の前にあるモノの「意味」である．つまり，今，目の前にあるモノの意味は複数性を持つということがいえる．第５章で指摘したように，この意味の複数性は，政策研究において重要である．本書が定義するように，政策というものが「政府や政府機関のモノゴトに対する基本方針」であるならば，その「モノゴト」の意味が多様に変化しえる際，政策のありかたもそれによって多分に変化しえるからである．この点は，第５章の構築主義の導入において，簡単に言及するにとどめたが，この意味の複数性ということが，脱構造主義的アプローチを理解するうえで，非常に重要となるため，まずは，構築主義的理解におけるモノゴトの意味の複数性とは何であるか，その理論の根幹をなす哲学に触れながら明らかにすることとする．

―― 複数性と家族集合

第５章で紹介した構築主義者の中には，自由や平等，公平性等の意味についての複数性を明らかにし，どの意味を採用するかで政策の差異が発生することを指摘している研究者もいる［Stone 2012］．これは，例えば，第５章で見たように，アイザィア・バーリンの自由論をもとに，自由の意味を「積極的自由（Positive Freedom）」と「消極的自由（Negative Freedom）」と分け，そのどちらを強調するかで，イデオロギーが異なり，それをもとにした政策も変わりうるということである．しかし，概念や思想の複数性を示唆する構築主義者の多くの共通点として，哲学的考察の欠如が指摘できる．つまり，「何故，意味は複数存在しえるのか」という問が，経験則的レベルでしか捉えられていないということである．これは，パラダイム論にも同様のことがいえるであろう．つまり，「何故，パラダイムが複数存在しえるのか」という点が明確ではないということである．この複数性の根源的な理由を理解するには，20世紀哲学の潮流と，それがどのように社会科学に影響をもたらしたかを明らかにする必要がある．

20世期の哲学の特徴に，「言語論的展開（Linguistic Turn）」という現象がある．これは，それまで，哲学者が思い思いに自分の理論や哲学を展開していたと考えられていたことに対して，「展開していた理論や哲学というものが，実はそれを表すために使用していた言語によって規定されていたのではないか」という問から始まったものである．この言語論的展開において，重要な哲学者は多々いるが，中でもルドヴィック・ウィトゲンシュタインの与えた影響は甚大なものであった．

ウィトゲンシュタインの思想は「前期」と「後期」に分けられる．前期ウィトゲンシュタインは，彼の博士論文『論理哲学論考』［Wittgenstein 1933=2003］がもととなった思想であり，後にウィーン学派と呼ばれる論理実証主義という哲学の思想的運動にまで発展した．前期ウィトゲンシュタインの主張は，哲学の諸所の問題は，言葉の誤用や恣意的な思想，誤った思考の探求に起因するものであるというものである．つまり，神だとか，運命だとか，人間が知りえぬ範囲について，学者達が想定したモノを考察しても，なにも有意義な問と考察にはならない，したがって，人が知りえぬ範囲のことについては「語るべきではない」と主張したのであった．『論理哲学論考』を書き終えた当初，ウィトゲンシュタインは，哲学の問題はすべて解決したと宣言し，研究をやめてしまった．しかし，最終的に，『哲学的考察』［Wittgenstein 1953=1978］の中でウィトゲンシュタインは，前期の思想を覆す考えを展開することになる．前期ウィトゲンシュタインの対象はあくまで「世界とその表し方，そして，その考察が正しいか正しくないか」であった．これを「写像論」と呼ぶ．しかし，後期ウィトゲンシュタインが注目したのは「『世界の表し方』または『正しさ』とはなにか」という「意味」の問題であった．この意味の探求においてウィトゲンシュタインが提唱した概念の１つに「家族集合（Family Resemblance）」というものがある．

家族集合とは，あるモノに対して，意味が複数存在しえるということを理論化した概念である．例えば，「椅子」を定義づける（意味付けする）とき，「木製」「４つの脚」「背もたれ」という定義が可能である．しかし，この定義に対して，「鉄製」「３つの脚」「背もたれ」という様な定義も可能である．他にも「鉄製」「４つの脚」「４つのキャスター」というものも可能であろう．このように，椅子の定義は複数存在することが判る．この定義の複数性は，**図11－1**の様に可視化できる．

そして，ウィトゲンシュタインによれば，この椅子の定義は，どれが正しいというわけではなく，どの定義も椅子の定義として「可能」なのである．これが，「家族集合」の概念である．つまり，モノゴトの意味付けや概念構築というのは，常に「家族集合」的で，絶対的な「概念付け」をすることは不可能であるということを示唆している．しかし，この考え方に対して，「何故，意味付けや概念構築というものは，常に『家族集合』になるのであろうか」という問が残る．ウィトゲンシュタインは，この問に対し，騙し絵の例をもとに，人間の認知の不完全性を示唆することで答えている．例えば，片方の端から見るとウサギに見えるが，反対側から見ると鳥に見える絵があるとき，その絵は「ウサギ」を表しているともいえるし，「鳥」を表しているともいえる．この２

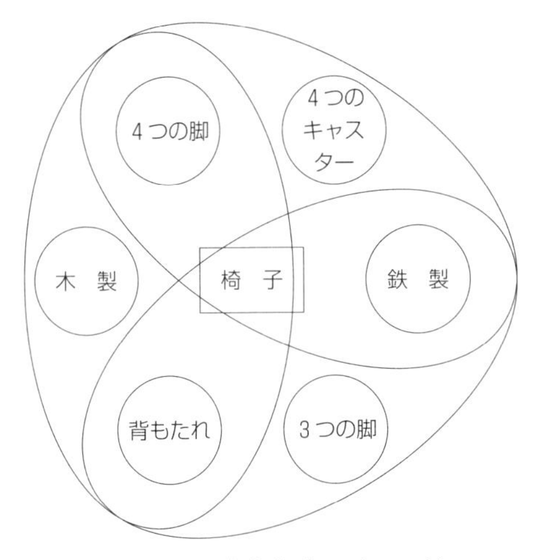

図 11－1　家族集合のイメージ

つの定義がその絵に関して存在するとき，ウィトゲンシュタインは，両方の定義はどちらかが間違っているというわけでもなく，両方とも可能な定義なのであるが，両方の定義を同時にすることは人間には不可能であり，両方とも可能な定義として存在すると主張した．これが家族集合の本質となる定義の複数性である．この定義の複数性を主張する家族集合という概念は，社会科学にも広く応用されていった．

例えば，ジェラルド・マッカラム［MacCallum 1967］は，バーリンの自由論を批判的に踏襲し，家族集合的に「自由」の概念についての複数性を明確にした．マッカラムは，自由とは，「～するための自由（freedom to）」「～の自由（of freedom）」そして「～からの自由（freedom from）」という3つに定義付けすることができると主張した．そして，この3つの定義はそれぞれ，類似的な定義づけであるものの，どの要素に主眼を置くかで，1つが選択され，自由の理論が構築されると結論付けた．このように，人間の認知の限界という点で，モノゴトの定義が複数可能であるという指摘をしたところが，ウィトゲンシュタインの家族集合の独自性といえるであろう．しかし，概念の複数性を説いたところで，ウィトゲンシュタインやマッカラムは，「何故，特定の概念が優勢になり，他の概念が劣勢となるのか」という点についてはあまり述べることはなかった．つまり，意味や概念が複数存在するにもかかわらず，何故，特定の意味や概念が，他の意味や概念を差し置いて，より「一般的」であったり，日常的に繰り返し使われるのか，という点が明らかにされていないということである．この点において，稀なケースとして，家族集合の概念を用いて，「概念の優劣」を理解するための足掛かりとなる「競争性」という考え方を発展させた学者にウォルター・ギャリーがいる．

―― ギャリーの本質的競争概念

イギリスの政治哲学者ウォルター・ギャリー［Gallie 1956; 1957］は，「科学」や「民主主義」等，「意味や定義づけが家族集合的に複数可能な概念において，それらの中で最も正しいものはどの意味や定義づけであるか」という真理追及的な競争状態が，その概念を使用するアクター間において議論として勃発することを指摘した．そして，その様な意味や定義づけが複数存在し，真理追及的な競争的議論をアクター間に引き起こす概念を「本質的競争概念（Essentially Contested Concept）」と呼び，その概念の理論化を行った．このギャリーの「本質的競争概念」は，例えば，政策研究でいうならば，第4章の社会福祉政策における国家の役割と人間の本質の議論に当てはめて考えることができるであろう．

第4章にて，現代日本における健康保険システムは，社会主義的な福祉政策によって成り立っているが，その健康保険システムの自由度を上げるためにも，自由主義的な福祉政策が主張されることがあることを指摘した．そして，この議論は最終的に，「人の本質」と「国家の役割」についての定義づけの違いによって引き起こされる議論でもあった．つまり，自由主義の始祖であるロックは，人間は本質的に（生まれながらに）自由であり，自由に生きるための能力が備わっていると主張し，国家の役割をその自由を守るためだけに制限することを主張していた．これに対し，ルソーは，人間の本質を「友愛」と捉え，皆が共同で生きていくための共同体的社会を主張していた．このことより，国家福祉政策における自由主義的政策と社会主義的政策の対立関係が，「人間の本質」と「国家の役割」という本質的に異なる定義によって展開していることが判るであろう．そして，これら「人間の本質」と「国家の役割」といったものは，ギャリーの主張する本質的競争概念であり，そのような概念は，絶対的な定義が不可能であるにも関わらず，どちらがより正しいか，という議論が発生することで，競争的になるのである．

ギャリーの本質的競争性は，家族集合概念を使用した初期の理論における意味や概念の対立関係を表したものとして評価できる．しかし，ギャリーの本質的競争概念は，あくまで「競争性」であり，どのように，また，どのような「闘争状態」になるか，という点は不明瞭であった．しかし，この「闘争状態」というものこそ，「可能性と不可能性」というものを考えるうえでカギとなってくる．それは，自由主義的政策と社会主義的政策の対立関係のように，どちらかの概念が社会的に正しいと認識されることで，片方の政策が立案・執行可能なものとなることで，他方は棄却されるからである．そして，その「可能性と不可能性」にまつわる思想間の「闘争」を，脱構造主義的哲学をもとに理論化した政治学者にエルネスト・ラクロウが挙げられる．しかし，ラクロウの闘争性の考え方を明確にするには，彼の談話理論と脱構造主義的哲学と共に明確にする必要がある．

談　　話

「脱構造主義的哲学とは，なんであるか」という問に厳密に答えるには，複雑な歴史的また哲学的考察を要することになるが，それを掲げる哲学者の共通点に，前述のウィトゲンシュタインの紹介で見たような言語論的展開，また，反本質主義，そして不完全性というものの主張を挙げることができる．また，脱構造主義以前の哲学の多くが絶対的真理の追究というものを掲げていたのに対し，脱構造主義者は「真理は存在するかもしれないが，人間にその絶対的な探求は不可能である」と主張している．脱構造主義者達は，このような絶対的真理の認知否定を「表しているモノ」と「表されるモノ」の関係性の考察から提唱している．

―― 言語論的展開と反本質主義哲学

「表しているモノ」と「表されるモノ」の関係性の考察は，言語学の始祖と呼ばれるフェルディナンド・ソシュール［Saussure 1968=1972］によって，「シニフィエ」と「シニフィアン」の違いとして提示された考え方である．シニフィエ（Signifié）とはフランス語で「表されているモノ」，英語でシグニファイド（Signified）と呼ばれるもので，シニフィアン（Signifiant）とはフランス語で「表しているモノ」，英語でシグニファイアー（Signifier）と呼ばれる．また，以下で説明するラクロウの理論は英語で書かれたものなので，本書では，シグニフ

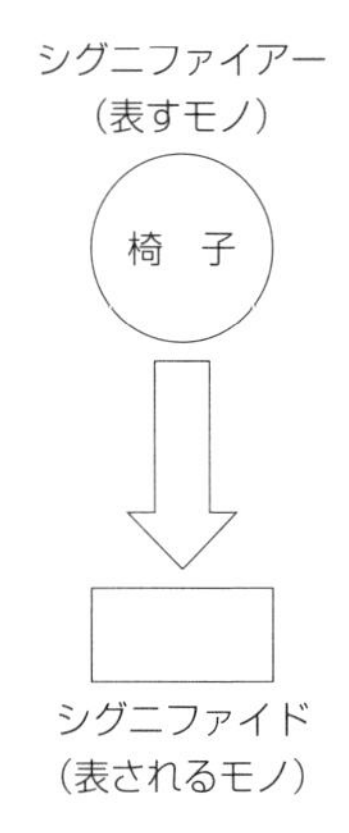

図11－2　シグニファイドとシグニファイアー

ァイアーとシグニファイドという言葉を便宜上使うこととする．例えば，図11－2が表す様に，「椅子（いす）」という言葉は意味なので「表しているモノ」となり，椅子と呼ばれる物体は「表されているモノ」といえる．このソシュールのシグニファイアーとシグニファイドの関係においてラクロウは，反本質主義をもとに独自の意味論を展開している．

反本質主義とは，絶対的な「モノの本質」，または絶対的な意味の存在を否定する考え方である．例えば，「椅子」の意味は，日常において「座るモノ」として認知される．しかし，その意味（シグニファイアー）は，その意味付けされたモノ（シグニファイド）の絶対的な意味や本質ではなく，他にも図11－3が表す様に，「机の代わり」や「乗り物」等，様々な表し方，または，意味付けが可能である．

このようにシグニファイドとシグニファイアーの絶対的な関係性を否定することが脱構造主義における言語学的反本質主義といえる．これは，前述の「複数性」と関連付けるならば，シグニファイドに対するシグニファイアーの複数性といえるであろう．そして，ラクロウ［Laclau: 2005; Laclau and Mouffe 1985］は，このシグニファイアーの「本質」に対して，シグニファイドに対するシグニファイアー，つまり，「意味」というものは様々な「要素」を関連付けることで構築されると主張したのである．これは，例えば，先の家族集合（図11－1）における「椅子」の例で言えば，まず，「木製」「4つの脚」「背もたれ」という定義が可能である．しかし，この定義に対して，「鉄製」「3つの脚」「背もたれ」という定義や「鉄製」「1つの脚」「4つのキャスター」という定義も可能であった．しかし，この1つ1つの定義の中にある要素はいくらでも組み換えが可能である．例えば，「木製」「1つの脚」「4つのキャスター」というような組み換えである．このように，様々な要素と要素を組み合わせることで概念構築（意味付け）がなされるという事を，ラクロウは，アーティキュラトリー・プロセス（Articulatory Process）と呼んだ．形容詞である Articulatory の名詞 Articulation とは，「関連付け」という意味と「発話」という意味を持った単語である．つまり，アーティキュラトリー・プロセスとは，要素要素を関連付けて発話するという事を意味している．

ラクロウの反本質主義哲学をもとにした複数性を認める概念構築は，前述で見てきた意味構築の中で最も根源的に理論展開したものといえるであろう．しかし，アーティキュラトリー・プロセスを説明するにあたり，ラクロウは，言語というもののみにこだわることをしていない．ラクロウにとって，「現実」と呼ばれるものもまた，アーティキュラトリー・プロセスによって構築された1つの統一的なフィールドであり，その統一されたフィールドを「談話（Discourse）」と呼び，独自の談話論を展開していった．

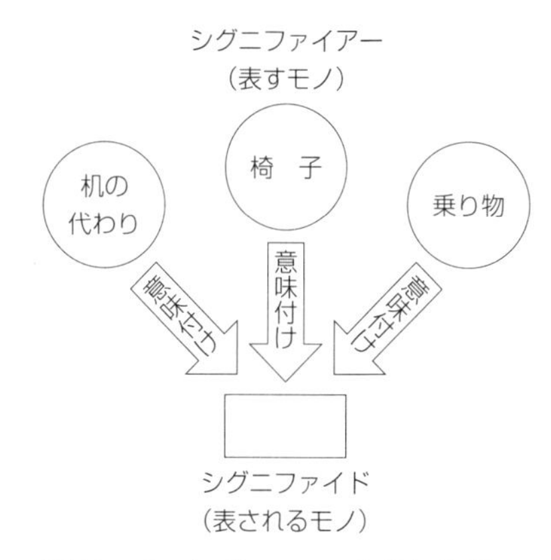

図 11－3　シグニファイドと複数のシグニファイアー

例えば，目の前にある物体を「椅子」と呼び，これを「座るモノ」と意味付けした際，その椅子の前に「机」と呼ぶモノを置き，その上に「パソコン」と呼ばれるモノを置いて「明日の授業と学生のため」に「レジュメを作製する」ことで，「教員の現実」が構築される．このことは，ラクロウ的理解では，言語的要素のみならず，「机」や「パソコン」などの物質的なモノや「座る」や「レジュメを作製する」という非言語的行為，さらには「明日の授業と学生のため」等のインタレストまでもが関連付けられることで，教員という行為者の統一された現実，つまり，談話が構築されているといえる．したがって，ラクロウの談話分析とは，現実と呼ばれる談話が，どのような要素が関連付けられることで成り立っているかという事を反本質主義という哲学をもとに提示したものといえる．しかし，ラクロウは，この談話構築の理論を展開するうえで，さらに，特定の談話というものが，いかに「日常」として再生産され，さらには，他に可能であった談話的現実を排他させていったかという事も理論的に発展させていった．この他に可能であった談話的現実の排他というところが，「闘争性」そして「可能性と不可能性」というこの章の当初の問題に明確な視座を提供している．

―― 談話的闘争性と脱臼的瞬間

ラクロウの闘争性の理論を理解するには，彼のアーティキュラトリー・プロセスをより詳細に見ていく必要がある．ラクロウによれば，アーティキュラトリー・プロセスを通して，様々な要素が関連付けられ，談話という統一されたフィールドが完成するということであった．しかし，この統一されたフィールドを完成するには，他方で，関連付けられない要素が存在することも意味するとラクロウは主張した．

前述のウィトゲンシュタインの「騙し絵」やマッカラムの３つの自由の概念のように，１つの意味や概念構築等を行うには，人は要素を取捨択一し，特定の要素を基盤として，統一性を構築する必要があるとラクロウも唱えた．しかし，これは，アーティキュラトリー・プロセスに関して言えば，「～である」という肯定的な関連付け行為と，「～ではない」という否定的な排他的行為がなされることも示唆する．先の椅子の例でいえば，「木製」「４つの脚」「背もたれ」という定義づけをしたとき，「鉄製」や「３つの脚」や「４つのキャスター」という要素は除外されるということである．しかし，他方，家族集合から見てきたように，この除外された要素を組み合わせることで，他の談話構築の可能性も残っている．したがって，この他の統一性，または談話構築の可能性を残しながらも，１つの「閉じられた」統一的フィールドを構築するということは，１つの談話構築というものは常に不完全であるということを図11‐4が示すように意味する．

つまり，シグニファイアーとシグニファイドの関係でいうならば，シグニファイアーを構築するために，様々な要素を選び抜くが，常にこの選択的行為によって排他された要素と別のシグニファイアーの可能性が残り続けるため，構築されたシグニファイアーは常に不完全なものとして構築されるということである．これを言葉のみではなく，現実構築としての談話という意味で捉えた場合，日々日常と呼ばれる現実（Reality）は，世界（The Real）の特定の要素を関連付けることで成り立っているのであり，他の現実や様々な要素が排他され，関連付けられないまま残されているということになる．これはつまり，現実＝世界ではなく，常にこの２つの間に，埋まることのない溝が存在しているということになる．この溝は，現実の世界の表象に対しての限界を表している．そして，この限界が露わになり，他に可能であった現実と関連付けが可能であった要素達が明るみにでる瞬間をラクロウ［Laclau 1990］は脱臼的瞬間（Disloca-

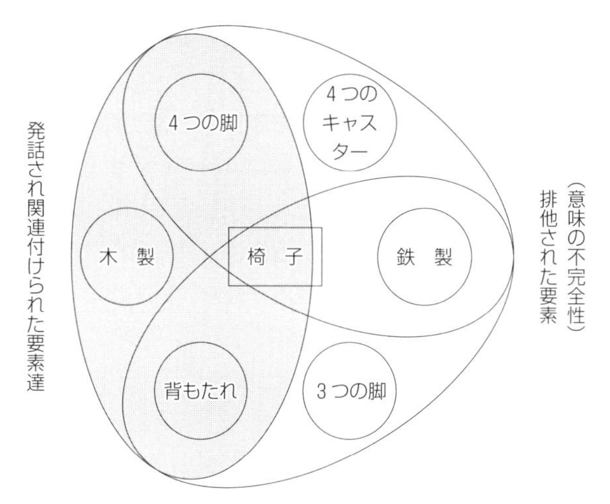

図 11 - 4　談話構築の不完全性のイメージ

tory Moment）と呼んだ.

脱臼的瞬間とは，既存の関連付けられていた要素の関連性が外れることで，現実と呼ばれている談話が，危機的状態に陥いるということである．談話構築の不完全性から脱臼的瞬間の一連は，例えば，前述のイギリス戦後社会主義における政治経済の行き詰まりまでの流れで理解することは可能であろう．イギリス戦後社会主義的談話は，「社会主義」というイデオロギーに，「国家主導型経済政策」や「国家主導型社会福祉政策」が「ケインズ経済学」という経済思想と共に関連付けられることで談話的統一性をなしていた．しかし，英国病と揶揄されるような危機的状況に経済が陥ったとき，「自由主義」というイデオロギーに「反国家介入的政策」と「金融主導の政策」といった「マネタリズム」という経済思想が関連付けられた，新自由主義的談話が台頭してきたという様に理解できるということである.

さらに，この危機に陥った談話に対し，その代替的談話，もしくは，オルタナティブな談話というのは，それまで日常として受け入れられていた談話に対して，挑戦的に発話されるとラクロウは指摘している．これが，談話的闘争という考え方である．例えば，戦後社会主義体制における国家主導型経済政策は，完全雇用を目指したことで，インフレという問題を引き起こした．この「国家主導型経済政策」と「インフレ」という考えを関連付けることで，「国家介入の失敗」という言説を発話し，それを普及するような行為（デモやメディア報道）

などによって新自由主義的談話は，戦後社会主義的談話に挑戦していったのである．したがって，ラクロウによれば，闘争性というものは，談話構築における限界と排他された可能性がその源泉であるということになる．つまり，1つの談話という現実，もしくは，談話的構造が構築される中で，その構築から排他されていた要素やオルタナティブな談話が，再構築の可能性の中で，発話され，関連付けられることで，既存の談話的構造に対抗し，闘争状態になるということである．さらに，これは，政策でいうならば，ある正当性が認められていた政策が失敗に陥った際，他に可能であった，もしくは，「不可能である」とされていた政策が，既存の政策の正当性を否定することで，「可能なもの」として台頭しえることを意味しているのである．

以上，談話的闘争の概念を明らかにしたところで，「可能性と不可能性」の問題についてより詳細に考えていくことにする．そのためにもまず，談話的闘争性に関して2つ注釈しておくことがある．1つ目は，談話的闘争は，既存の現実として受け入れられている談話とそれに対抗する排他されていた談話との闘争のみではなく，排他されていた談話同士の談話間でも，その闘争がありえるということである．これは，以下で明確にしていく覇権をめぐる闘争において重要なことである．2つ目は，談話的闘争が勃発したとしても，必ずしも，新たな談話による現実の構築が行われるわけではないということである．つまり，新たな談話的構造の編成は，談話闘争の結果次第ということでもあるが，この点が「可能性と不可能性」の議論において重要な点となる．以上のことを踏まえ，以下では，「可能性と不可能性」に関して考察するために，ラクロウの「覇権的談話」という概念を明らかにしていくこととする．

―― 覇権的談話

談話的闘争の理論を展開する中で，ラクロウ［Laclau 2005; Laclau and Mouffe 1985］は，「談話的闘争」とは「談話の覇権的闘争である」と主張している．この，「覇権的闘争」という考えにおける「覇権（Hegemony）」とは，イタリアのマルクス主義者であるアントニオ・グラムシー［Gramsci 1973］によって確立された概念がもととなっている．グラムシーの覇権理論は，フーコーの統治論に近い考えであるが，フーコーの統治論が1つの政治経済における統治構造を明らかにしたのに対し，グラムシーの「覇権」とは，その統治構造の波及を，イデオロギー的波及として捉えている．

例えば，グラムシーの時代に，大量生産型資本主義がそれまでの伝統産業をもととした経済を解体しながら新たな経済構造（経済の日常）を構築していた．これにより，伝統的な制度や行事などの生活の基盤は，経済中心のものへと塗り替えられていったのである．このようにフーコーの統治論とは違い，グラムシーの覇権とは，特定のイデオロギー的波及がどのように広がっていったかを考察しているといえる．言葉を換えれば，フーコーの統治論が，ある国家における政治イデオロギーの統治性を表しているとすれば，グラムシーの覇権理論は，それが，他の国や地域においてどのように進出し，既存のものを塗り替え，浸食していくかということを主眼としているといえる．このことより，ラクロウの「談話的闘争」とは「談話の覇権的闘争である」という意味が理解できるであろう．つまり，談話的闘争とは，新たな談話によって，既存の談話を塗り替え，侵食し，転覆する試みが行われる瞬間であるということである．より詳細にいえば，談話とは要素要素を関連付けるという波及的側面をもつ，そのため，異なる談話同士が対立するというのは，まさに，その波及的運動同士が激突する状態であるといえるであろう．そして，ラクロウは，その激突する談話同士の中でも，闘争に勝ち抜き，「日々日常」または「現実」として再生産されるようになる談話を，「覇権的談話（Hegemonic Discourse）」と呼んだ．

覇権的談話という概念における「覇権」とは，フーコーの統治論に近い考えである．つまり，覇権的談話の中にいる主体はその統一性を守る形で日々の行為を行うということである．この主体の行動は，ラクロウによれば，フーコーと同じように特定の価値観も関連付けることでなされている．それゆえに，例えば，覇権的談話，つまり，「日常」が危機的状況に陥ったとしても，できるだけ，既存の統一性（「日常」）を崩さないような行為が主体に求められるのである．つまり，覇権的談話の統治性を大きく崩してしまうような要素，言葉を換えれば，日常に対して共約不可能な（受け入れられない）要素は関連付けられないが，出来るだけ日常を維持できるような共約可能な（受け入れられる）要素が取り込まれるような行為が主体によって取られるということである．この覇権的談話下における主体に，特定の所作を取らせることを，ラクロウ学派の１人デイビット・ハワース〔Howarth 2013〕は「覇権的オペレーション（Hegemonic Operation）」と呼んだ．この覇権的オペレーションに関しては，次章でさらに詳しく見ることとするが，前述のイギリスの金融危機が例として挙げられるであろう．

2007年から始まった金融危機は，その未曽有の規模により，金融中心化したイギリス経済を大きく変革するものであるとメディアや知識人の間では考えられ，実際，議会においては，危機発生当初から金融規制に関する大幅な見直しが口々議論されていた．しかし，ここで注視すべきことは，「規制の大幅な見直し」は「金融を中心とした政治経済体制からの脱却」を絶対的に意味する必要はない．事実，危機以後におきた「金融規制の大幅な見直し」に関する議論では，結局のところ，「今ある既存の金融中心化した経済をより安定的にするための方法」のみが議論されていたのであった．これは，金融化した政治経済体制，または，金融を中心とした新自由主義体制という日常（覇権的な談話）の中で，「オルタナティブな談話の可能性」，つまり，「既存の現実（日常）の在り方以外の可能性」は排除されていたということを意味している．そして，この既存の談話構造（日常）を維持させ，他の可能性を排他させる行為をアクターに取らせる談話の機能こそ，覇権的オペレーションと呼ばれるものである．この点については，次章，より詳細に実証分析にて明らかにする．

談話分析の新たな視座

以上，脱構造主義的アプローチについて，ラクロウ学派の談話分析理論を中心に，基本的な理論と分析概念を明確にしてきた．この脱構造主義的アプローチは，CPE とはまた違った形で大局的に政策を分析する視座を提供している．

まず，談話分析において，制度主義的な，制度ヒエラルキーやそれに基づくパワー・バランス等のアクターや機関の関係性，そして，ネットワーク論的なアクターや機関の関係性は，1つの談話的構造として捉えることが可能となる．そして，この談話というのは，また，特定の思想なども発話・関連付けることで成り立ち，主体にとっての現実を構築しているといえる．そして，その談話的構造内での主体は，特定の合理性をもとに行動することが促されるのである．これは，政策研究においても，政策は，特定の談話的構造の中で，立案，立法，そして，執行されることを意味する．しかし，談話分析理論が提供する特異な視座は，ある政策が立案・執行されるかどうかは，その政策が「科学的に」「絶対に」正しいから執行されるのではなく，特定の談話内の基準において「正しい」と認知されることで執行されると主張される点である．この点は，当然，CPE にとって，理想主義的であると非難されるが，その議論については，次章の最後にて再度触れることとする．しかし，談話内における相対的な正しさによって，特定の政策が「可能」となり，他の政策が「不可能」になることは，構築主義においても主張されていたことであるが，ラクロウ学派の脱構造主義的談話分析では，その主張をさらに，談話同士の「闘争性」という考えをもとに詳細に理論化している点が評価できるであろう．

「何が正しく，何が正しくないか」を決定する日常を作り出す談話は，常に不完全であるが故に，それが危機的状況に陥った際，他に可能であったものと闘争状態に陥る．そして，この異なる談話の中では，例えば政策等の「可能性と不可能性」が変わりえるのである．前述の例で示した様に，戦後社会主義体制という談話構造（日常）の中で可能であった「経済政策」と新自由主義体制という談話構造内（日常）で可能となる「経済政策」というものは異なるということである．そして，この変容のダイナミクスを脱構造主義的哲学と言語学的思考をもとに応用することで，ラクロウ学派は，談話的闘争というものを分析する手法を提示している．この闘争の概念と理論は，さらに，マルクス主義的な階級闘争の考えを乗り越えたものといえる．事実，ラクロウ学派は，「脱マルクス主義（Post-Marxist）」［Laclau and Mouffe 1987］を唱えることで，闘争の理解の幅を，階級闘争という制限から解き放つことでその理論を確立している．このことより，ラクロウ学派の脱構造主義的談話分析は，制度主義・合理主義・構築主義の異なるアプローチの要素を大局的に取り入れたのみならず，さらには，政策過程から政治経済体制変容のダイナミクスを談話的闘争性という概念で説明することを可能にしたといえるであろう．以上，脱構造主義的談話分析の基本的な理論を明らかにしたところで，次の第12章では，実際に，この談話分析理論をもとに，どのような政策分析が可能か，その分析手法と分析する際に関連する理論や概念等をより明確にしていくこととする．

第12章
政策過程における談話分析

前章にて，談話分析の基礎的な理論を明らかにしたところで，この章では，どのようにその分析手法が経済政策分析などに応用できるかを中心に見ていくこととする．しかし，そのまま談話分析を経済政策過程分析に応用するよりも，脱構造主義的アプローチが，特に，経済政策において重要な意味を持っていることを明確にしておくことは有益であろう．したがって，この章では，まず，現代政治経済現象を「イデオロギーの終焉」という言葉で表した理論から見ていくこととする．その後，最終的に経済政策における談話の闘争性を明らかにするために，その経済政策の根幹をなす現代経済思想における闘争性を談話分析的に明確にする．そして，この現代経済思想の談話分析をもとに，前章までに見てきたイギリスの金融危機における経済政策過程を見ていくこととする．

イデオロギーの終焉とそのイデオロギー性

本書の諸所で指摘したように，「イデオロギー」という言葉は，現代の日本語では聞きなれない言葉になってきたといえよう．実際，世界的に社会科学研究において，「イデオロギー分析」というものが，「古臭い」分析という風に扱われるようになっているのも，また，事実である．この風潮は，「イデオロギーの終焉」と呼ばれるものである．このイデオロギーの終焉という風潮もしくは現代政治経済現象が，理論的に指摘され始めたのは，1960年代のアメリカ社会学者ダニエル・ベル［Bell 1960=1969］とシーモア・リップセット［Lipset 1960=1963］からといえる．ベルとリップセットにとってのイデオロギーの終焉とは，冷戦における共産主義的国家や戦後社会主義体制を掲げた国家の凋落とアメリカ型資本主義の覇権的勝利，また，それを支えた科学的な経済学の台頭によって引き起こされた時代の流れと社会科学の運動であった．

第8章で紹介したように，マルクス主義者にとって，現代経済システムである資本主義とは，資本家が労働者をイデオロギー的疎外によって支配する不平等なシステムを意味していた．マルクス主義者らは，この不平等なシステムから脱却し，労働者の自由と平等を獲得するために，労働者による共産主義革命の重要性を主張していた．そして，マルクス主義的資本主義批判と共産主義革命を訴える政治イデオロギーは，世界大戦後のソビエトや中国などで採用され，独自の発展を遂げていった．そして，第4章で明らかにしたように，特に，ソビエトにおいては，この共産主義的イデオロギーは，外交政策としても，資本主義を掲げるアメリカに対して採用され，この対立は冷戦へと発展した．しかし，冷戦は，1989年に，経済的に限界を迎えたソビエトによって，正式に終結を迎えることとなり，イデオロギーという言葉が死語になるほど，現先進国はアメリカ型の自由主義的資本主義一色の政治経済体制へと移行していった．

冷戦の勝利における自由主義的資本主義の台頭は，前述の新自由主義の台頭と無関係ではない．例えば，イギリス等で戦後社会主義体制が確立されていたが，その時代におけるソビエトのイメージは決して悪いものではなかった．事実，サルトル等の欧州における文化人達の多くが共産主義を支持していたこともあり，社会主義よりもさらに平等を推し進めた共産主義は，ある意味で，目指すべき政治経済体制として考えられていた．しかし，イギリスの社会主義にも英国病が蔓延したように，共産主義体制を確立した国々にも諸所の政治・社会問題が蝕んでいった．やがて，共産主義への希望は失望へと変わり，冷戦の終焉は，共産主義をもととした政治経済体制の不可能性を決定的なものにした．このような歴史的流れこそ，ベルとリップセットが主張した「イデオロギーの終焉」である．つまり，「イデオロギーの終焉」とは，共産主義や社会主義などの政治経済イデオロギーをベースに国家経済政策等を打ち立てることの限界を意味しているのである．そして，政治的に脱イデオロギーの機運が高まる中で，学問の潮流も脱イデオロギー的に変更していったといえる．

脱イデオロギー的学問の在り方として，リップセットは，マルクス主義的な「資本家　対　労働者」というイデオロギー的社会構造の認識を捨て，ありのままの世界を，統計等の科学的手法で捉えることを訴えた．例えば，リップセットは，選挙行動と社会構造を統計的に捉えることで，必ずしも，労働者が労働者を保護するような政策や政治家を好んで投票するわけではないことを明らかにした．このことが意味するのは，マルクス主義的な階級闘争という一様な社会の理解では，社会の実際の複雑さを理解することはできないということであった．そして，このような脱イデオロギー的な科学研究というのは，特に経済学において顕著になされたといえる．統計学をもとに消費性向を理解する研究や，ゲーム理論等の合理主義的発展もこれに依拠する．そして，このような「科学的」な経済学によって様々な経済政策や様々な社会問題についても多くの政策が打ち立てられていった．例えば，第3章で見たように，環境政策やテロ対策等にも経済学的なアプローチ（ゲーム理論）が応用されている．したがって，ベルやリップセットが主張したように，現代政治経済はまさに「イデオロギーの終焉」的状況になっていったといえるであろう．そして，これらの科学主義的運動は，さらに，社会科学において，哲学や政治理論の排斥にもつながっていった．つまり，思想的なモノではなく，「科学的に研究可能なモノ」だけが正しいというような運動が起きたということである．しかし，このような脱イデオロギーを掲げた科学運動に対し，ラクロウ［1997］は，脱イデオロギー的運動こそイデオロギー的であると主張し，「イデオロギーの終焉」事態を談話的構造として捉えたのである．

ラクロウによれば，イデオロギーの終焉をもとにした科学主義は，ある意味でイデオロギー的と捉えることができる．つまり，イデオロギーの終焉論者，もしくは，科学者にとって「科学」というものが，特定の世界観によって世界を理解することの誤りを，中立的に指摘するというのであれば，その中立的な研究事態がそもそも不可能であるということである．これは，クーンのパラダイム論でも説明したように，科学というものは，そもそも特定の規範によって，可能な活動である．例えば，自分の研究が他の研究者にとって「科学的研究」として認められるためには，「規範的な科学理論（通常科学）」に従いつつ，データ採取等の科学的営みを行わなければならない．したがって，科学というものも特定の理論や考えをもとに行わざるおえないのである．しかし，ラクロウ学派的に考察すれば，こういった特定の「規範的な科学」をもとにした運動によって，他の「規範的な科学」になりえた見方をもととした政策等の行動や社会的現実などは，不可能なものになっていく．したがって，「イデオロギーの終焉」という「中立的な科学運動」というものも，特定の世界の見方で行われている営みであり，それが覇権的に波及することで，特定の社会が構築されていくのである．当然，この点において，「それでは現在の科学的事実は間違いなのか」という問が生まれるかもしれないが，そうではない．この「科学とイデオロギー」の議論については，本章の最後に再度触れることとする．ここで重要なことは，「特定の世界の見方」によって，「特定の社会構築や政治的行動がなされる」ということが，現在，「科学的」とよばれるものにも当てはまるということである．この部分を談話分析の手法を明確にするとともに明らかにしていくこととする．

現代経済学の談話分析

「科学的」と言われるものが，実際，特定の世界の見方によって構築されていること，さらには，世界の見方は談話として複数存在し，そしてそれらの複数の談話の間に闘争性が存在することを，イデオロギーの終焉にて科学的転換がなされたと考えられる現代経済学と経済政策を例に見ていくこととする．

経済学という学問は，現在，世界のどの国の大学においても広く学習・研究されている．しかし，その歴史はそれほど古くはない．経済学の始祖と呼ばれるアダム・スミスは18世紀の学者であり，さらに，スミスの時代には経済学という学問体系がなかったためスミス自身は「倫理学」の教授であった．その後，ジェレミー・ベンサム［Bentham 1948=1979］（彼も専攻は法学であった）らによって，社会の「幸せ度」，経済学でいうところの「効用（Utility）」を数値化しようとする動きが現れる．ベンサムらの考えは，「功利主義（Utilitarianism）」と呼ばれるもので，個人個人の効用が最大多数になるような社会が，倫理的に最も正しいという理論であった．このベンサムの功利主義的な考えは，現代経済学にも受け継がれているといえる．19世紀にはリカードやマーシャルらによって，より厳密な数学的アプローチが採用されるようになり，20世紀には，ケインズが経済学を確固たるものとしていった．このように見ると，経済学の歴史，特に，現代の数学で固められた経済学というものは，200年ほどしかたっていないことが判る．しかし，その200年の歴史においても，経済学は様々に変化し，「どのように経済を理解するか」という点で多様化している．ここでは，その多様化とその多様な経済学間の違いを明らかにするために，「（新しい）古典派（New Classical）」「（新しい）ケインズ派（New Keynesian）」「新古典派（Neo Classical）」という3つの代表的な経済学派が，どのような要素を関連付けることで理論的統一性，つまり，談話を確立しているかを検証していくこととする．

――（新しい）古典派（New Classical）

古典派経済学とは，よくアダム・スミス［Smith 1785=1988］の「見えざる手（Invisible Hand）」という考えがもとになっていると言われる経済学である．実際にアダム・スミス自身が意味しようとした「見えざる手」という考え方と一般的に古典派経済学者らによく言われる「見えざる手」の考え方には相違があるが，古典派経済学における「見えざる手」とは，合理主義的な考えがもととなっている．第3章でも触れたが，合理主義という考え方は，人はそれぞれ自分の能力やインタレストをよく理解しているので，それを考慮しながら生きていくことができるという考え方である．この自分をよく理解し，それを考慮しながら生きることができる能力を「合理性（Rationality）」と呼ぶ．古典派の理論，そして，その後発展した新しい古典派（New Classical）の理論は，この「合理性」という要素を中心に，理論化がなされている．つまり，経済とは合理的なアクターが合理的に行動した結果なので，経済がどのように陥ることになろうとも，それは，合理的な結果であるという事である．したがって，どのような結果に経済がなろうとも，政府は救済などの介入を行うべきではないという，経済政策的には，「反介入主義（Anti-Interventionism）」の思想を構築していった．そして，この合理主義的なマクロ経済理論は，やがて，新しい古典派（New Classical）という経済理論として発展した．

新しい古典派経済学は，第6章の「ルーカス批判」のところで見てきたような「合理的期待革命」をきっかけに発展していった学派である．つまり，政府が経済政策等を行ったとしても，市民は合理的に第二行為者優位的行動をとるので，政府が意図しなかった結果をもたらすという事である．この経済政策と雇用の問題は，「自然失業率（Natural Unemployment Rate）」という考えをもたらした．つまり，政府がどう考えていようとも，市場には「働きたくない人」「追加の働き手が必要ない会社」というアクターや機関が必ず存在するという事である．これに対して，政府が無理に失業者を減らそうとして市場に金をばらまいても，名目賃金の上昇，つまり，インフレを引き起こすだけだという事である．このことより，新しい古典派は，反介入主義的政策を打ち出す際に，「政策の失敗（Policy Failure）」というものを強調する．つまり，市場のアクターは「自分が何を必要かということを最もよく理解している」という点で，常に合理的であるので，他人である政府がその合理的な行動に介入することで失敗を招くという事である．この政策の失敗に関する考えは「市場の効率性

(Market Efficiency)」という事も意味する．さらに，市場の効率性をマクロ的に理解したものに「リアル・ビジネス・サイクル（Real Business Cycle)」というモデルがある．これは，経済の浮き沈みというのは，「景気が良かったら」その反動として「景気は悪くなる」という自然なサイクルが存在するというマクロ経済の理論である．つまり，市場は常に合理的なので，行き過ぎた場合にはそれを抑える行動が働き，抑えすぎたらまた上がるという行動がなされるという考えがもとになっている．この「リアル・ビジネス・サイクル」と「合理性」をもととすると，経済危機のような事象も，「市場の効率性」の結果として理解されえる．つまり，危機とよばれるような経済の衰退や市場の急激な落ち込みは，「市場のアクターがそう望んだから起きた」という風に考えるという事である．これは，ミクロ的に考えれば，仮に経済危機などで，「失業者」が増えたとしても，それは，「失業者」が「低賃金で働くより失業したほうがまし」という合理的な考えによって行われたという様に考えられるという事にもなる．したがって，新しい古典派経済学によれば，経済状況がどのような状態であれ，それは，経済アクター達が望んだ結果であるので，政府や政府機関がそれを「問題化」して介入を行うと，インフレ等の別の問題を起こす事になり，問題を解決しようとして，他の問題を起こす「モラル・ハザード」に陥ると指摘するのである．このことより，新しい古典派は，経済状況がどのような状況にあっても，さながら神の見えざる手によって采配がなされるかのように，市場は合理的に行動するので，政府のいかなる市場介入も認めない，反介入主義的経済政策を主張するのである．

――（新しい）ケインズ派（New Keynesian）

ケインズ派の経済学は，古典派に対抗する経済学である．実際，その始祖であるケインズが『一般理論』[Keynes 1936=2008] を書いたときに想定した相手が古典派経済学であった．ケインズ派的経済学では，アクターの行動や市場における「非合理性（Irrationality)」を踏まえることで理論と研究が発展していった．つまり，経済アクターは常に合理的に行動するわけではなく，意図しない不幸なことというのは人生において多分に起きるので，そのような場合は，政府が積極的な介入によって助けるべきだという考えである．つまり，政策思想的には，介入主義（Interventionism）を提唱する学派といえる．実際，ケインズの考え方は，特に，戦時中また戦後のイギリス社会主義等の基盤であった．しかし，ルーカス批判のように，ケインズ派的介入主義がインフレ問題等により，政策の失敗の根源とみなされるようになると，その勢いは薄れていくこととなる．

合理主義的な経済学とそれをもとにした経済政策が主流になる一方で，ケインズ派は地道に「非合理性」の実証を積み上げていった．これにより誕生していったのが，新しいケインズ派（New Keynesian）である．特に，昨今の欧米金融危機は，「ケインズ復興」[Skidelsky 2009=2010] と呼ばれるほど，新しいケインズ派の考えが政策に取り入れられていった．新しいケインズ派は，新しい古典派のリアル・ビジネス・サイクル理論や合理主義的なマクロ経済の動向を批判している．そもそも，経済アクターが合理的に行動することがあったとしても，「失業者になりたくてなった労働者などいない」，より的確に言えば，「経済が落ち込む中で，失業した者がなりたくてなったと考えるのは誤りである」と主張したのである．この考えは，特に，景気の変動において，バブルとその崩壊を考える際に発展した．

例えば，2007年から始まる欧州金融危機以前，欧米経済は，未曽有の不動産・金融証券バブルに沸いていたが，このバブルにおける行動は，「合理的」という言葉で理解するには限界がある．例えば，バブルのさなか，家の価値が数カ月で大幅に増すという事が起きたが，それは，名目上の家の値段が上がっただけで，実質価値が上がることを意味しない．むしろ，家などの不動産は年々劣化するので，価値が下がるはずである．しかし，そうであったとしても，周りの家の価値が上がればそれにつられて自分の家の価値も上がるのである．このようにして，自分の家の価値が名目上は上がることで，自分の資産が増えたように感じる者が続出した．しかし，一旦，市場が冷静になると，「実際，家の価値はそこまでしないのではないか」という考えが強くなる．このことで，市場における家の価値（名目価値）は極端に下がることとなった．このように「勝手な思い込み」が集団でなされる様な「集団的非合理性」という事象を，新しいケインズ学派は「アニマル・スピリッツ」[Akerlof and Shiller 2009=2009] と呼んでいる．このアニマル・スピリッツによって沸き起こったバブルは，やはり，アニマル・スピリッツによって崩壊していく．つまり，不動産バブルがはじけるとともに，それに関連する会社や銀行が次々と倒産し，失業者が増加した．このバブルからその崩壊までを，新しいケインズ派は「市場の失敗（Market Failure）」と主張している．市場が失敗したのであるのならば，それを助けるのが政府の役目であるとし，新しいケインズ派は，「介入政策」を提案していった．

新しいケインズ派のバブル崩壊に際しての介入政策は「積極的」なものであるといえる．つまり，経済が悪化する前に，政府が問題解決をしていくということである．これは，例えば，バブル崩壊等が下方向のアニマル・スピリッツをさらに加速させることで，デフレ（Deflation）等の大きな市場の失敗が発生することを懸念するためである．デフレとは，モノの価値が継続的に下落する経済現象である．モノの価値が下落するということは，個々の会社や経済全体での利益の下落をもたらし，これにより，失業者も増加するという状況である．このデフレ経済は，日本が経験しているように，一端こじらすと長引くおそれがある［Krugman 2009=2009］．したがって，新しいケインズ学派は，状況が悪くなりすぎる前に，政府が市場介入を行う「積極的介入政策（Proactive Interventionism）」による市場の救済を提案するのである．

―― 新古典派（Neo Classical）

新古典派経済学は，現代経済学で最も採用されているものといえるであろう．多くの経済学者が「経済学」といったとき，ほぼ無意識的に，新古典派経的経済学を意味しているといえる．しかし，他方，何をもって「新古典派経済学」と呼ぶのかという議論も絶えず，主流として考えられる経済学の総称として，「新古典派」と呼ぶ場合も多分にある．経済学史的には，新古典派は，新しい古典派と新しいケインズ派の前に誕生した思想である．新古典派は，「古典派総合」という経済学におけるイベントがもとになっているが，本書では，新古典派を古典派とケインズ派の折衷案的学派としてとらえる．つまり，経済アクターは「合理的な時もあれば非合理な時もある」という考えがもとになっているということである．

新古典派の折衷案をよく表しているマクロ経済学的概念の１つに，「協調の失敗（Coordination Failure）」［Romer 2006］というものがある．これは，個々の行動は合理的であるものの，その結果は，全体にとって不合理なものになることを意味する．例えば，バブルの件で言えば，各個人にとって「家の値段が上がる」というのは合理的な見解である．そして，実際あがっている以上は，その考えをもとに合理的な行動をとる．しかし，最終的に，その個人が考えていた「不動産価格の高騰」というのは，名目価値と実質価値に大きな乖離をもたらす．そして，最終的にそのバブルの崩壊という不合理な結果を生むと考えられる．同様に，デフレについても「協調の失敗」という事が考えられる．それぞれの会社が，雇用を増やしたほうが，経済は上向きになり，最終的には経済利益をもたらす．しかし，周りが雇用を増やさず，自社だけ雇用を増やした場合，経済は下向きのままなので，雇用が増えた分，会社の利益は少なく分配せざるをえなくなる．このような合理的な考えから，経済全体でデフレを脱却するという最も好ましい結果は採用されず，囚人のジレンマ的に，デフレの継続という非合理な結果が生まれるのである．つまり，新古典派は，合理的な集合体の市場であっても「市場の失敗」はあり得ると考えるのである．

以上の「協調の失敗」により，新古典派経済学では，「政策の効率性」を認め，「介入主義的政策」の役割を主張するが，新しいケインズ派と違い，新古典派の介入方法は「消極的（Reactive）」なものであるといえる．これは，合理的行動を新しいケインズ派よりも主張することで，新しい古典派と同じように，介入によるモラル・ハザードを懸念するためである．第6章で見てきたように，例えば，一旦，バブルが弾けたからと言って，すべての銀行等を救済してしまうと，多くの銀行が「政府は何をしても常に助けてくれる」と考える「負のインセンティブ」が働き，バブルが再発しかねないからである．これにより，新古典学派は，古典派とケインズ派の折衷案的立場で捉えるならば，政策思想的には，何か起きてから救済を行う「消極的介入政策（Reactive Interventionism）」が主張されるといえるであろう．

経済思想の談話分析から談話的闘争性の分析へ

前述のように現代経済学における代表的な3つの学派の考えを明確にすることで，それぞれの経済学が政策思想も含めつつ談話的統一性を構築していることが判る．ここで，この談話的統一性をさらに談話分析的に捉えるうえで，ラクロウ学派［Laclau 2005; Laclau and Mouffe 1985］の「マスター・シグニファイアー」という概念を応用しつつ，それぞれの学派間における闘争性を明らかにすることは有効であろう．

「マスター・シグニファイアー」とは，談話における諸所の要素をまとめ，談話構造の統一性を作り出すシグニファイアーとして提唱される概念である．つまり，古典派経済学においては，「合理性」というマスター・シグニファイアーを中心に，「自然失業率」「市場の効率性」「政策の失敗」「リアル・ビジネス・サイクル（RBC）」という要素が関連付けられていることが判る．これは，さらに，政策的には「モラル・ハザード」等が関連付けられることで，「反介入主義」的政策談話を構築しているともいえるであろう．しかし，他方で，「合理性」にあわない要素は排他されていることもわかる．例えば，「非合理性」や「市場の失敗」「政策の効率性」等である．これにより，政策的には「介入政策」は不可能なものとして否定されるのである．

反対に，ケインズ学派の談話は，古典派の談話において排他された要素によってその談話的統一性が構築されている．つまり，マスター・シグニファイアーとして「非合理性」を中心に，「市場の失敗」「政策の効率性」「アニマル・スピリッツ」が関連づけられることで，談話的統一性が構築されているという事である．さらに，バブルやデフレ等の「アニマル・スピリッツ」的な「経済事象の問題化」を関連付けることで，「積極的介入」が，政策として提言され，新しい古典派の「反介入主義」と対立していることが明確となるであろう．そして，最後に，新古典派においては，「非／合理性」という折衷的なマスター・シグニファイアーをもとに，「市場の失敗」と「政策の効率性」，「市場の効率性」と「政策の失敗」という，相反する概念を場合分けしながら関連付けていることが判る．また，政策においては，「協調の失敗」や「モラル・ハザード」等の要素を，場合分けしつつ関連付けることで，最終的に，反介入と積極的介入とは異なる消極的介入談話が構築されている[1)]．

このように現代経済学を談話分析することで，お互いがお互いを否定する談話構築をなしていることが明確となり，**図12-1**が表すように，その関係性に闘争性をはらんでいるといえる．そして，この結果は，イデオロギー終焉論者が主張するような現代経済学の中立性を否定するものである．

とはいうものの，理論上の談話的闘争性は，普段の経済学者の研究においては，あからさまになることは稀である．例えば，学会や研究などの経済学者の日々の研究活動においては，それぞれの談話に依拠するグループ間でそれぞれの科学研究的営みが行われているからである．より厳密にいうのであれば，経済学派の談話間の違いは，ギャリーがいうところの「競争性」レベルだといえる．しかし，この経済思想とその政策談話が，政治的場面で発話されるとき，この闘争性は明確なものとなる．

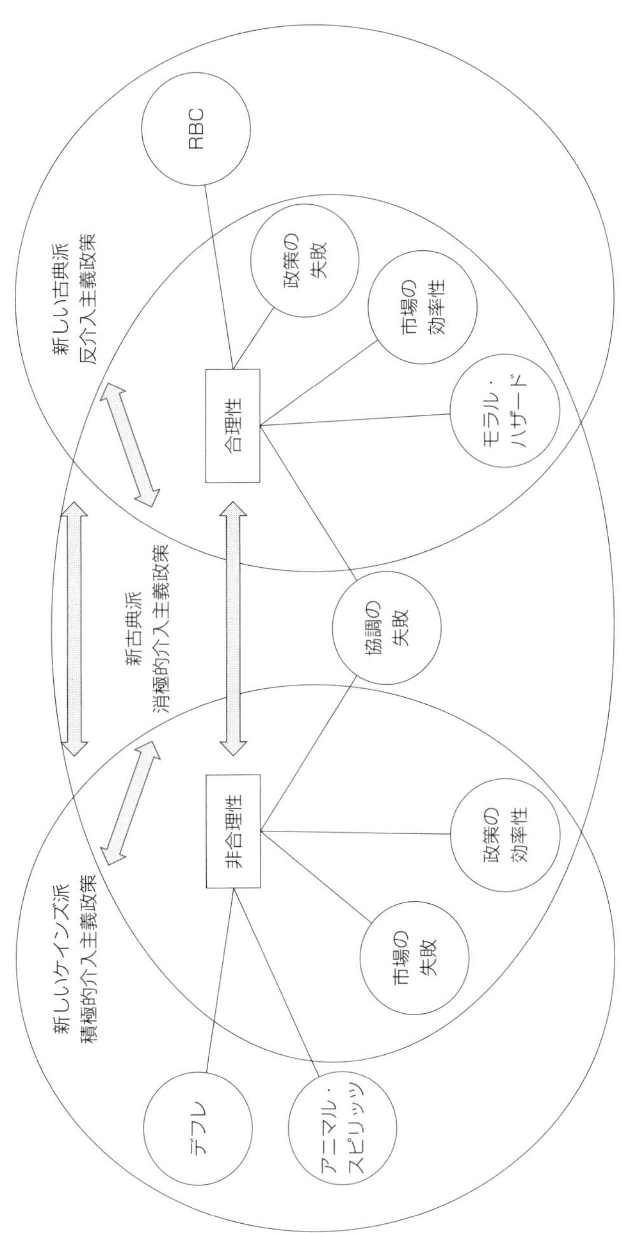

図12－1　現代経済学の談話的闘争性

経済政策における経済思想の談話的闘争

前述では，現代経済学がどのような経済概念や政策思想をもとに，特定の談話を構築しているのかということを，その談話的統一性と闘争性を検証するとともに明らかにした．以下では，この結果をもとに，現代経済学とそれが提唱する経済政策を経済政策談話として捉え，その談話が，政治的場においてどのように闘争状態になるかということを考察する．また，この闘争状態を明らかにすることで，どのようにして，特定の政策がある経済状態の対処法として「可能な行為」となり，特定の政策が「不可能な行為」となったのか，そしてその政治的場面においてどのような統治が談話的に行われていたのかという点を2007年から始まるイギリスの経済金融危機を例に検証していく．

―― 金融危機における談話的闘争

イギリスの金融危機は，現代経済政策過程における政策談話と経済思想の闘争性をよく表している例といえる．しかし，詳細にその「闘争性」の分析を記すには，ここではスペースが足りない［Shimizu 2016］．したがって，ここでは，2007年から2008年にかけて談話的闘争の中心となった銀行救済政策に主眼をおき，闘争性の談話分析を見ていくこととする．

第3・6章で見たように，バブルの終わりを迎えた欧州経済は，2007年7月から8月にかけて，銀行同士が金の貸し借りを渋りだす金融圧迫という状態に陥いった．この金融圧迫の際，ヨーロッパ中央銀行（ECB）やアメリカの中央銀行（Fed）は，緊急金融政策にて融資を行いながら，金融業の安定を図った．しかし，この時期，イギリスの中央銀行である大英銀行は，特別な処置を特に行うことを避けていた．この特別な処置を行わない理由としては，当時のイギリスでは新古典派や新しい古典派的な経済思想が経済政策に採用されていたことが挙げられる．実際，この時期，大英銀行の総裁であったメルビン・キング［King 2007］は「現在，欧米で起きていることは，直近のバブルに対する経済調整メカニズムによるものであり，イギリスの経済には特に影響はない」と断言していた．さらには，「必要であればそのときに対処する」と主張することで，消極的介入主義のスタンスも明確にしていた．この消極的介入主義の理由として，キングは後に，「モラル・ハザード」への懸念があったことも明言している［HM Treasury 2008］．つまり，金融業が危機的状況に陥る前に，政府機関が介入することで，銀行家に負のインセンティブを与えてしまうという事である．このようなキングの言説と政策的対応は，新古典派に近いものと考えられる．実際，一カ月後にノーザン・ロックへの「最後の貸し手（緊急融資）」を発令したことからも新古典派的な消極的介入政策の採用がうかがえるであろう．

キングの消極的介入政策は，イギリスの多くのメディアで，「正当な手段」として受け入れられた．しかし，キングが意図していたこととは違い，多くのメディアが，キングが「反介入主義的」立場をとっていると解釈していた．これは，実際，消極的介入政策を採用しようと，反介入主義的立場をとろうと，「何もおきていない」状態では，中央銀行は特に「何も行わない」という行動をとるので，その行為は，反介入主義を主張するメディアにとって「経済状況の問題化をしない」という意味で同義のことであったといえる．このことより，反介入主義を掲げるイギリスのメディアと大英銀行の間で，「反介入主義」と「消極的介入主義」がまじりあった大きな談話が形成されていたといえる．しかし，これに対して一部のメディアと金融サービス機構は，FedやECBの対応を見て，大英銀行も何等かの処置をとるべきだという積極的介入政策を主張していた．ところが，この積極的介入主義の主張は，2007年の8月の時点では，大英銀行や多くのメディアの「反介入主義」と「消極的介入主義」の談話に対抗できる明確な談話としては発展しなかった．その理由としては，キングが主張するように，イギリス経済においては，金融圧迫の影響というものが明白でなかったことが大きく，実際，「大英銀行は何かをしたほうがよい」が「何をしたらいいかはわからない」という状態であった．これはつまり，積極的介入主義的談話において，明確な経済状況の問題化が発話されていなかったことを浮き彫りにしている．したがって，2007年の8月時点では，特に目立った談話的闘争は存在せず，新古典派や新しい古典派をもとにした「反介入主義」と「消極的介入主義」の経済政策談話が支配的であったといえる．しかし，一カ月後の2007年9月，当時のイギリス住宅ローン銀行として5番目の大きさを誇ったノーザン・ロックが，大英銀行の「最後の貸し手」によって緊急融資を受けることが決まると，大英銀行史上初の銀行取り付け騒ぎが起き，大英銀行の対応に対して談話的闘争が勃発する．

大英銀行のノーザン・ロックに対する「最後の貸し手」の発令は，積極的介入主義と反介入主義両方の側から痛烈な批判を受けることになった．金融サービス機構をはじめとする積極的介入主義者や機関にとっては，主張していたことが現実化したという点で，大英銀行の消極的介入主義を強く非難することができた．特に，積極的介入主義を唱えていた機関やアクターにとって問題であったのは，消極的介入主義の「モラル・ハザード」に対する過度な懸念であった．例えば，取り付け騒ぎに対する大蔵省主催の査問委員会において，当時の金融サービス機構の会長であったカラム・マッカーシー［HM Treasury 2008］は，より早い時点で「最後の貸し手」が発令されることを望んでいたと主張し，キングのモラル・ハザードに対する懸念に否定的な意見を述べている．こうした積極的介入派のモラル・ハザードに対する批判は，さらに，メディア内，特にイギリス高級紙を代表するファイナンシャル・タイムス紙において白熱する．例えば，ケインズ学派の経済学者ローレンス・サマーズ［Summers 2007］は，モラル・ハザードの過度な懸念はそれ自体が違う形でモラル・ハザードを引き起こすと主張した．つまり，大英銀行などの政府機関はもともと税金によって成り立っている機関であり，納税者たちが取り付け騒ぎなどのパニックを引き起こす場合があるときは，その状況を未然に防げなければ，それこそ本末転倒的なモラル・ハザードであると訴えたのである．ここでは，便宜上，この「モラル・ハザードの過度な懸念が引き起こすモラル・ハザード」という論理を「反モラル・ハザード」という名で捉えることとする．このサマーズの反モラル・ハザードの論理は，その後，積極的介入主義を唱えるアクターと機関の中で明確に主張されるようになり，大きな談話として現れることで，相対する談話と対抗していく．しかし，積極的介入主義を主張したアクター達が，「より早く政府が対処すべきであった」と大英銀行の消極的介入主義に対して敵対的な言説を繰り広げる中で，反介入主義を主張するアクター達もまた大英銀行の介入に対して批判を展開した．

サマーズ等の積極的介入主義者達が，ファイナンシャル・タイムス紙に「反モラル・ハザード」の論理を展開する一方，反介入主義者達も積極的に「介入に対する」反対意見を展開していった．特に，ファイナンシャル・タイムス紙はもともと市場原理主義の経済思想色が強かったこともあり，ファイナンシャル・タイムス紙のチーフ・コメンテーターであるマーティン・ウルフ［Wolf 2007］は，大英銀行のノーザン・ロックの救済は，モラル・ハザードを引き起こしたと痛烈に批判した．ウルフによれば，ノーザン・ロックは行き過ぎた投資をした「火遊びが過ぎた子供」であり，「火遊びの怖さを判らせるには，しっかりと火傷の痛さを教える必要」があると主張し，それをさせなかった大英銀行は，銀行に負のインセンティブを促すようなサインを送ってしまったと訴えたのである．

この2つの対抗する談話に対して，キングは，大英銀行がとっていた政策と発令した緊急融資に対し，新古典派的な理論を展開することで反論する．大蔵省主催の査問委員会に出席したキングは，ノーザン・ロックの取り付け騒ぎ，そして，その発端となった金融圧迫や大英銀行がとった処置はすべて「合理的な判断によるものだった」と主張したのである［HM Treasury 2008］．つまり，金融圧迫はリスクを恐れた銀行が，取り付け騒ぎは預金口座を心配した預金者が，そして大英銀行の消極的介入はモラル・ハザードに対する合理的な懸念によってとられた行動であり，それが，結果的に市場や政治的なパニックを引き起こしたと訴えたのである．これは，明確に新古典派的な「協調の失敗」を表している．したがって，この新古典派的な観点から，大英銀行としてはやれるだけのことはやったということで，消極的介入政策を正当化したのである．

以上の3つの異なる談話は，明確に経済政策思想とそのもととなる現代経済学の思想の談話的闘争を表しているといえるであろう．つまり，反介入主義的談話においては「政策の失敗」と「市場の効率性」をもととした主張が発話・関連付けされ，積極的介入主義的談話においては，消極的介入政策による「政策の失敗」が主張されているものの，反モラル・ハザードが表すように積極的介入主義的「政策の効率性」と「市場の失敗」が主張されたのである．これに対し，消極的介入主義的談話においては「合理性」が主張されてはいるものの，集団での非合理な結果となる「協調の失敗」というものが「市場の失敗」を表しているが，最終的に緊急融資の正当性は「政策の効率性」を意味しているといえる．したがって，2007年8月の時点では，談話的闘争は明確ではなかったものの，ノーザン・ロック取り付け騒ぎにおいては，談話的闘争が顕著になったといえる．さらに，この談話的闘争は，それを発話するアクターや機関内に現れた明確な談話において表れていることも指摘できるであろう．そして，この闘争性は，一年後のリーマン・ショックの時期になるとさらに激化するが，そのころにはすでに，政策の最終決定機関である政府や政府機関では，確固たる積極的介入主義的談話が形成されていった．

ノーザン・ロック取り付け騒ぎが起きた2007年の9月から2008年の9月まで，世界的な銀行が次々と破綻申し立てを行っていった．特に，2008年初頭の世界大手の米国金融機関であったファニー・マエとフレディー・マックが経営不振により政府管理下に置かれることが決まると，ケインズ派的な「市場の失敗」，つまり，「デフレの到来」を懸念する声がイギリスで強くなっていった．特に，ノーザン・ロック取り付け騒ぎで政治的にも経済的にもパニックに陥ったイギリス政治では，党派間の違いを超えて危機に対処する姿勢が，積極的介入主義として明確に構築されていった．同様に，一年前は消極的介入を謳っていた大英銀行総裁メルビン・キングも，この時期には，「中央銀行レベル」ではなく，「国家レベル」で市場の波乱に備えるべきだと勧告していた．これに対し，デイリー・テレグラフやファイナンシャル・タイムス等のメディアでは，「現在の，市場の混乱は危機的状況ではなく，市場の自然調整システムの期間であり，政府は介入すべきではない」という言説が日夜発話され，介入主義に対して激しく対抗していた．しかし，9月中旬にリーマン・ショックが起き，市場が大荒れすることで，反介入を叫ぶ者はメディアにもいなくなり，10月初旬にイギリス市場最大規模の銀行救済が行われることとなった．つまり，2007年から始まった経済危機にまつわる経済政策は，談話的闘争を経て，最終的に，積極的介入主義の勝利で幕を閉じることになったのである．

以上のように，経済危機における経済政策過程を談話的闘争としてとらえることにより，政策談話がどのように変化することで，経済政策がどのように変化していったかのダイナミクスを理解することができるといえるであろう．また，このような談話的闘争分析をする際，第9章で導入した談話ネットワーク論を応用することが可能であることも指摘しておくことは有益であろう．

談話分析では，談話ネットワーク論者が提示するような大局的射程を考慮しながら分析をしていくことは可能である．実際，前述に示した様に，メディアや経済学者が危機における談話的闘争の発展において，重要な役割を持っていることも明らかである．そして，このような，メディアや知識人が特定の政府機関と特定の談話を共有することは，談話的ネットワークとして捉えることができる．例えば，2007年8月においては，反介入主義を唱えるメディアと消極的介入主義を提唱する大英銀行の間に，そして，積極的介入主義を唱える一部のメディアや金融サービス機構の間で談話的ネットワークが構築されていることが指摘できる．しかし，2007年8月の時点では，積極的介入主義のネットワークは，明確な問題化がなされていないことから，比較的弱い関係性の構築であったといえよう．そして，この異なるネットワーク間において闘争性が存在したが，この闘争性は，ノーザン・ロック取り付け騒ぎにて激化することとなる．大英銀行の「最後の貸し手」による介入は，反介入主義と消極的介入主義の差異を決定的なものにし，積極的介入主義のネットワークは明確なものとなっていった．そして，最終的に，リーマン・ショックの時期になると，政府と政府機関を中心とした積極的介入主義のネットワークが形成され，2008年の10月には，積極的介入主義が支配的なモノとなったということである．このように，談話ネットワーク論を応用することで，より，アクターや機関の関係性を考慮しながら談話的闘争を分析することが可能となり，また，談話ネットワーク論にとっては，ラクロウ学派的談話分析理論を用いることで，ネットワーク間の闘争性が詳細に分析できるようになる．

――覇権的談話の分析

危機における経済政策談話の闘争の動向を明らかにしたところで，ラクロウ学派的談話分析が終わるわけではない．この危機において勃発した談話的闘争をより批判的に分析し，最終的に，この「勃発した闘争性は何を意味していたか」を理解してこそ，ラクロウ学派的談話分析の真髄といえる．そして，この「闘争性」の意味を考える際，「可能性と不可能性」の議論に対するラクロウ学派的談話分析の見解が明確になるのである．

前述のように，2007年から始まる経済危機は，経済政策に関する談話的闘争を引き起こした．そしてこの闘争を明らかにすることにより，政策談話の編成のダイナミクスを理解することが可能となった．つまり，2007年８月の時点では，支配的な政策談話は，反介入主義的談話と消極的介入主義的談話であったが，ノーザン・ロックやリーマン・ショックを経て，最終的に積極的介入主義的談話が支配的となっていったということである．しかし，この支配的談話の推移を考察するうえで，注釈すべきことがある．それは，政策に関する支配的政策談話は変化したが，その目的は変化していなかったということである．このことはモラル・ハザードに関する闘争の中に顕著に表れている．

例えば，モラル・ハザードを主張する反介入派や消極的介入派によれば，銀行が危機的状況にある時に，政治機関が救済を行うことで，銀行に負のインセンティブを与えてしまい，危機の発端となったバブルが繰り返されるという事が懸念され，積極的介入政策は問題視されていた．また，これら経済談話における経済政策とは，「経済の健全化」，より金融業に特定していえば，「金融市場の安定化」ということが目的であったといえる．これに対して，反モラル・ハザードを訴える積極的介入派は，経済により大きな混乱やデフレなどの大きな市場の失敗をもたらすことを懸念することで，政府介入の正当性を訴えていた．しかし，ここで注釈すべきは，積極的介入派も究極的には「経済の健全化」もしくは「金融市場の安定化」を目的として政府介入の正当性を訴えていたということである．したがって，政府が介入するか否かについて勃発していた談話的闘争は，「経済や金融市場を健全化・安定化するにはどうしたらよいか」という点で発展していたということである．このことは，談話的闘争が，政策手段，つまり，「既存の経済システムをどうマネージメントするか」に関して勃発したのであって，相対する政策の目的は，結局のところ，同じであったことを意味する．したがって，危機におけるイギリスの政治経済談話において，「既存の経済構造」，つまり，金融を中心とした新自由主義体制事態は一切問題化されていなかったことが明確となるのである．

第6章で明らかにしたように，戦後のイギリス政治経済の凋落に際し，金融を中心とした政治経済体制というものが台頭した．そして，今回の危機は，その政治経済体制の中心に据えた「金融」から発した危機であった．しかし，その金融から発した危機にも関わらず，その金融中心となっている新自由主義的経済構造は，経済政策談話において問題化されることはなかったのである．むしろ，政策に関する談話的闘争は，その既存の経済構造をどのように維持するか，という点のみを中心に発展し，実際，それを維持するために消極的介入や積極的介入が行われたという事である．このことより，金融中心の経済構造を維持するという点において「共約可能な経済思想」が支配的になり「共約不可能な経済思想」は排他されていったといえる．より詳細に言えば，2007年からの金融危機は，確かに，金融を中心とした経済構造である新自由主義という覇権的談話の脱臼的契機であったといえる．危機以前までは，古典派的経済思想をもととした反介入主義的政策的談話がその構造を支える要素として関連付けられ，統一性が保たれていた．しかし，危機が深まるにつれてその反介入主義的要素は，「共約不可能（受け入れることができない）」な要素となっていった．そして最終的に，構造が危機的状況に陥った際，その構造を維持するために，ケインズ学派的な介入主義的思想を取りこむことで，現政治経済体制を維持するための介入主義的政策が打ち立てられていったという事である．このことは，前章にて触れた，「覇権的オペレーション」が行われたことを意味している．

つまり，談話的闘争によって引き起こされた「支配的談話」の編成とは，政治経済的日常を作り出している金融を中心とした新自由主義という「覇権的談話」を維持するために行われた所作であったということである．このことより，危機において，勃発した談話的闘争の意味とは，すなわち，覇権的談話である新自由主義の統治的動向の一環であったと結論付けられるであろう．

以上のように，危機に勃発した談話的闘争をさらに批判的に考察することで，「何故，特定の政策が可能となり，他の政策が不可能となっていったのか」という問が，談話分析的に理解できたであろう．簡単に言えば，日々日常を構成する談話が危機的状況に陥った際，その日常を生きるアクターは，日常を新しくする政策は不可能と考え，日常を維持することのみが可能な政策だと思い込み行動してしまう，ということである．

構築主義的アプローチと脱構造主義的アプローチ

第11章から２章にわたって，脱構造主義的アプローチである談話分析理論の発展とその分析的応用を見てきた．一貫して，主張してきたように，談話分析の有用性は，「可能性と不可能性」，それにまつわる政治経済の動向を，覇権的談話をめぐる闘争として明らかにすることにある．これは，構築主義などの分析において，ある政策が選択・執行されたのは，特定の思想によるものであるという分析に対し，それを覇権的談話という概念のもと，より広範囲に批判的に分析しうるものといえる．したがって，構築主義が，制度主義や合理主義に対して，思想の役割を強調することで，より包括的な視座を提供しているのであれば，それを談話分析では更に包括しているといえるかもしれない．実際，談話分析において，制度というものは，談話の中で構築されるルール，または，談話自体も構築するルールであり，合理性や思想とは，その談話の中で行為を行う主体の規範のように考えられる．しかし，この点において，構築主義的アプローチとの違いは，これらの優先度をどちらに置くかという事を，脱構造主義的アプローチでは決めない点にあるといえる．この点は，詳しく言及しておく必要があるであろう．

構築主義においては，制度主義と合理主義のチキン＆エッグ・パラドクスを克服するために，制度と合理的活動の原点を思想的なモノに求めていた．これはさらに，合理主義における先験的合理性と先験的インタレストの想定を否定するためでもあった．代表的な構築主義者であるブライスなどは，この点を，危機における主体と構造の関係性の中で明らかにし，合理性やインタレストというモノは，新たな思想により獲得できると主張していた．しかし，脱構造主義的談話分析では，このような構築主義の思想第一主義とでもいう様な考えを共有しない．反本質主義を採用する脱構造主義にとって，制度，合理性，思想の関係は，常に，相互依存的である．より談話分析的に言えば，談話とは，これらの要素が統一して関連付けられている状態であり，既存の談話内における制度によって主体は特定の行動をとりえるし，特定の合理性や思想によって制度も変わりえる．また，特定の合理的判断によって特定の思想は選択し得れば，思想によって合理性も変わりえるであろう，ということである．しかし，重要なことは，これらの行為や制度，思想の選択などは，特定の談話下においては，特定のパターンが存在するという事である．前述の金融危機の例のように，新たな行動や思想，制度が生まれたとしても，それがあくまで「日常を維持するため」のものであれば，それは覇権的談話の中での統一性を維持するために行われた行為であると考えられる．しかし，反対に，その日常というものの限界が「危機的状況」に陥ったとき，覇権的談話に終焉をもたらすような行動が行われる可能性がある．例えば，サッチャー政権下で行われたマネタリズムという思想の政策過程における採用等がそれにあたる．

このように，制度，合理性，思想という要素の関連性を捉えるとき，脱構造主義的談話分析は，CPE 学派らとも異なる構造と主体の理解を提示する．この点については，脱構造主義的アプローチと CPE アプローチという 2 つの大局的なアプローチの違いとともに明確にする必要があるであろう．

CPE と脱構造主義

CPE アプローチと脱構造主義的アプローチの違いは，多岐にわたるが，ここでは，主に 2 つの点についての大きな違いと，それらの違いを乗り越えて，両者のアプローチを融合することが可能であるか否かを議論することとする．

—— 1 つめの相違点

まず，最初の両者の違いは，構造と主体の関係性，特に，戦略的関係性アプローチの第一段階の解釈において，違いが顕著に表れる．少なくとも，ラクロウ学派的脱構造主義的談話分析者の多くは，CPE 学派が提示する戦略的関係性アプローチの有用性を認めている．しかし，戦略的関係性アプローチの第一段階である「自由意志によって行動する主体」と「外部的制約」の関係性については，前述の構築主義との違いに見られるような理由から，懐疑的である．つまり，CPE 学派の戦略的関係性アプローチでは，危機的状況のような「真っ白な」もしくは「混沌とした」状態の中に，主体が存在することを，構造と主体の関係性の始まりと想定されるが，そのような完全な危機的状況等，存在することはありえないとラクロウ学派は主張する．つまり，主体というのは，その構造がどのような状態になろうとも，「常に，既に主体」なのである[2)]．例えば，１人の子供がこの世に誕生した時，この子供はまだ何にも規定されていない存在に見えるが，ある国のある村のある家に生まれた時点で，その子供のアイデンティーはかなり備わることになる．また，その生まれた土地の宗教や価値観がその子供にとって規範的な思想と合理性となり，教育されていく．このことより，「自由意志によって行動する主体」等というものは，存在しえないことが判る．

同様のことが，構造にもいえる．危機というものを覇権的談話が脱臼的契機に陥る状況であるが，この脱臼的契機（危機）というものも，常に不完全な状態で進行するとラクロウ学派は主張する．具体的な例でいえば，イギリスの戦後社会主義体制から新自由主義体制へと移行する際，その政治経済体制の編成というものは，簡単に次から次へと移行するものではないということである．新自由主義体制への移行に際して，戦後社会主義時代の名残である制度や考え方や合理性といったものが，その体制の移行を容易にはさせないのである．これは，政策過程でいえば，その体制の編成に際して，自由経済を促す様な政策を打ち立てたとしても，その政策に政治機関や経済機関が対応できるようになるには，ある程度の時間がかかるということである．そして，この移り変わりに際し，既存の談話と新たな談話の衝突が起きるのである．したがって，ラクロウ学派的脱構造主義の観点でいえば，戦略的関係性アプローチは第２段階から考えられるべきであることが判る．

また，戦略的関係性アプローチ以外にもラクロウ学派談話分析的に，CPE アプローチとの融合を試みるうえで，多様性・選択制・維持性の理論において，ラクロウ学派の談話的闘争性というものを取り入れることが可能に見える．実際，CPE 学派らは，多様性から選択制への移行における談話的闘争の可能性を示唆している．しかし，この点において，CPEでは，明確な分析手法と理論を提示していなかったことから，ラクロウ学派的談話分析をフェアークラフの談話分析理論と共に取り入れることは有効であろう．このようにすることで，政策過程や政治経済体制の編成におけるダイナミクスは，より大局的に捉えることが可能となるであろう．

―― 2つめの相違点

前述のように，CPEと脱構造主義的アプローチの違いを乗り越え，分析的に融合することで，政策過程等をさらに大局的に分析することが可能になるように見える．実際，分析レベルにおいては，このような融合は有益なものと考えられる．とは言うものの，理論的には，最終的に問題が生じることは指摘されておくべきであろう．その理論的な問題は，2つ目のCPEと脱構造主義的アプローチの違いに依拠するが，この理論的な問題は，やはり，最終的に分析の方向性としての乖離を両者間に生み出すこととなる．

アプローチ間の2つ目の違いは，第9章で見た統治ネットワーク論と談話ネットワーク論の違いに類似するものである．統治ネットワーク論が，最終的に，ネットワーク間のヒエラルキーを見ることで，政府機関の役割とメタ・ガバナンスを分析する傾向にあるのに対し，談話ネットワークは，談話により表象されるイメージを主眼とする傾向にあることは第9章の終わりで明らかにした．そして，表象されるイメージは，ヘイヤーの言葉でいえば，「支配的ストーリー・ライン」によるものであったが，この点は，ラクロウ学派的談話分析の「支配的談話」と「覇権的談話」の差異を取り入れつつ分析することで，より厳密に研究することが可能であろう．しかし，このような研究主眼の相違点は，最終的に，「談話の変革の可能性」を考える際に，議論を呼ぶことになる．つまり，「談話的変革を起こすことがどの程度アクターに許されているか」という構造と主体の根本的な問題に再度戻るのである．

例えば，ラクロウ学派は，覇権的談話の変革を可能にするには，代替的な談話を日常の中で発話し，政治を活性化することを主張する．実際，ラクロウ学派の1人であるアレッタ・ノーバル（2008）はイクゼンプラー（Exemplar）という新たな談話構造の可能性を指導する者の役割を主張している．これは，ガンジーやキング牧師等，実際に既存の覇権的談話に対し，立ち向かい，それを変革した人等がそれにあたる．しかし，他方で，ラクロウ学派はその変革の難しさも指摘している．例えば，もう１人のラクロウ学派であるジェイソン・グリノス［Glynos 2001; 2012］は，談話における「幻想的所作」という概念を，臨床心理学を応用することで提示している．グリノスによれば，談話の中の主体というのは，その談話の中で，「喜びや悲しみ」といった日々の喜怒哀楽や「良い悪い」といった価値観，つまり，人間の根本的感受性を持つことになる．例えば，資本主義において，金儲けをすることで得られる喜び等がそれにあたるであろう．また，金融を中心とした新自由主義においては，「金融業で働く」ということが１つのステータスのようになっている．しかし，新たな談話構築を目指すというのは，そのような日々の喜怒哀楽や価値観等を否定し，新たな生き方を模索することにもある．このことより，談話的変革とは自己否定という「痛み」を伴う必要がある．しかし，それ故に，脱臼的契機が到来したとしても，既存の談話内の主体は，その「痛み」を避けるために，現状のままを欲求するようになるのである．このような，「痛み」を避け，現状の談話の維持を求める際，主体は「他の談話の可能性等ない」という「可能性の否定」を行う幻想に陥るということが，グリノスが主張する「幻想的所作」である．また，この「幻想的所作」が集団的に行われる談話的行為を「イデオロギーによる支配（Ideology Grip）」と呼んでいる．そして，この主体の精神に作用する幻想的イデオロギー的支配こそ，覇権的オペレーションの源泉と理解できるであろう．したがって，ラクロウ学派において，既存の構造の可能性というモノは，談話とその中の主体の行為の考察に集中したものとなっている．この談話中心型の分析に対し，CPE 学派は，談話的構造のみ分析対象とすることは，非談話的なモノの役割を，構造変革のダイナミクスにおいて軽視することになると，非難している［Bhasker and Laclau 1998; Fairclough and Choulialaki 2012］．つまり，構築主義的な理想主義的分析に陥るということである．

第10章にて明らかにしたように，CPE 学派らの唱える談話（思想や言説を含む）の選択制というものは，その談話を具現化できる環境の中で，権利と能力を持ったアクターや機関が選択し得なければ，それらはただの夢想に終わるのである．このことは，特に，多様性・選択制・維持性において，明確に指摘されている．つまり，第10章で「宇宙人陰謀論」をもとにした政策の選択不可能性を指摘したが，このような談話が選ばれない理由の１つは，政策を制度的に執行する政府や政府機関に物質的にそれを可能とするテクノロジーが備わっていないからである．したがって，いかに，代替的な談話がイクゼンプラーらに発話されようと，物質的に，技術的に，不可能なモノの執行および具現化は不可能となるのである．これは，特に経済政策においては重要である．例えば，「規模の経済」と呼ばれる経済概念があるが，経済における需要と供給の規模の限界を表す概念である．具体例を言えば，電車等の乗り物は，できるだけ多くの人を入れて移動することが効率的と考えられるが，当然，定員数などが存在する．その定員数が超えた場合，いくら乗車人数が多くなるとはいえ，非効率といえる．この考えを応用して，マクロ経済においても，自然失業率などの概念が指摘するように，働く人・働かない人の定員が存在しうるという考えが可能となる．そして，このことより，経済政策を考える際に，根源的な物質的制限というものを無視することができないことが明らかとなる．それ故に，談話の変革と政策などにおける「可能性と不可能性」を考える際に，物質的なモノを考慮する必要があるとCPE学派は主張するのである．当然，このランカスター学派の批判に対して，ラクロウ学派も批判的な応対をしている．例えば，ラクロウ学派の1人であるデイビット・ハワース（2013）は「根源的物質主義（Radical Materialism)」という立場を主張することで，CPEの批判に応えている．

「根源的物質主義（Radical Materialism)」とは，目の前にある物質的なモノを脱構造主義者は否定するわけではないが，あくまで，その意味とその意味の構築と遂行性による談話の構造と構築，そしてその中のアクターや機関の行動を研究するのが，談話分析であるという事である．これは，第11章で見た「反本質主義の哲学」に依拠した考えである．さらに，この考えでは，確固とした「物質的なモノ」に関する絶対的理解への懐疑が指摘できるといえる．この懐疑的姿勢は，ラクロウの「物質的なモノの絶対的な理解の否定は，理想主義ではなく，物質の本質が絶対的に理解できると言ってしまうことこそ理想主義である」という，言い換えれば，全ての分析や学問には談話的前提が必然的に存在するという主張に依拠している．つまり，マンハイミアン・パラドックスのように，そして，「イデオロギーの終焉」で見てきたように，脱イデオロギーを主張することは，それ自体が最もイデオロギー的になってしまうということである．

ランカスター学派とラクロウ学派との対立は，ラクロウが談話分析を打ち立てた80年代から続いているものである．第10章の終わりで見たように，ジェソップが戦略的本質主義を唱え，ハワースが根源的物質主義を唱えるような両者間の議論の発展が近年見られてはいるものの，今後もその発展の余地は多分に残されているといえる．しかし，このような分析理論に関する議論が繰り広げられているとはいえ，理論の発展とは，常に，実証分析との相互依存関係により発展することもまた確かである．したがって，まずは，両者の提示する大局的なアプローチにて実証を行っていくことで，また新たな理論的発展へとつながっていくことであろう．

注

1）当然，この分類分けは絶対的なものではない．例えば，新古典派の中には，アニマル・スピリッツは「協調の失敗」と同義であると主張する者もいる［Romer 2006: 305］．また，ケインズ派の中には，リアル・ビジネス・サイクル理論のある程度の正当性を認める者もいる．この点において，経済学派の分類分けとは，家族集合的であるといえる．しかし，「マスター・シグニファイアー」を中心に，それぞれの論理性を保ちつつ，分類分けすることで，図12-1が示すような，各学派の闘争性を明確にしながら，分類分けすることは，1つの分析的分類方法として正当化しえるであろう．

2）この「常に，既に主体である」という考えは，アルチュセールのイデオロギー論に起因するものである．

おわりに

本書のまとめ

政策とは「政府や政府機関のモノゴトに対する基本方針」である．本書では，この定義をもとに，主に経済政策を中心に，ある政策がどのように立案され，執行されるかという政策過程を分析するための大局的アプローチの可能性と限界を考察してきた．

まず，第Ⅰ部では，代表的な分析アプローチである制度主義，合理主義，構築主義を中心に，それらアプローチの政策研究における有用性と限界を考察した．特に，個々の有用性と限界を考えるうえで重要となったのが，「構造と主体」という哲学的な問であることを第1章で示した．構造と主体の問題とは，「人々は世界をどの程度変えることができるか」という問である．政策が，「政府や政府機関のモノゴトに対する基本方針」である以上，この問を避けて通ることはできない．もし，世界があらかじめ決められた構造によってそのダイナミクスが決定しているならば，政策を立案し，モノゴトに対処するという行動は，無意味なものになり，反対に，アクターが世界を全て望み通り変えられるならば，政策を打ち立てる必要すらなくなってしまう．このことは，更に，構造内のアクターの行動は，構造内において，既に，常に，決定しているという構造主義的考えと，構造とは，アクターの自由意志的行動によって決定するという，合理主義的考えの間に，チキン＆エッグ・パラドックスが発生することを意味していた．

構造と主体の問題は，まず，第2・3章で明らかにした制度主義と合理主義の関係において指摘された．つまり，政策とは，決められた制度の中で作られるのか，それとも，合理的なアクターの行動によるものか，ということである．これに対し，第4・5章で明らかにした構築主義では，思想の役割を指摘することで，制度主義と合理主義の橋渡しが試みられていたが，構築主義では，思想の役割が強調されすぎる傾向があり，理想主義に陥ることもまた限界として指摘された．以上のことを踏まえつつも，第6章では，個々のアプローチがどのような時に，政策分析として有益であるかを明らかにしたが，このように個々のアプローチを適時適用することは，それぞれの理論的バックボーンを軽視してしまう折衷主義に陥ることも指摘した．そして，この折衷主義を乗り越えるためにも，3つの異なるアプローチを包括できる大局的な分析アプローチの必要性を説いた．

第Ⅱ部では，第Ⅲ部で明らかにする大局的な分析アプローチを理解するために，政策分析の射程を広めることを提唱した．政策分析の射程を広めるとは，政策分析が，従来，政府や政府機関等の動き，そして，それらが発行した公文章に主眼を置く傾向にあったことに対し，現代政治において，政府や政府機関のアクターの思考や行動に影響を与えうる知識人やメディア等のアクターや機関を分析対象に取り込むということである．このことから，第7章では，知識人とメディアを中心に，これらのアクターや機関がどのように政府や政府機関，そして，政策過程に影響を及ぼしうるかを，現代メディア論などの理論をもとに明らかにした．しかし，このように，政策過程における各アクターや機関の影響と関係性を明確にする際，最終的にそれを総括的に理解するための理論が必要であることも，また，指摘した．これに対し，第8章では，マルクス主義者のイデオロギーを用いて，大局的にそれらのアクターや機関の関係性を明確にした．

マルクス主義の理論の有用性は，マルクスの疎外論やアルチュセールのイデオロギー装置論にみられるように，どのように，政府や政府機関，知識人やメディアが，「常識」を作り出すことで，「日常」を構成しているかを大局的に理解していることにあった．特に，政策過程においては，このような「常識」が，政策立案の源泉であり，その常識に基づいて，政策過程を作り出す政治の「日常」が構築されているのであれば，このような点をイデオロギー問題として明示できている点で，マルクス主義の理論は評価されるべきであろう．しかし，他方，マルクス主義の限界は，全てを「階級闘争（資本家　持つ者　対　労働者　持たざる者）」として捉えてしまう点にあった．例えば，アルチュセールが指摘するように，イデオロギーにより，人々の関係性は構築され，そして，異なるイデオロギー間で闘争が存在するということは確かであろうが，それらを，常に「階級闘争」として捉えてしまうのは，現実の複雑性を軽視してしまうことになる．これに対し，第9章では，マルクス主義とは異なる形で，アクターや機関の関係性とその複雑さを理解するために，ネットワーク論の発展を明らかにした.

ネットワーク論では，まず，「政・官・財」の鉄の三角形のような政策過程に関係する主要なアクターや機関の慣習的関係性を表した理論や，政策ネットワーク論のように，ある政策において主要なアクターや機関がお互いの資源に相互依存的な関係性を構築しているという理論を明らかにした．しかし，これらのネットワーク論は，比較的閉じられた世界での政策過程を想定していた．これに対して，現代社会における，より現実的なネットワーク構築を取り扱った理論である統治ネットワーク論や談話ネットワーク論への理論的発展を明確にした．統治ネットワーク論や談話ネットワーク論は，脱政府化や社会ネットワーク論等の現代政治経済的現象をもとに打ち立てられた理論であり，大局的な研究射程を提示するものとして有効であった．さらには，マルクス主義と同様，「思想」や「常識」といった構築主義的要素も取り入れていることが特徴であったが，マルクス主義とは違い，ネットワークの構築を「階級闘争」として捉えてはいない点で，ネットワーク間の複雑性をより現実的に捉えている理論であった．しかし，これらのネットワーク論を，大局的な研究視座のための基礎的な理論として据える際，やはり，構造と主体の問題の考察が必要となり，第Ⅲ部にて，これらのネットワーク論とともに，制度や合理性，そして思想という要素を包括的に捉えた大局的なアプローチとして，CPE アプローチと脱構造主義的アプローチを明らかにした.

第Ⅲ部の CPE アプローチと脱構造主義的アプローチの導入では，構造と主体，制度や合理性，思想，そして，ネットワーク構築とネットワーク間の闘争性といった要素をどのように理論的にまとめあげ，分析手法を確立しているかを明らかにした．また，そのような大局的な理解を提示するうえで，2つのアプローチ間に「構造と主体」の問を巡って議論が展開されていることを最終的に明確にした.

第10章の CPE アプローチでは，フェアークラフの言語論をもととした談話分析にて，人々の関係性が，セミオシス的に繋がっていくことが主張されていた．しかし，このような言語学的視点を取り入れる際，CPE 学派達は，政策過程等の政治的決定の全てがセミオシスで決定されるとは主張しているのではなかった．むしろ，思想を含む談話的なモノの役割とは，多様性・選択制・維持性のダイナミクスにおける初期の段階で最も重要になるものの，それらの役割を制限するものとして，制度や技術的なモノや，戦略的関係性にある人々の行動の中で，取捨択一されたものが政策として立案，執行されるのだと主張されていた．つまり，CPE アプローチでは，思考可能性と物質的制限（両立可能性）の中で，政策過程は進行すると捉えられていた．

第11・12章で明確にした脱構造主義的アプローチのラクロウ学派的談話分析理論では，究極的に CPE アプローチが主張する物質的制限も，談話的思考の産物の可能性が多々ありえることが主張されていた．そして，その可能性と不可能性というものは，第12章の実証例でみたように，談話的闘争の中で決定されるということであった．そして，この２つの大局的な分析アプローチは，分析的には融合することがある程度は可能であるものの，理論的には相反するものであることを最終的に明らかにした．この２つのアプローチの相反する点とは，根本的には，そして，「どの程度世界を変えることがアクターには許されているか」という構造と主体の関係における「可能性と不可能性」の問題に依拠していることを最終的に明らかにしたが，このような議論もやはり，実際に，個々の分析アプローチを応用し，実証分析されていくことで，また，発展していくであろうことを指摘した．

歴史の大局性の中で

遡及的に考えると，本書にて考察した大局的なアプローチが政策において必要となるのも，また，歴史大局的な理由があるといっても過言ではないであろう．本書を執筆中に，ドナルド・トランプがアメリカの大統領になりえたが，今後のトランプの政策と統治の動向は，大局的に分析する必要がある．これは，日本の政治と政策分析においてもなおさらである．

現在の安倍政権の経済政策，アベノミクスの第１の矢「異次元の介入」とは，経済学者の岩田規久男らが提唱する，合理的期待革命以後発展した「トランスミッション・メカニズム」という経済理論がもととなっている．「トランスミッション・メカニズム」とは，簡単に言えば，「風が吹けば桶屋が儲かる」というようなロジックで，「政府が金をばらまけば，金持ちが投機バブルを起こし，そして，そのバブルの金は回りまわって国民全員に行き届く」という考えである．このバブルを誘発するために，第２の矢では「機動的な財政政策」というバブルという花火を打ち上げるための着火剤に点火がなされ，第３の矢の

「成長戦略」では，日本経済の金融化が促されている．特に，この第3の矢の日本経済の金融化とは，本書の諸所で見てきたPPPやPFI政策，また，NISA（小額投資非課税制度：Nippon Individual Savings Account）という制度において着手されている．NISAとは，平たく言えば，国民の預貯金を投資に向けさせるために，個人の投資に関する非課税枠を設けて投資させることを促す制度である．これは，第5章で見てきたフーコー学派らが主張するような金融を中心とした新自由主義的統治が行われようとしていることを意味するであろう．しかし，アベノミクスは，構築主義者が唱えるような，思想のみに焦点をあてて分析されるべきではない．このアベノミクスの構築主義的所作は，CPE学派らが唱えるように，戦略的関係性によってなされている．

第2章で指摘したように，アベノミクスを敢行するため，安倍政権は，日本銀行総裁に黒田東彦を起用した．この理由は，前総裁である白川方明がアベノミクスに懐疑的であったことが大きい．そして，アベノミクスに同調する黒田を起用し，副総裁に岩田らを配するという戦略的に行動することで，安倍政権は日銀と友好な関係を築くこととなる．このアベノミクスが表しているように，第二次安倍政権は，アクターとアクターそして機関と機関のネットワークを非常に駆使して統治を構築している政権であるといえる．これは，経済政策のみならず，内閣の構成メンバーやNHK会長，そして，公明党や維新の党との関係性にも表れている．このように捉えることで，CPE学派らが提示するような大局的な分析手法により，第二次安倍政権とその政策と統治を徹底して分析することが可能となろう．

しかし，いくら，安倍政権が優れた統治を構築した政権であろうとも，脱構造主義者的には，その統治は常に不完全なものである．実際，与党内や国民の反発，アベノミクスの軌道修正，そして，アメリカをはじめとする関係諸外国の国家主義の台頭がそれを揶揄している．今後は，それらを皮切りに，安倍政権の統治に対して談話的闘争がより明確に勃発することが予期される．そして，その談話的闘争を経て，どのような政策が打ち立てられ，どのような新たな談話的統治が誕生するかは，脱構造主義的談話分析理論とその手法によって明らかにしていけるであろう．

このように，セクショナリズム的な政策分析ではとても俯瞰できないような政治的動向が起きている現代政治経済において，大局的に政策を分析するアプローチを考察し，それにもとづいて分析を行っていくことは，歴史的に大きな意義を持つといえる．そして，その歴史の流れを大局的に分析することで，この時代に生きる我々は，「可能性と不可能性」に関する政策学の根源的問を考えることが可能となるのである．

つまり，我々に何ができるか？　という問である．

参考文献一覧

〈邦文献〉

秋吉貴雄・伊藤修一郎・北山俊也［2015］『公共政策学の基礎〔新版〕』有斐閣.

浅野健一［2011］『記者クラブ解体新書』現代人文社.

伊東光晴［2014］『アベノミクス批判――四本の矢を折る――』岩波書店.

岩田規久男［2009］『金融危機の経済学』東洋経済新報社.

――――［2011］『デフレと超円高』講談社.

――――［2013］『リフレは正しい アベノミクスで復活する日本経済』PHP 研究所.

内山融［1999］「マスメディア，あるいは第四の権力？」，佐々木毅編『政治改革1800日の真実』講談社.

風間規男［2011］「公的ガバナンスと政策ネットワーク――複雑系理論を手掛かりとして――」，新川達郎編『公的ガバナンスの動態研究――政府の作動様式の変容――』ミネルヴァ書房.

高橋昌一郎［2008］『理性の限界――不可能性・不確定性・不完全性――』講談社.

武田徹［2006］『NHK 問題』筑摩書房.

田中浩［2014］『ホッブズ（Century Books ――人と思想――』清水書院.

谷口将紀［2015］『政治とマスメディア』東京大学出版会.

新川達郎編［2011］『公的ガバナンスの動態研究――政府の作動様式の変容――』ミネルヴァ書房.

村川一郎［2000］『政策決定過程』信山社.

森脇俊雅［2010］『政策過程』ミネルヴァ書房.

山口次郎［2007］『内閣制度』東京大学出版会.

山本武利［1999］『新聞記者の誕生――日本のメディアをつくった人びと――』新曜社.

〈欧文献〉

Adachi, Y., S. Hosono and J. Iio eds.［2015］*Policy Analysis in Japan,* Bristol: Policy Press.

Akerlof, G. A.［1970］"The Market for 'Lemons': Quality Uncertainty and the Market Mechanism," *Quarterly Journal of Economics,* 84(3), 488-500.

Akerlof, G. and R. Shiller［2009］*Animal spirits: how human psychology drives the economy, and why it matters for global capitalism,* Princeton: Princeton University Press（山形浩生訳『アニマルスピリッツ』東洋経済新報社，2009年）.

Althusser, L. P.［1995］*Sur la reproduction,* Paris: PUF（西川長夫・大中一弥・山家歩・伊吹浩一・今野晃訳『再生産について――イデオロギーと国家のイデオロギー諸装置――』上下巻，平凡社，2010年）.

Ansolabehere, S., S. Iyengar and A. Simon［1997］"Shifting Perspectives on the Effects of Campaign Communication," in S. Iyenger and R. Richard eds., *Do the Media*

Govern ?: Politicians, voters, and reporters in America, Thousand Oaks: SAGE.

Bacchi, C. [2009] *Analysing Policy: What's the Problem Represented to Be ?,* London: Pearson Education.

Bagdikian, B. [1992] *The Media Monopoly,* 4th ed., Boston: Beacon.

Bell, D. [1960] *The End of Ideology: On the Exhaustion of Political Ideas in the Fifties,* Glencoe: Free Press（岡田直之訳『イデオロギーの終焉』東京創元社，1969年）.

——— [1973] *The Coming of Post-Industrial Society: A Venture in Social Forecasting,* New York: Basic Books（内田忠夫訳『脱工業社会の到来』ダイヤモンド社，1975年）.

Bennett, W. L. [1997] "Cracking the News Code," in S. Iyenger and R. Richard eds., *Do the Media Govern ?: Politicians, voters, and reporters in America,* Thousand Oaks: SAGE, 103-117.

Bentham, J. [1948] *A Fragment on Government and an Introduction to the Principles of Morals and Legislation* New Edition, Oxford: Basil Blackwell（関嘉彦責任編集『世界の名著 ㊾ベンサム／J. S. ミル』中央公論社，1979年）.

Berlin, I. [1969] *Four Essays on Liberty,* Oxford: Oxford University Press（小川晃一・福田歓一・小池銈・生松敬三訳『自由論』みすず書房，1979年）.

Bhaskar, R. and E. Laclau [1998] "Discourse theory vs. critical realism," *Alethia* 1, no. 2, 9-14.

Birkland, T. [2011] *An Introduction to the Policy Process,* 3rd ed., Armok, N. Y.: M. E. Share.

Blanco, I., B. Lowndes and L. Pratchett [2011] "Policy Networks and Governance Networks: Towards Greater Conceptual Clarity," *Political Studies Review,* 9.

Blyth, B. [2002] *Great Transformations,* Cambridge: Cambridge University Press.

——— [2013] *Austerity: The History of a Dangerous Idea,* Oxford: Oxford University Press（若田部昌澄・田村勝省訳『緊縮策という病：「危険な思想」の歴史』NTT 出版，2015年）.

Booth, P. ed. [2009] *Verdict on the Crash: Causes and Policy Implications,* London: Institute of Economic Affairs.

Brummer, A. [2008] *The Crunch,* London: Random House Business.

Callon, M. [2006] "What does it mean to say that economics is performative ?" *CSI Working Papers Series,* No. 005.

Castells, M. [1996] *The Rise of the Network Society: The Information Age: Economy, Society, and Culture, Volume I,* Oxford: Blackwell Publishers.

——— [1997] *The Power of Identity: The Information Age: Economy, Society, and Culture, Volume II,* Oxford: Blackwell Publishers.

——— [1998] *End of Millennium: The Information Age: Economy, Society, and Culture, Volume III,* Oxford: Blackwell Publishers.

Cawson, A. [1986] *Corporatism and Political Theory,* Oxford: Blackwell.

Cook, T. E. [2005] *Governing with the News-The News Media as a Political Institution,*

2nd ed., Chicago: University of Chicago Press.
Coxall, B., L. Robins and R. Leach [2003] *Contemporary British Politics,* London: Palgrave Macmillan.
Crouch, C. [2011] *The Strange Non-Death of Neoliberalism,* London: Polity Press.
Curran, J., M. Gurevitch and J. Woollacott eds. [1977] *Mass Communication and Society,* London: Edward Arnold.
Denham, A. and M. Garnett [1998] *British Think Tanks and the Climate of Opinion,* London: UCL Press.
——— [1999] "Influence without responsibility?: Think tanks in Britain," *Parliamentary Affairs,* 52: 1.
Descartes, R. [1896-1910] *Oeuvres de Descartes tome VII: Meditationes,* Adam, C. and P. Tannery eds., Paris: L'Instruction（三木清訳『省察』岩波書店, 1949年).
——— [1902] *Discourse de la Methode & EssaisVIImprimeurEditeur,* Paris: Cerf（谷川多佳子訳『方法序説』岩波書店, 1997年).
Dorey, P. [2005] *Policy Making in Britain,* Thousand Oaks: SAGE.
Easton, D. [1965] *A Systems Analysis of Political Life,* Chicago: University of Chicago Press.
Elster, J. [2007] *Explaining Social Behaviour: More Nuts and Bolts for the Social Sciences* Revised ed., Cambridge: Cambridge University Press.
Fairclough, N. [1989] *Language and Power,* London: Longman.
——— [1992] *Discourse and Social Change,* London: Polity Press.
——— [1995a] *Critical Discourse Analysis,* Boston: Addison Wesley.
——— [1995b] *Media Discourse,* London: Edward Arnold.
Fairclough, N. and L. Chouliaraki [1990] *Discourse in Late Modernity,* Edinburgh: Edinburgh University Press.
Farrelly, M. and V. Koller [2010] "Darstellungen der Finanzkrise 2007/08 in den britschenPrintmedien," *Aptum,* 6(2).
Fischer, F. [2003] *Reframing Public Policy: Discursive Politics and Deliberative Practices,* Oxford: Oxford University Press.
Foucault, M. [1966] *MaladieMantale et Psychologie,* Paris: Presses Universitaries de France（神谷美恵子訳『精神疾患と心理学』みすず書房, 1970年).
——— [1977] "The Confession of the Flesh: Interview," in C. Gordon, C. ed. [1980] *Power/Knowledge Selected Interviews and Other Writings,* London: Penguin Books.
——— [2004] *"Naissance de la biopolitique," Cours au Collège de France 1978-1979,* establie sous la direction de F. Ewald et A. Fontana, per M. Senellart, Seuil: Gallimard（慎改康之訳『生政治の誕生（コレージュ・ド・フランス講義一九七八-七九年度)』, 2008年).
Freeden, M. [2003] *Ideology: A Very Short Introduction,* Oxford: Oxford University Press.

Freeman, A. L. [2000] *Closing the Shop: Information Cartels and Japan's Mass Media,* Princeton: Princeton University Press.

Gallie, W. B. [1956] "Essentially Contested Concepts," *Proceedings of the Aristotelian Society,* 56.

——— [1957] "What Makes a Subject Scientific ?" *The British Journal for thePhilosophy of Science,* 8(30).

Giddens, A. [1984] *The Constitution of Society: Outline of the theory of structuration,* London: Polity Press.

Glynos, J. [2001] "The grip of ideology: A Lacanian approach to the theory of ideology," *Journal of Political Ideologies,* 6(2).

——— [2012] "The Place of Fantasy in A Critical Political Economy: The Case of Market Boundaries," *Cardozo Law Review,* 33.

Glynos, J. and D. Howarth [2007] *Logics of Critical Explanation in Social and Political Theory,* London: Routledge.

Gramsci, A. [1973] *Prison Notebooks,* translated by Q. Hoare and G. N. Smith, London: Lawrence and Wishart.

HM Treasury [2008] *The Run on the Rock Volume II,* London: UK Parliament.

Hajer, M. [1993] "Discourse Coalitions and the Institutionalization of Practice: The Case of Acid Rain in Britain," in J. Fischer and J. Foster eds., *The Argumentative Turn in Policy Analysis and Planning,* London: Duke University Press.

——— [1995] *The Politics of Environmental Discourse: Ecological Modernization and the Policy Process,* Oxford: Oxford University Press.

——— [2005] "Coalitions, Practices, and Meaning in Environmental Politics: From Acid Rain to BSE," in Howarth, D. and J. Torfing eds., *Discourse Theory in European Politics: Identity, Policy and Governance,* London: Palgrave Macmillan.

——— [2009] *Authoritative Governance,* Oxford: Oxford University Press.

Hajer, M. and H. Wagenaar eds. [2003] *Deliberative Policy Analysis: Understanding Governance in The Network Society,* Cambridge: Cambridge University Press.

Hall, P. [1993] "Policy Paradigms, Social Learning, and the State," *Comparative Politics,* 25(3).

Hall, P. and R. Taylor [1996] "Political Science and the Three New Institutionalisms," *Political Studies,* 44.

Hall, S. [1977] "Culture, the Media and the 'Ideological Effect'," in J. Curran, M. Gurevitch and J. Woollacott eds., *Mass Communication and Society.* London: Edward Arnold.

Hay, C. [1995] "Structure and agency," in D. Marsh and G. Stoker eds., *Theory and Methods in Political Science,* London: Palgrave Macmillan.

——— [2001] "What Place for Ideas in the Structure-Agency Debate ? Globalisation as a 'Process Without a Subject," *Critical Social Sciences* (http://www.criticalreal

ism.com/archive/cshay_wpisad.html. 2016年11月29日閲覧).

Hegel. W. F. [1807] *Die Phänomenologie des Geistes,* Bamberg: Goebhardt（牧野紀之訳『精神現象学』未知谷，2001年).

Hobbes, T. [2003] *Leviathan,* edited by R. Tuck, Cambridge: Cambridge University Press（角田安正訳『リヴァイアサン 1』光文社，2014年).

Howard, R. W. [2001] *A Beautiful Mind,* New York: DreamWorks Pictures（『ビューティフル・マインド』ドリームワークス，2002年).

Howarth, D. [2000] *Discourse; Concepts in the Social Sciences,* London: Open University Press.

——— [2013] *Poststructuralism and After: Structure, Subjectivity and Power,* London: Palgrave Macmillan.

Howarth, D. and J. Torfing [2005] *Discourse Theory in European Politics: Identity, Policy and Governance,* London: Palgrave Macmillan.

Howarth, D., A. Norval and Y. Stavrakakis [2000] *Discourse Theory and Political Analysis; Identities, Hegemonies and Social Change,* Manchester: Manchester University Press.

Iyenger, S. [1991] *Is anyone responsible? How television frames political issues,* Chicago: University of Chicago Press.

Iyenger, S. and A. Simon [1997] "News Coverage of the Gulf Crisis and Public Opinion," in S. Iyenger and R. Richard eds., *Do the Media Govern?: Politicians, voters, and reporters in America,* Thousand Oaks: SAGE.

Iyenger, S. and D. Kinder [1987] *News That Matters,* Chicago: University of Chicago.

Iyenger, S. and R. Richard eds. [1997] *Do the Media Govern?: Politicians, voters, and reporters in America,* Thousand Oaks: SAGE.

James, S. [1993] "The Idea Brokers: The Impact of Think Tank on British Government," *Public Administration,* 71(4).

Jessop, B. [2000] "The Network Society. New Forms of Governance and Democratic Renewal," in *Modinet Working Papers,* no. 2, Copenhagen.

——— [2001] "Institutional [re]turns and the strategic-relational approach," *Environment and Planning,* 33(7).

——— [2004] "Critical Semiotic Analysis and Cultural Political Economy," *Critical Discourse Studies,* 1(2).

——— [2008] *State Power,* London: Polity Press（中谷義和訳『国家権力——戦略—関係アプローチ——』御茶の水書房，2009年).

——— [2011] "Metagovernance," in M. Bevir ed., *The SAGE Handbook of Governance,* Thousand Oaks: SAGE.

Jessop, B. and N. Sum [2006] *Beyond the Regulation Approach,* London: Edward Elgar Publishing.

——— [2013a] "Competitiveness, the Knowledge-Based Economy and higher Education," *Journal of the Knowledge Economy,* 4(1), 24-44.

——— [2013b] *Towards A Cultural Political Economy,* London: Edward Elgar Publishing.

Jessop, B., N. Fairclough and R. Wodak [2008] *Education and the Knowledge-Based Economy in Europe,* London: Sense Publisher.

Katz, N., D. Lazer, H. Arrow and N. Contractor [2004] "Network Theory and Small Group," *SMALL GROUP RESEARCH,* 35(3).

Keynes, J. M. [1936] *The General Theory of Employment, Interest and Money,* London: Palgrave Macmillan（間宮陽介訳『雇用，利子および貨幣の一般論』上下巻，岩波書店，2008年）.

King, M. [2007] "Turmoil in Financial Markets: What can central banks do?" Paper submitted to The Treasury Committee（http://www.bankofengland.co.uk/publications/Documents/other/treasurycommittee/other/paper070912.pdf. 2014年7月1日閲覧）.

Kooiman, J. [2000] "Societal governance: levels, models and orders of social-political interaction," in J. Pierre ed., *Debating Governance: Authority, Steering, and Democracy,* Oxford: Oxford University Press.

——— [2002] "Governance-A Social-Political Perspective," in J. Grote R. and B. Gbikpi eds., *Participatory Governance: Political and Social Implications,* London: Springer VS.

——— [2003] *Governing as Governance,* Thousand Oaks: SAGE.

Krugman, P. [2009] *The Return of Depression Economics and the Crisis of 2008,* New York: W. W. Norton & Company（三上義一訳『世界大不況からの脱出　なぜ恐慌型経済は広がったのか』早川書房，2009年）.

Kuhn, T. [1962] *The Structure of Scientific Revolutions,* Chicago: University of Chicago Press（中山茂訳『科学革命』みすず書房，1971年）.

Laclau, E. [1990] *New Reflections on the Revolution of our Time,* London: Verso.

——— [1997] "The Death and Resurrection of the Theory of Ideology," *MLN,* 112(3).

——— [2005] *On Populist Reason,* London: Verso.

Laclau, E. and C. Mouffe [1985] *Hegemony and Socialist Strategy,* London: Verso.

——— [1987] "Postmarxism without Apologies," *New Left Review,* 166.

Lance. B. and R. Entman eds. [2000] *Mediated Politics: Communication in the Future of Democracy,* Cambridge: Cambridge University Press.

Langley, P. [2008] *The Everyday Life of Global Finance,* Oxford: Oxford University Press.

Levi-Strauss, C. [1962] *La Pense Sauvage,* Paris: Librairie Plon（大橋保夫訳『野生の思考』，みすず書房，1976年）.

——— [1967] *Les Structures Elementaires De La Parente,* Paris: Mouston & Co and Maison des Sciences de l'Homme（馬渕東一・田島節夫監訳『親族の基本構造』上下巻，

番町書房，1977年）．
――――［1976］*Tristes Tropiques*（*Collection "Terre Humaine"*），Paris: Plon（川田順造訳『悲しき熱帯』上下巻，中央公論社，1977年）．
Lippmann, W.［1954］*Public Opinion,* New York: The Macmillan Company（掛川トミ子訳『世論』上下巻，岩波書店，1987年）．
Lipset, S. M.［1960］*Political Man; The Social Bases of Politics,* New York: Doubleday & Company（内山秀夫訳『政治のなかの人間―ポリティカル・マン』東京創元新社，1963年）．
Lock, J.［1823］*The Works of John LockeA New Edition Corrected,* Vol. 5, London: Thomas Tegg（加藤節訳『統治二論』岩波書店，2007年）．
Lucas, R.［1976］"Econometric Policy Evaluation: A Critique," in K. Brunner and A. Meltzer eds., *The Phillips Curve and Labor Markets,* Carnegie-Rochester Conference Series on Public Policy, 1, American Elsevier.
MacCallum, G.［1967］"Negative and Positive Freedom," *The Philosophical Review,* 76(3).
Mankiw, G.［1998］*Principles of Economics,* New York: Dryden Press（足立秀之・小川英治・中馬宏之・石川城太・地主敏樹・柳川隆訳『マンキュー経済学』東洋経済新報社，2000年）．
Mannheim, K.［1936］*Ideologie und Utopie,* 3rd ed., Frankfurt: Verlag Gerhard Schulte-Bulmke（高橋徹訳『イデオロギーとユートピア』中央公論社，1971）．
March, J. and J. Olsen［1984］"Three New Institutionalisms: Organizational Factors in Political Life," *The American Political Science Review,* 78(3).
Marcussen, M. and J. Torfing［2006］*Democratic NetworkGovernance in Europe,* London: Palgrave Macmillan.
Marsh, D. and G. Stoker eds.［1995］*Theory and Methods in Political Science,* London: Palgrave Macmillan.
Marx, K.［1926］（服部文男監訳『新訳 ドイツ・イデオロギー』新日本出版社，1996年）．
――――［1962-64］*Karl Marx-Friedrich Engels Werke. Band 23-25,* Berlin: Dietz Verlag（岡崎次郎訳『資本論』1-9巻，大月書店，1972年）．
Miller, J. M. and J. A. Krosnick［1997］"Anatomy of News Media Priming," in S. Iyenger and R. Richard eds., *Do the Media Govern?: Politicians, voters, and reporters in America,* Thousand Oaks: SAGE.
Mueller, J.［2004/2005］"What Was the Cold War about? Evidence from Its Ending," *Political Science Quarterly,* 119.
Nash, J.［1951］"Non-Cooperative Games," Princeton: PhD Thesis Princeton University.
Neuman, J. and O. Morgenstern［1944］*Theory of Games and Economics Behaviour,* Princeton: Princeton University Press（武藤滋夫・中山幹夫訳『ゲーム理論と経済行動：刊行60周年記念版』勁草書房，2014年）．
Norval, A.［2008］*Aversive Democracy,* Cambridge: Cambridge University Press.

Peston, R. [2008] *Who Runs Britain? How Britain's new elite are changing our lives,* London: Hodder & Stoughton.

Polanyi, K. [1944] *The Great Transformation: The Political and Economic Origins of Our Time,* New York: Farrar & Rinehart（野口建彦・栖原学訳『新訳 大転換』東洋経済新報社，2009年）.

Reeves, R. [1997] "Overview," in S. Iyenger and R. Richard eds., *Do the Media Govern?: Politicians, voters, and reporters in America,* Thousand Oaks: SAGE.

Rhodes, R. A. W. [1996] "The New Governance; Governing without Government," *Political Studies,* 44.

——— [2006] "Policy Network Analysis," in M. Moran, M. Rein and R. E. Goodin eds., *The Oxford Handbook of Public Policy,* Oxford: Oxford University Press.

Rhodes, R. S. W. [1997] *Understanding Governance: Policy Networks, Governance, Reflexivity and Accountability,* London: Open University Press.

Richardson, J. [2000] "Government, interest groups and policy change," *Political Studies,* 48(5).

Ripley, R. and G. Franklin [1987] *Congress, the Bureaucracy and Public Policy,* 4th ed., New York: International Thomson Publishing.

Rogers, E. M., W. B. Hart and J. W. Dearing [1997] "A Paradigmatic History of Agenda-Setting Research," in S, Iyenger and R. Richard eds., *Do the Media Govern?: Politicians, voters, and reporters in America,* Thousand Oaks: SAGE.

Romer, D. [2006] *Advanced Macroeconomics,* 3rd ed., London: McGraw-Hill Irwin.

Rose, N. [1999] *Powers of freedom: Reframing political thought,* Cambridge: Cambridge University Press.

Rousseau, J-J. [1915] *The Political Writings of Jean-Jacques Rousseau,* Cambridge: Cambridge University Press（桑原武夫・前川貞次郎訳『社会契約論』岩波書店，2015）.

——— [1964] *Oeuvres completes, tome III,* Gallimard: Pleiade（中山元訳『人間不平等起源論』中央公論新社，2008年）.

Rowan, D. [2003] "Profile: Matthew Taylor-Ideas man," *The Observer.*

Sandler, T. and D. Arce [2003] "Terrorism & game theory," *Simulation & Gaming,* 34.

Sargent, T. and N. Wallace [1976] "Rational Expectations and the Theory of Economic Policy," *Journal of Monetary Economics,* 2(2).

Sartre, J. P. [1943] *L'etre et le Neant* (*Extraits*), Paris: Gallimard（松浪信三郎訳『存在と無』河出書房新社，1974年）.

——— [1946] *Lexi stentialismeest un humanisme,* Paris: Nagel（伊吹武彦・海老坂武・石崎晴己訳『実存主義とは何か』人文書院，1996年）.

Saussure, de F. [1968] *Course de linguistiquegenerale Edition Critique,* Engler, R eds., Wiesbaden: Otto Harrassowitz（小林英夫訳『一般言語学講義』岩波書店，1972年）.

Scharpf, F. W. [1997] *Games Real Actors Play. Actor-centered Institutionalism in Policy*

Research, Oxford: Westview Press.

Schmitter, P. and G. Lehmbruch [1979] *Trends towards Corporatism Intermediation,* Thousand Oaks: SAGE.

Schorr, D. [1997] “Who uses Whom? - The Theodore H. White Lecture at Harvard University,” in S. Iyenger, and R. Richard eds., *Do the Media Govern?: Politicians, voters, and reporters in America,* Thousand Oaks: SAGE.

Shimizu, S. [2016] “The Battle of Economic Ideas: A Critical Analysis of Financial Crisis Management Discourse in the UK, 2007-8,” Essex: PhD Thesis Essex University.

Skidelsky, R. [2009] *Keynes: The Return of the Master,* London: Penguin（山岡洋一訳『なにがケインズを復活させたのか？』日本経済新聞出版社，2010年）.

Smith, A. [1785] *An Inquiry into the Nature and Causes of the Wealth of Nations fifth edition,* London: Methuen and Co（大河内一男訳『国富論Ⅰ～Ⅳ』中央公論社，1988年）.

Spivak, G. C. [1987] *In Other Worlds: Essays in Cultural Politics,* London: Routledge（鈴木聡他訳『文化としての他者』紀伊國屋書店，1990年）.

Stedman-Jones, D. [2012] *Masters of the Universe: Hayek, Friedman, and the Birth of Neoliberal Politics,* Princeton: Princeston University Press.

Stone, D. [2012] *Policy Paradox; the Art of Political Decision Making,* New York: W. W. Norton & Company.

Sum, N. [2009] “The Production of Hegemonic Policy Discourses: 'Competitiveness' as a Knowledge Brand and its Recontextualizations,” *Critical Policy Studies,* 3(2).

Summers, L. [2007] “Beware the moral hazard fundamentalists,” *Financial Times.*

Sørensen, E. and J. Torfing [2005] “Network governance and post-liberal democracy,” *Administrative Theory & Praxis,* 27(2).

——— [2006] *Theories of Democratic Network Governance,* London: Palgrave Macmillan.

——— [2009] “Making Governance Networks Effective and Democratic through Metagovernance,” *Public Administration,* 87(2).

Taylor, J. [1993] “Discretion versus Policy Rules in Practice,” *Carnegie-Rochester Conference Series on Public Policy,* 39.

——— [2012] “Monetary Policy Rules Work and Discretion Doesn't: A Tale of Two Eras,” *Journal of Money, Credit and Banking,* 44(6).

Thomas, M. and L. Hinchman [2002] *Media Democracy: How the media colonize politics,* London: Polity Press.

Usami, M. [2015] “Law and public policy in contemporary Japan,” in Y. Adachi, S. Hosono and J. Iio eds., *Policy Analysis in Japan,* Bristol: Policy Press.

Wittgenstein, L. [1933] *Tractatus Logico-Philosophicus,* translated by C. K. Orgen, London: Routledge（野矢茂樹訳『論理哲学論考』岩波書店，2003年）.

——— [1953] *PhilosophischeUntersuchungen,* London: Basil Blackwell（奥雅博訳『ウィ

トゲンシュタイン全集2哲学的考察』大修館書店，1978年）.

Wolf, M. [2007] “The Bank that loses a game of chicken,” *Financial Times*.

Wolsfield, G. [2000] “Political Waves and Democratic Discourse,” in B. Lance and R. Entman eds., *Mediated Politics: Communication in The Future of Democracy*, Cambridge: Cambridge University Press.

人名索引

〈M〉

〈N〉

〈P〉

〈R〉

〈S〉

〈T〉

〈U〉

〈W〉

事 項 索 引

〈ア　行〉

〈カ　行〉

〈サ　行〉

〈タ　行〉

〈ナ　行〉

《著者紹介》

清水　習（しみず　しゅう）

1984年　静岡県島田市生まれ
2003年　静岡県立島田高等学校卒業
2006年　立命館大学経済学部　中退
2009年　英国 Durham University 政治学部政治経済哲学科　卒業
2010年　英国 Essex University 政治学部イデオロギーと談話分析学科修士課程修了
2015年　上智大学グローバル教育センター特任研究員
2016年　英国 Essex University 政治学部イデオロギーと談話分析学科博士課程修了
現　在　同志社大学政策学部助教

主要業績

The Battle of Economic Ideas-A Critical Analysis of Financial Crisis Management Discourse in the UK, 2007-2008. (Ph. D Thesis at Essex University, 2016年).

「ラクロリアン談話分析の視座と射程――英国財政危機談話を事例に――」(『同志社大学政策学部政策学会誌』18(2), 2017年).

構造と主体
――政策の可能性と不可能性――

2017年4月20日　初版第1刷発行

＊定価はカバーに表示してあります

著者の了解により検印省略

著　者　清　水　　習©
発行者　川　東　義　武
印刷者　江　戸　孝　典

発行所　株式会社　晃　洋　書　房
〒615-0026　京都市右京区西院北矢掛町7番地
電話　075(312)0788番(代)
振替口座　01040-6-32280

装丁　クリエイティブ・コンセプト　印刷　㈱エーシーティー
製本　㈱藤　沢　製　本

ISBN978-4-7710-2877-7